Das Buch
Haben Sie das Gefühl, die Welt sei aus den Fugen geraten? Sie sind nicht allein – die meisten Menschen haben in den letzten Jahren einen Realitätsschock erlitten: Unser Bild der Welt hat sich oft als kollektive Illusion entpuppt. Wer hätte damit gerechnet, dass es so lange nicht gelingt, eine Pandemie zu stoppen? Dass Corona die Welt so drastisch verändert? Dass Hunderttausende nach Europa flüchten und dabei Zehntausende sterben? Dass so viele Demokratien nach rechts kippen? Dass der Klimawandel so schnell spürbar wird und über Nacht eine weltweite Klima-Jugendbewegung entsteht?
Sascha Lobo erklärt in diesem Buch, warum die Welt plötzlich aus den Fugen geraten zu sein scheint. In seiner großen Analyse untersucht er, woher diese drastischen Veränderungen kommen und was wir daraus lernen können und müssen.

»Ein schonungsloser Blick in den Spiegel. Gegenwartsanalyse ohne Verdrängungsfilter.« *3sat*

Der Autor
Sascha Lobo, geboren 1975, lebt als Publizist in Berlin und im Internet. Er ist Autor zahlreicher Bücher, Blogger und Podcaster, häufiger Gast in Fernsehsendungen und schreibt eine viel gelesene SPIEGEL-Kolumne.

REALITÄTSSCHOCK

Sascha Lobo

Zehn Lehren
aus der Gegenwart

+ neu: Der Corona-Schock

KIEPENHEUER & WITSCH

Aus Verantwortung für die Umwelt hat sich der *Verlag Kiepenheuer & Witsch* zu einer nachhaltigen Buchproduktion verpflichtet. Der bewusste Umgang mit unseren Ressourcen, der Schutz unseres Klimas und der Natur gehören zu unseren obersten Unternehmenszielen.

Gemeinsam mit unseren Partnern und Lieferanten setzen wir uns für eine klimaneutrale Buchproduktion ein, die den Erwerb von Klimazertifikaten zur Kompensation des CO_2-Ausstoßes einschließt.

Weitere Informationen finden Sie unter:
www.klimaneutralerverlag.de

Verlag Kiepenheuer & Witsch, FSC® N001512

1. Auflage 2020

© 2020, 2019, Verlag Kiepenheuer & Witsch, Köln
Alle Rechte vorbehalten.
Covergestaltung Barbara Thoben, Köln
Covermotiv © Rüdiger Trebels
Autorenfoto © Urban Zintel
Gesetzt aus der Eskorte und der Proxima Nova
Satz Buch-Werkstatt GmbH, Bad Aibling
Druck und Bindung CPI books GmbH, Leck
ISBN 978-3-462-00043-6

EINLEITUNG 7

1 KLIMA 17
KLIMAKOLLAPS, PLASTIKPANIK, VEGANE VISIONEN
Wie wir plötzlich bemerken, dass unser Lebensstil Folgen hat

2 MIGRATION 59
MASSENWANDERUNGEN
Warum Migration heute ein höchst digitales Phänomen ist

3 INTEGRATION 89
... ABER DIESE FREMDEN SIND NICHT VON HIER
Die großen Missverständnisse, Bosheiten und Absurditäten zur Integration

4 RECHTSRUCK 133
DER KURZE WEG NACH RECHTS
Wie der fahle Glanz des Autoritären Demokratien zerrüttet

5 CHINA 183
DIE CHINESISCHE WELTMASCHINE
Wie Chinas Gegenwart auch unsere Zukunft verändert

6 KÜNSTLICHE INTELLIGENZ · · · · · · · 217
WIR NANNTEN ES ARBEIT
Wie Künstliche Intelligenz und Plattformen
verändern, was wir unter Arbeit verstehen

7 GESUNDHEIT · · · · · · · · · · · · · · · · · 257
DIGITALE KÖRPERLICHKEIT
Update im Erbkrankheiten-Report –
wie unser zweiter Körper entsteht

8 SOZIALE MEDIEN · · · · · · · · · · · · · · · 293
FUN UND EIN STAHLBAD
Shitstorms, Cybermobbing und
Fake News – von den dunklen Aspekten
der sozialen Medien

9 WIRTSCHAFT · · · · · · · · · · · · · · · · · 333
EMOTIONAL ECONOMY –
DREI GEFÜHLE VERÄNDERN
DIE WIRTSCHAFT
Wie der Plattform-Kapitalismus den
Homo emotionalis hervorbringt

10 ZUKUNFT · · · · · · · · · · · · · · · · · · · 367
DIE WEISHEIT DER JUGEND
Warum die Älteren von den Jungen lernen müssen,
um den Realitätsschock zu bewältigen

+ CORONA · 393
DIE DIGITALE REVOLUTION
Wie die Pandemie einen
Digitalisierungsschub auslöst

EINLEITUNG

REALITÄTSSCHOCK?

Haben Sie auch das Gefühl, die Welt sei irgendwie aus den Fugen geraten? Sie sind damit nicht allein. In den liberalen Demokratien scheint es sogar ein, wenn nicht das vorherrschende Gefühl zu sein, zusammen mit einer Überforderung durch die Gegenwart. Ein diffuses Störgefühl, man kann es kaum so umfassend beschreiben, wie man es spürt. Ich bin davon überzeugt, dass wir, die Gesellschaften der westlichen Industrieländer, einen *Realitätsschock* erlitten haben.

Realitätsschock in einem Satz: Plötzlich müssen wir erkennen, dass die Welt anders ist als gedacht oder erhofft.

In manchen Fällen hat sie sich mit enormer Geschwindigkeit durch Globalisierung und Digitalisierung verändert, in anderen offenbart sich mit einem Schlag ein zuvor verborgener Teil der Wirklichkeit. Ein Realitätsschock kann ein Bewusstseinswandel, eine schlagartige Erkenntnis oder eine Enttäuschung im Wortsinn sein, also das Ende einer Täuschung. Auf einen Realitätsschock kann man nicht *nicht* reagieren, seiner gesellschaftlichen, oft globalen Dimension wegen. Aber alte Erfolgsrezepte funktionieren nicht mehr.

Auch herkömmliche Methoden der Analyse geraten an ihre Grenzen. Eine neue, hyperkomplexe Wirklichkeit ist eingebrochen in die zuvor einigermaßen fassbare Welt. Nicht, dass zum Ende des 20. Jahrhunderts alles unkompliziert gewesen wäre. Aber Digitalisierung und Globalisierung haben vorher Unverbundenes vernetzt, vorher Übersehenes sichtbar gemacht und uns die Hoffnung geraubt, Politik, Wirtschaft und Eliten hätten eine gewisse Kontrolle über den Lauf der Dinge. Es gibt heute nur wenige Großprobleme, die keinen globalen und digitalen Hintergrund haben. Die Kontrollillusion ist geplatzt, fast gleichzeitig in so vielen Lebensbereichen: Das Jahr 2020 hat mit der Coronavirus-Pandemie begonnen – ein globaler Schock, der in diesem Buch ein eigenes Kapitel bekommt. Der Klimawandel belastet die Natur, Migration fordert Bürger und Politik heraus, ein weltweiter Rechtsruck bedroht die liberale Demokratie. Der Medienwandel hat die Öffentlichkeit auf den Kopf gestellt, Digitalkonzerne saugen einen Markt nach dem anderen auf, und viele dieser Veränderungen schlagen sich unmittelbar in unserem Alltag nieder. Innerhalb weniger Jahre haben sich fast alle großen gesellschaftlichen Debatten verwandelt. Soziale Medien haben Wahlen entschieden, Künstliche Intelligenz verändert die Arbeitswelt erheblich, eine weltweit operierende, digital organisierte Klimajugend ist entstanden. Etwas scheint zu Ende zu gehen, etwas anderes scheint anzufangen, aber wir können die Umrisse des Neuen bisher nur schemenhaft erkennen.

Wir versuchen, unsere gewohnten Erklärungsmuster aus dem 20. Jahrhundert auf die Geschehnisse des 21. Jahrhunderts anzuwenden und sind perplex, wenn sie nicht mehr passen. Experten, die lange Zeit einigermaßen verlässlich die Welt erklärten, sind heute oft ratlos oder irren sich.

Realitätsschock bedeutet, dass wir jahrzehntealte Gewissheiten aufgeben müssen, unter anderem, weil wir mit einer Überdosis Weltgeschehen und Komplexität konfrontiert werden. Selbstverständliche Grundannahmen haben sich als unvollständig oder brüchig, manchmal auch als falsch erwiesen. Plötzlich erkennbare, messbare Wahrheiten kollidieren mit bis dahin gut funktionierenden, stimmigen Weltbildern. Die unerwartet vielschichtige Realität stört oder zerstört sorgsam gepflegte Philosophien. Die eigenen Meinungen, Überzeugungen, sogar Werte werden durch diese Turbulenzen einer Probe unterzogen. Eine selten gestellte, eigentlich aber allgegenwärtige Frage lautet heute, ob wir bereit sind, die Konsequenzen unserer politischen Haltungen zu tragen. Ob man an eine global organisierte Welt die gleichen Maßstäbe anlegen möchte wie an eine eher nationalstaatlich organisierte Gesellschaft. Die Pandemie durch den Erreger SARS-CoV-2 wirkt wie ein Fanal: Kein Land kann sich heute noch leisten, nicht global zu planen und zu handeln. Und zugleich sind neue, zuvor nur von wenigen Fachleuten für möglich gehaltene Problemlagen entstanden. Die Pandemie entspricht einem dieser Realitätsschocks, für die man neue Erkenntnisse und Strategien braucht, um überhaupt wirksam dagegen ankämpfen zu können. Beinahe ist es verstörend, wie nahtlos die Globaldramatik um COVID-19 in das Muster Realitätsschock hineinpasst. Wie sehr mit dieser primär gesundheitlichen und in der Folge so umfassenden Katastrophe die radikale Vernetztheit des Planeten spürbar geworden ist.

Durch alle elf Kapitel in diesem Buch ziehen sich wie rote Fäden Digitalisierung und Globalisierung. Zweifellos leben wir in Zeiten der digitalen Vernetzung, und wie bei einem Netz alles mit allem verbunden ist, finden sich auch zwischen den Kapiteln viele Verknüpfungen und Abhängigkeiten. Die flächendeckende Nutzung des Internets ist auf viele Arten mitverantwortlich für die verschiedenen Realitätsschocks. Das Netz gibt fast allen die Möglichkeit, ohne großen Aufwand den Irritationen des Alltags hinterherzurecherchieren. Dabei stößt man schnell auf Außergewöhnliches, was man zuvor für undenkbar hielt. Die Fachbezeichnung für Alltagsüberzeugungen, für das, was wir zu wissen glauben, lautet »Cultural Truism« (etwa: kulturelle Gewissheiten). Es sind die immer wieder erzählten, aber selten hinterfragten Zusammenhänge und Geschichten, die man für wahr hält. Das Internet kann wie ein Antidot für Cultural Truisms wirken – wenn man genau hinschaut. Aber weil im Netz alles geschrieben steht und das Gegenteil davon, kann das Antidot selbst zum Gift werden. Ein Realitätsschock ist für manche Menschen Anlass zu einer Entdeckungsreise im Netz, die sie in die vernebelte Welt der Verschwörungstheorien führt, aus der man kaum aus eigener Kraft wieder entkommt.

Es ist unwahrscheinlich, dass Sie in jedem der zehn Kapitel dieses Buchs gleichermaßen überrascht sein werden. Das hat strukturelle Gründe, denn natürlich wissen viele Expertinnen, Experten und informierte Laien in den jeweiligen Bereichen schon lange, was *eigentlich* los ist. Es geht mir aber um unser Gesamtbild der Welt. Erst der Blick auf die ganze Spreizbreite der Gesellschaft zeigt, dass wir in einer umfassenden Zeitenwende stecken. Mit direkten oder indirekten Auswirkungen auf fast alle Bereiche unseres Lebens, und trotzdem ist diese Verwandlung in den meisten Köpfen nur punktuell angekommen.

Ich schreibe vor allem über die westlichen Industrieländer, weil die Realitätsschocks mit dem Ende der alleinigen Vorherrschaft des Westens und dem Ausfasern des Eurozentrismus einhergehen. Was in Europa einen Realitätsschock darstellt, ist in anderen Ländern manchmal längst breit akzeptierte Wirklichkeit. In diesem Buch geht es auch darum, dass der Westen durch die Digitalisierung und die Globalisierung gezwungen ist, die Selbstwahrnehmung als Nabel der Welt aufzugeben. Kein Zufall, dass verstärkt Kolonialismusdebatten stattfinden. Europa bemerkt, dass das Handeln der vergangenen Jahrhunderte noch heute Konsequenzen hat. Wir stehen am Beginn einer neuen Zeit, aber das heißt natürlich nicht, dass Geschichte ihre Nachwirkungen verliert. Sie kommen oft erst Dekaden später zur vollen Entfaltung.

Die elf Kapitel entsprechen grob den großen Debattenthemen unserer Zeit in dieser Taschenbuchausgabe ergänzt um einen Teil zur Pandemie und ihren Folgen. Man kann darüber streiten, dass statt des Kapitels über China eines über Indien Eingang ins Buch hätte finden müssen. Man kann diskutieren, ob nicht die neue Disziplin *Quantum Computing* hätte berücksichtigt werden müssen, am besten mit viel Blockchain drin. Man kann darüber uneins sein, ob Integration tatsächlich in dieser Form ein Kapitel im Buch sein muss, weil sie eher indirekt mit Digitalisierung und Globalisierung zu tun hat. Aber ich habe mich anhand meiner persönlichen Expertise, Interessenlage und Lebenssituation entschlossen, einige Realitätsschocks nicht als eigene Kapitel mit hineinzunehmen, etwa den Realitätsschock der Geschlechter nach #metoo, die explosive Veränderung der Bildungslandschaft oder den drastischen Wandel der Mobilität.

Das soziologische Fundament von »Realitätsschock« verdanke ich Ulrich Beck. Eine Feststellung aus dem Band »Die Metamorphose der Welt« (2016) soll das Motto meines Buchs sein:

> »Denn die Welt, in der wir leben, verändert sich nicht bloß, sie befindet sich in einer Metamorphose [...] Die ewigen Gewissheiten moderner Gesellschaften brechen weg.«

Wenn ein Buch am Ende fertig vorliegt, passen die konzeptionellen Puzzlestücke meist gut ineinander. Aber während man es verfasst, tauchen immer wieder Zweifel auf. Das passt zwar zu einem Buch über das Ende vieler Selbstverständlichkeiten, ohne Becks »Metamorphose« jedoch hätte ich mich vielleicht in meiner eigenen Verstörung verheddert. »Realitätsschock« erhebt natürlich keinen Anspruch auf die einzig mögliche Deutung der beschriebenen Zustände. Einige der Thesen in diesem Buch mögen Sie für unvollständig, schwierig oder falsch halten. Ich widerspreche nicht. Sie finden hier essayistische Annäherungen an die Gegenwart, gestützt von Fachmeinungen, wissenschaftlichen Studien und Analysen sowie meiner eigenen Expertise. Aber wenn mich das Muster Realitätsschock eines gelehrt hat, dann, dass man immer danebenliegen kann. Beck schreibt: »Die laufende Metamorphose hängt zutiefst mit dem Konzept des Nichtwissens zusammen«, und er meint damit sowohl eine Krise der Expertise wie auch die Beziehung zwischen globalen Risiken und existenziellen Entscheidungssituationen. Ich sehe mein Buch vor allem als Momentaufnahme und Zwischenstation einer noch andauernden Erkenntnisreise, die ich angetreten habe, um meine Verstörungen durch das Weltgeschehen, um die Gegenwart besser zu verstehen und meine Entdeckungen und Einsichten mit der Öffentlichkeit zu teilen.

Ulrich Beck beginnt sein Buch mit einem geflügelten Wort, das von einer deutschen Shakespeare-Übersetzung inspiriert ist: »Die Welt ist aus den Fugen.« Natürlich dekonstruiert er den Satz mit Beck'scher Eleganz sofort wieder, eine fünfhundert Jahre alte Feststellung über den aktuellen Zustand der Welt taugt kaum als umwälzende Neuigkeit. Ich möchte einen anderen Ansatz wählen. Die Welt ist nicht aus den Fugen geraten, sie ist *in* die Fugen geraten. Keine Wortspielerei, jedenfalls nicht nur, sondern die Übersetzung des Realitätsschocks in etwas Positives. Die Redensart stammt aus einer Zeit, als Fugen auch als Mehrzahl von Fug verwendet wurde, das wir heute nur noch vom Gegenwort »Unfug« kennen. Im Wörterbuch der Brüder Grimm steht dort: »Passlichkeit, Angemessenheit«. Unsere alten, zerfallenden Selbstverständlichkeiten weichen neuen Passlichkeiten – wenn wir sie auch noch nicht ganz begreifen.

Lesen Sie »Realitätsschock« als einen Versuch, die Gegenwart zu ordnen, einzuordnen und dadurch besser zu verstehen. Schauen Sie ergänzend auf realitätsschock.de, die Webseite zum Buch. Sie finden dort Quellen, Lesungstermine, Videos, Hintergrundinformationen, die Weiterführung der hier abgebildeten Themen, den Podcast zu »Realitätsschock« und einiges mehr. Sie können sich aber auch selbst einbringen, mit Bewertungen, Anmerkungen und Kritik. Nicht zuletzt können Sie zum Realitätsschock mitdiskutieren. Ich würde mich darüber sehr freuen.

Sascha Lobo,
Berlin/Internet im Mai 2020

1 KLIMA

KLIMAKOLLAPS, PLASTIKPANIK, VEGANE VISIONEN

Wie wir plötzlich bemerken, dass unser Lebensstil Folgen hat

Beluschja Guba kann man ohne jede Übertreibung als Mekka der Unwirtlichkeit bezeichnen. Der Ort liegt am Rande eines Kernwaffen-Testgebiets auf einer eisigen Insel im Norden Russlands in der teilweise zugefrorenen Barentssee. Sowohl auf der Insel wie auch im sie umgebenden Meer finden sich bis heute Unmengen radioaktiven Mülls, unter anderem von der größten jemals gezündeten Atombombe. Die dortige Bevölkerung, die Nenzen, ernährte sich früher beinahe ausschließlich von Rentier-Produkten und Fisch. Denn dort wächst: fast nichts. Die südliche Insel ist geobotanisch zum guten Teil als Frostschuttwüste klassifiziert, und das ist genau das, wonach es sich anhört. Der Norden ist von einer dreihundert Meter dicken Eisschicht bedeckt. Die Jahresdurchschnittstemperatur beträgt knapp sechs Grad. Unter null. Im Winter erreicht die Kälte leicht minus 40 und auch minus 50 Grad. Das Leben dort als »nicht leicht« zu bezeichnen, erscheint als unverschämte Beschönigung.

Im Dezember 2018 aber bekommen die rund 2400 Bewohner überraschenden Besuch: Innerhalb weniger Wochen tauchen mindestens 52 Eisbären auf, und zwar mitten im Städtchen. Manchmal kommen drei oder vier Tiere gleichzeitig, sie sind auf der Suche nach Fressbarem. Sie dringen in Wohnhäuser ein. Und sie greifen Menschen an. Normalerweise sind Eisbären scheu; wenn sie sich in die Nähe von Behausungen verirren, können sie rasch wieder verscheucht werden. Diese Truppe aber hat sich offenbar nahe der Siedlung fest niedergelassen, obwohl Eisbären Einzelgänger und wenig territorial sind.

Viele Beluschja Gubaner sind Jäger und haben Waffen, aber Eisbären sind auch in Russland strengstens geschützt. Selbst hungrige. Als die Einwohner sich kaum mehr auf die Straße trauen, werden eilig Soldaten mit schweren Panzerwagen von der nahen Militärbasis abkommandiert und patrouillieren in den Straßen. Aber die Eisbären lassen sich nicht mehr verschrecken, weder von Scheinwerfern noch von lauten Geräuschen oder den Hunden der Soldaten. Stattdessen jagen sie Menschen durch die Straßen. Die regionale Nachrichtenseite, der Barents Observer, spricht von einer »Invasion der Eisbären«. Die Inselverwaltung ruft den Notstand aus und veröffentlicht auf ihrem Internetportal Tipps, wie man bei einer Begegnung mit Eisbären seine Überlebenschancen steigert, falls die zuerst dringend empfohlene Flucht nicht möglich ist. Der Trick ist, sich in einer Art Embryonalstellung auf den Boden zu legen, den Kopf auf die Knie zu pressen, mit den Händen den Hals zu schützen und sich nicht mehr zu bewegen, auch nicht bei Prankenhieben oder Bissen in den restlichen Körper. Manchmal lassen die Tiere dann von ihrer Beute ab.

Die Invasion der Eisbären ist eine direkte Folge des Klimawandels. Im Winter Ende 2018 verändert sich das Wetter am Nordpol dramatisch, mit beträchtlichen Folgen für große Teile der nördlichen Hemisphäre. In den USA werden fast minus fünfzig Grad Celsius gemessen in Städten, die so weit südlich liegen wie der Bodensee oder die französischen Weinanbaugebiete im Tal der Loire. In polnahen Regionen wie Nordrussland dagegen ist es viel zu warm. Normalerweise stürmt im Winter über der Arktis der sogenannte *Polar Vortex* oder Polarwirbel. Das ist ein Tiefdruckgebiet in großer Höhe, bei dem sich sehr kalte Luftmassen gegen den Uhrzeigersinn rund um den Nordpol bewegen. Der Polar Vortex entsteht, vereinfacht gesagt, durch die Erddrehung einerseits und temperaturbedingte Druckunterschiede andererseits. Anfang 2019 aber ist der Polarwirbel zu schwach, um einen steten Luftstrom um den Pol herum aufrechterhalten zu können. Deshalb zerfällt er in mehrere kleine Wirbel. Einer davon trägt die extreme Kälte vom Nordpol in die Nordstaaten der USA. Dieser Zerfall des Polarwirbels ist mitverantwortlich für die viel zu hohe Temperatur rund um die Barentssee.

Ein Grund, warum ein Ort wie Beluschja Guba überhaupt existieren kann, ist die warme Strömung in diesem Meer, eine Fernwirkung des Golfstroms. Deshalb ist die Barentssee nicht ständig zugefroren und am Ende eines schönen Sommers sogar weitgehend eisfrei. In bisher normalen Wintern bilden sich durch den wärmeren Wasserstrom statt einer durchgehenden meterdicken Eisdecke im Meer schwimmende Eisschollen. Die zahlreich in der Barentssee lebenden Robben nutzen diese Eisplatten als Ruheplätze. Das ist für sie nicht ohne Gefahr, denn dort werden sie leicht zur Beute von Eisbären. Anfang 2019 zeigen Satellitenaufnahmen, dass zwischen Barentssee und dem Arktischen Ozean außergewöhnlich wenig Eis vorhanden ist. So wenig, dass die Eisbären mangels gefrorener Jagdgründe kaum mehr Robben jagen können. Deshalb weichen sie für ihre Futtersuche auf Alternativen aus: Die Raubtiere lieben den Müll von Menschen. Der allerdings findet sich meist in der Nähe von Behausungen, das ist der Hauptgrund für den Bärenauflauf in Beluschja Guba. Eisbären werden bis zu 700 Kilogramm schwer und aufgerichtet bis zu 3,40 Meter groß. Weniger bekannt ist, dass sie auch über 40 Stundenkilometer schnell rennen können. Für einen klassischen 100-Meter-Sprint würden sie also nur neun Sekunden brauchen, was die oft angewendete Verteidigungstechnik des Weglaufens für die meisten Menschen schwierig macht. In Beluschja Guba ist der Klimawandel für die Menschen auf durchaus überraschende Weise schon heute lebensbedrohlich.

ETWAS GROSSES GESCHIEHT

Der Realitätsschock des Klimawandels dürfte vermutlich die gravierendsten Folgen aller Schocks in diesem Buch nach sich ziehen. Dabei muss bei aller Bedrohung ein Realitätsschock durch die Reaktion darauf nichts ausschließlich Negatives sein, sondern öffnet im Gegenteil oft auch Handlungsfenster. Aus Fehlern lernt man nur, wenn man sie erkennt und es drauf anlegt, aber bei einem Realitätsschock ist man fast immer zur Reaktion gezwungen. In Europa (wozu auch Beluschja Guba zählt) sind seit einiger Zeit verschiedene Realitätsschocks der Umwelt spürbar. Für manche Menschen direkt, für andere vermittelt durch die

Reaktionen Dritter. Plötzlich ist der Klimawandel eines der größten Gesprächsthemen. Anfang 2019 streiken Schüler in ganz Europa (»Fridays for Future«). Schottland und Irland rufen den Klimanotstand aus, Städte wie Konstanz ebenso. Mit einem Mal überbieten sich Supermarktketten dabei, Verpackungen wegzulassen, immer mehr Länder verbieten Plastiktüten. Eine regelrechte Verzichtslust scheint entstanden zu sein. Gerade auch bei denjenigen, denen man kurz zuvor noch vorwarf, unpolitisch und nur an ihrer Playstation interessiert zu sein.

Wäre ich noch unsicher gewesen, ob der Realitätsschock die Empfindung der Stunde ist, David Attenborough hätte mit seiner Rede im Januar 2019 jeden Zweifel beseitigt. Der große Naturforscher der BBC, seit einem halben Jahrhundert weltweit das Gesicht und die Stimme der Freude an der Natur, spricht mit 92 Jahren beim Weltwirtschaftsforum in Davos. Sonst bei jeder Gelegenheit der Maßgabe britischer Zurückhaltung folgend, beschwört Attenborough nicht weniger als den Beginn eines neuen Zeitalters:

»Ich wurde geboren im Holozän, der 12 000 Jahre andauernden Periode klimatischer Stabilität, die den Menschen erlaubte, sesshaft zu werden, Ackerbau zu betreiben und Zivilisationen zu erschaffen. In der Lebensspanne eines Menschen, in meiner Lebensspanne, hat sich das verändert. Das Holozän ist zu Ende. Der Garten Eden ist vorbei. Wir haben die Welt so stark verändert, dass Wissenschaftler sagen, wir sind in einer neuen geologischen Epoche: dem Anthropozän, dem Zeitalter des Menschen.«

Inzwischen sind wir gezwungen festzustellen, dass unsere Gewohnheiten, unsere Lebensstile, unser ganzer westlich-industrieller Zivilisationskomplex kaum mehr kontrollierbare Folgen hat, und zwar für den ganzen Planeten. »Wir müssen verstehen, was für ein Chaos die älteren Generationen angerichtet haben, das wir nun aufräumen und mit dem wir leben müssen« – das sind die berühmt gewordenen Worte der jungen schwedischen Klimaaktivistin Greta Thunberg auf der Klimakonferenz Ende 2018.

DER REALITÄTSSCHOCK DER UMWELT

Feinstaub, Stickoxide, Insektensterben, Fahrverbote, Supersommer, CO_2-Fußabdruck, Trockenheit, Plastikmeere, Dieselskandal, Artensterben, Waldbrände, Klimajugend, Extremwetterlagen. Seit einigen Jahren prasseln Nachrichten auf uns ein, die von Klimawandel und Umweltgrauen künden. Dazu kommen persönlich nachvollziehbare Rückkopplungen: Stimmt, früher gab es wirklich mehr Schmetterlinge. Und der Sommer 2018 war schon wirklich sehr lang, trocken und heiß. Eines von solchen Ereignissen vergisst man vielleicht wieder, zwei taugen zum Kuriosum, drei verursachen ein Stirnrunzeln. Aber irgendwann verwandelt sich das zunehmende Unbehagen in eine simple, aber höchst radikale Erkenntnis: So wie bisher können wir nicht weitermachen. Damit ist der Realitätsschock in der Mitte der Bevölkerung angekommen. Man fühlt sich gezwungen, dazu eine Haltung zu entwickeln. Das Verhalten zu ändern. Den Wandel abzustreiten. Oder man beschließt aktiv, vorerst keine Position einzunehmen.

Die Psychologie sagt allerdings, dass man sich in solchen Fällen oft bereits eine Meinung gebildet hat und sie bloß nicht zulassen möchte. Zum Beispiel, weil man unangenehme Konsequenzen daraus ziehen müsste. Die Heftigkeit, mit der Fahrverbote diskutiert werden, deuten darauf hin, dass die Gegner ahnen, dass es um mehr geht als ein paar Straßen, die mit Dieselfahrzeugen nicht mehr befahren werden sollen – es geht um einen anderen Lebensstil.

Selbstverständlich sind Klimawandel, Müllproblem und Ressourcenverbrauch schon lange ein Thema unter Aktivisten, in Umweltbewegungen und Parteien. Wie bei fast allen Realitätsschocks gibt es Gruppierungen und Einzelpersonen, die längst ahnten und zum Teil sehr genau wussten, was auf uns zukommen würde. Die warnten und sich wunderten, dass über Jahrzehnte zu wenig geschah. Natürlich ist nicht *nichts* passiert. Alarmierte Wissenschaftler, hartnäckige Organisationen, aufgeschlossene Teile von Politik und Wirtschaft haben eine Reihe von Maßnahmen auf den Weg gebracht. Aber Greta hat recht, es war offensichtlich zu wenig, der Druck war zu klein, die Gegenwehr zu groß. Die Öffentlichkeit in den westlichen Industrieländern war mehrheitlich der Meinung, es ginge auch so. Mit dem Realitätsschock der Umwelt beginnt sich diese Lethargie zu ändern.

Drei seiner Facetten sollen hier untersucht werden. Wie der Klimawandel von der abstrakten, in ferner Zukunft stattfindenden Bedrohung zum wichtigsten Thema einer Generation wurde. Wie eine regelrechte Plastikpanik entstand. Und wie überraschend viele Menschen einen der intimsten Lebensbereiche verändern und beginnen, sich fleischarm, vegetarisch oder vegan zu ernähren.

KLIMAKRISE

Wenn es ein Leitmotiv des Realitätsschocks gibt, dann sind es die Sätze, die Hans Joachim Schellnhuber im März 2019 im ZDF sagte, als er über die neu entstandene Klimajugend Fridays for Future sprach: »Wir Forscher haben seit dreißig Jahren gewarnt vor den Folgen des Klimawandels [...] und keiner hört zu. [...] Aber jetzt passiert etwas Besonderes: Die jungen Leute, die 12-, 14-, 16-Jährigen, die sagen: Wir berufen uns auf die Ergebnisse dieser Forschung.« Schellnhuber gehört zu den weltweit bekanntesten und renommiertesten Klimaforschern. Von ihm stammt das Konzept der »Kippelemente im Erdsystem«, also von den Momenten, in denen sich plötzlich unumkehrbare Veränderungen ereignen können. Daran angelehnt kann man Realitätsschocks als Kippelemente im Wahrnehmungssystem der Öffentlichkeit betrachten.

Im Februar 1974 taucht der Begriff »Klimawandel« zum ersten Mal im Nachrichtenmagazin Spiegel auf, in einem Bericht über eine Hungersnot infolge einer Dürre in der Sahelzone. Ein rätselhafter »Klima-Umschwung« wird beschrieben, zwischen den Zeilen schimmert die Skepsis der Journalisten durch. Leicht distanziert wird zitiert, was »die Verfechter der Klimaänderungs-Theorie« vortragen: »Das Klima auf der nördlichen Halbkugel [...] kühlt langsam, aber stetig ab. [...] Seit Mitte dieses Jahrhunderts fielen die

Durchschnittstemperaturen schneller als jemals zuvor in den letzten 1000 Jahren, um insgesamt ein Celsiusgrad. Zugleich wurde das Klima in den gewaltigen Kältezonen des Nordens, Kanada und Sibirien, immer frostiger.« Ein paar Monate später legt der Spiegel noch einmal besorgter nach: »Kommt eine neue Eiszeit? Nicht gleich, aber der verregnete Sommer in Nordeuropa, so befürchten die Klimaforscher, war nur ein Teil eines weltweiten Wetterumschwungs – ein Vorgeschmack auf kühlere und nassere Zeiten.« Nun ja.

Spätestens seit Ende der 1970er-Jahre wird die tatsächliche Form des Klimawandels öffentlich intensiv diskutiert. Der größte Ölkonzern der Welt, Exxon, findet schon 1977 in einer internen Studie heraus, wie sehr fossile Energieträger wie Erdöl den Klimawandel forcieren und welche entscheidende Rolle CO_2 dabei spielt. Die Studie bleibt geheim, ist für Exxon aber der Anlass zu einer jahrzehntelangen Lobby- und Desinformationskampagne. Die erste Weltklimakonferenz findet 1979 statt, eines der zentralen Themen ist die Veränderung des Klimas, die wenige Jahre zuvor auch zur erwähnten Dürrekatastrophe in der Sahelzone geführt hatte. Mit der Erfindung leistungsfähiger Computer existiert zum ersten Mal eine Technologie, mit der sich die sehr komplexen Klimamodelle berechnen lassen. Mit mehr Daten und größerer Rechenkraft wächst in den 1980er-Jahren die Zahl der Studien. Sie ergeben das eindrucksvolle Mosaik einer drohenden Klimakatastrophe. Wissenschaftler warnen, zeigen eindrucksvolle Erwärmungskurven, verstörende Statistiken, neue Temperaturrekorde. Aber offensichtlich ist damals noch kein breites Bewusstsein für die Relevanz des Klimawandels vorhanden.

Umweltthemen wie saurer Regen, Waldsterben oder Smog sind für die Menschen in dieser Zeit einfach konkreter erlebbar. Mit Tschernobyl rückt 1986 die Atomkraft in den Vordergrund, auch das Ozonloch gehört zu den breit wahrgenommenen Umweltkatastrophen. Aber anders als heute erscheinen die Probleme und Lösungen in den Debatten isoliert und bewältigbar, vor allem durch die mediale Darstellung. Das Ozonloch lässt sich dem Gefühl der Öffentlichkeit nach durch Verzicht auf FCKW beherrschen und gegen Atomunfälle hilft der Verzicht auf Kernkraft. Der große Unterschied zum Klimawandel: Man kann gegen Atomstrom protestieren, ohne den eigenen Lebensstil ändern zu müssen.

Im Juni 1988 findet in den USA eine viel beachtete Senatsanhörung zum Klimwandel statt, der Klimatologe James Hansen bringt damit den Begriff »Treibhauseffekt« in die breite Öffentlichkeit. Solche Stichworte spielen eine ausschlaggebende Rolle für Realitätsschocks. Die richtige Metapher, ein eindrückliches Sprachbild kann die öffentliche Wahrnehmung entscheidend prägen. Eine Konferenz zum Klimawandel in Toronto verstärkt wenig später den medialen Fokus, die Aufmerksamkeit nimmt deutlich zu. Fünfzehn Jahre nach der Warnung vor einer neuen Eiszeit überschreibt der Spiegel 1989 ein Interview über den heißer werdenden Planeten mit dem Zitat: »Es ist bereits zu spät.« Es stammt von Dennis Meadows, der zur »Ökokrise« befragt wird, worunter damals alle Umweltprobleme gefasst werden, auch der Klimawandel. Meadows gilt seit der Veröffentlichung der Studie »Die Grenzen des Wachstums« als einer der Urväter der Umweltbewegung. Er fordert eine umfassende Verhaltensänderung, damit »die Umwelt nicht auf Kosten kommender Generationen ausgebeutet wird«. Die Menschheit agiere »wie ein Selbstmörder, und es hat keinen Sinn mehr, mit einem Selbstmörder zu argumentieren, wenn er bereits aus dem Fenster gesprungen ist«. Viel drastischer kann man sich kaum ausdrücken. Trotzdem geschieht auch weiterhin zu wenig – oder vielleicht auch gerade deshalb. Kaum etwas wirkt in der und auf die Öffentlichkeit *weniger* aktivierend als die Feststellung, dass es ohnehin zu spät sei. Ende der 1980er läuft zudem die Propaganda der Ölkonzerne an. Der Tenor ihrer beruhigenden Botschaften ist, dass man nichts ändern müsse.

Zwar wird auch schon das Müllproblem von der Umweltbewegung thematisiert, aber der Leitspruch »Jute statt Plastik« gerinnt in der Öffentlichkeit vom Slogan zum Spott. Das breite Publikum ist einfach noch nicht willens oder in der Lage, die Dringlichkeit der Situation zu erkennen. Und so bleibt »öko« bis in die 1990er-Jahre auf Schulhöfen wie an Stammtischen eine Beleidigung. Das Waldsterben scheint abgewendet, saurer Regen und Smog auch. Und was die deutsche Exportweltmeisterschaft gefährden könnte, ist aus konservativer Sicht ohnehin indiskutabel. Veganismus ist unbekannt oder wird als winzige Ernährungssekte wahrgenommen, und für die Lösung des Müllproblems wird in Deutschland das Recycling-System eingeführt. Es scheint zwischendurch, als würden die Dinge wieder einigermaßen ins Lot kommen, und vom Ozonloch hat man auch schon lange nichts mehr gehört.

Heute ist Meadows' Umwelt- und Klimafuror auf größere Teile der Gesellschaft in den westlichen Industrieländern übergesprungen. Mit einem Diesel-SUV wird man mancherorts angesehen, als betriebe man ein undichtes Plutonium-Endlager im Vorgarten. 2017 führt die Europäische Kommission das »Eurobarometer« durch, eine Befragung von fast 28000 EU-Bürgern. Für 92 Prozent ist der Klimawandel ein ernstes oder sehr ernstes Problem. Die Hälfte der Befragten erklärt, das eigene Verhalten wegen des Klimawandels verändert zu haben. Wenn Beispiele für Verhaltensänderungen angeführt werden, steigt diese Zahl sogar auf 90 Prozent. Bei den Europawahlen 2019 war Klima quer durch die EU das bestimmende Thema. Der Realitätsschock des Klimas: In den Köpfen ist der Klimawandel der Atomkrieg des 21. Jahrhunderts, das gesellschaftliche Angstmaximum.

EINE KLIMA-GENERATION WÄCHST HERAN

Anfang 2019 wird der Kältewelle wegen in der US-amerikanischen Öffentlichkeit eine ähnliche Diskussion geführt wie im langen Dürresommer 2018 in Europa. Auch sie handelt davon, dass der Klimawandel spürbar geworden ist. Im Bundesstaat Minnesota werden minus 49 Grad gemessen. Das ist unterhalb des Gefrierpunkts von Benzin, selbst frostgeschütztes Heizöl ist dann längst Heizeis. US-Präsident Donald Trump twittert in dieser lebensgefährlichen Situation: »Große Teile des Landes leiden unter riesigen Mengen Schnee und Kälterekorden. [...] Wäre nicht schlecht, wenn jetzt ein wenig von dieser guten alten globalen Erwärmung käme.« Hundertzwanzigtausend Likes. Tausende Kommentare, die sich lustig machen über das Phantasma Klimawandel. Es hilft nichts, dass selbst Grundschulkinder ihm antworten, Wetter und Klima seien zwei verschiedene Dinge. Die Welt spottet über Trump. Und doch liegt in dieser Verwechslung auch ein Schlüssel zum Verständnis des Realitätsschocks.

Die deutsche Physikerin Friederike Otto hat einen neuen Wissenschaftszweig mitbegründet, die Zuordnungswissenschaft. In ihrem Buch »Wütendes Wetter« umreißt sie, was genau das ist: »Zum ersten Mal in der Geschichte verfügen wir über die Mittel, um belastbare Aussagen über einzelne Wetterereignisse zu treffen.« Hard- und Software sind erst heute leistungsfähig und intelligent genug, um den Anteil des Klimawandels am Wetter bestimmen zu können. Otto möchte damit »die Klimawissenschaft aus der Zukunft in die Gegenwart holen«. Aus dem irgendwann drohenden Weltuntergang wird der Klimawandel zum gerade jetzt nachvollziehbaren Problem.

Zum Beispiel so: In Großbritannien war der November 2011 extrem mild. Im ganzen Monat gab es im ganzen Land keinen Nachtfrost. Ein solches Ereignis wäre theoretisch auch ohne Klimawandel möglich, allerdings nur einmal in 1250 Jahren. Ottos Untersuchung lässt erkennen, dass ein solches Extremereignis heute alle 20 Jahre wiederkehrt. Das Ausbleiben der Kälte im Winter kann ähnlich verhängnisvoll wirken wie ein zu trockener Sommer. Manche Pflanzen keimen nur durch Frosteinwirkung, außerdem ist Kälte der wichtigste Feind vieler Insekten und Schädlinge. Dass in Mitteleuropa inzwischen exotische Mücken mit ebenso exotischen Krankheitserregern nachgewiesen werden, liegt an zu warmen Wintern.

Zu den üblichen menschlichen Reaktionen auf Hiobsbotschaften gehört das Leugnen und dass diese Verdrängung in Wut oder Trotz umschlagen kann. In den USA gibt es eine Bewegung mit dem Namen »Rolling Coal«, die die Dieselmotoren ihrer SUVs mit speziellem Gerät ausrüstet. Dabei wird der Rußfilter entfernt und Veränderungen an Motor und Auspuffanlage vorgenommen, damit das Fahrzeug möglichst viel tiefschwarzen Rauch ausstößt. Das ist zwar verboten, wird aber als Provokation und vorgeblicher Protest für die Freiheit weiterhin betrieben. Besonders gern neben Elektroautos.

Ohne den zu heißen, zu trockenen Sommer 2018 hätte Fridays for Future wahrscheinlich nicht derart große, nachhaltige Resonanz erfahren. Der Realitätsschock, seine Ausbreitung und seine Wirksamkeit hängen oft am Erleben. Selbst wenn diese eigene Anschauung nur anekdotisch ist, schließlich sind die meisten Leute nicht Zuordnungswissenschaftlerinnen. In gewisser Weise haben die Bevölkerungen, die jetzt den Realitätsschock des Klimas spüren, Trumps Fehler gemacht, Wetter und Klima gleichzusetzen. Und doch ist eine weltweite Klimajugend die einzig vernünftige Reaktion auf die Geschehnisse. Ein heute in Europa geborenes Mädchen wird um 2050 herum wahrscheinlich mit der Gründung ihrer eigenen Familie beschäftigt sein und hat statistisch beste Chancen, das Jahr 2100 zu erleben. Beide Jahreszahlen sind Fixpunkte für Klimaprognosen, auf die sich Studien und Maßnahmen oft beziehen. Was sich für Erwachsene anhört wie ferne, meist unerreichbare Zukunft, ist für Jugendliche Teil ihres kommenden Lebens.

Dazu passt ein Begriff aus der amerikanischen Managementforschung: »Sense of Urgency«. In deutschen Lehrbüchern wird er oft ungenügend mit »Handlungsdruck« übersetzt, denn es geht eher um die Einsicht und das Gefühl, mit größter Dringlichkeit handeln zu müssen. Viele Gigabyte Wirtschaftsliteratur beschäftigen sich damit, wie man Mitarbeitern diesen Sense of Urgency vermitteln kann, zum Beispiel, wenn es ums Überleben einer Firma geht. Fachleute geben die Antwort, dass es auf ausschließlich rationale Weise kaum möglich sei. Die Dringlichkeit müsse vielmehr emotional spürbar sein, sonst wirke eine abstrakte Gefahr nicht aktivierend, sondern werde kleingeredet, achselzuckend hingenommen oder ignoriert. Wenn man diese Mechanik auf Realitätsschocks übertragen möchte, müssen wir der Klimajugend noch dankbarer sein als ohnehin schon. Sie lässt uns mit ihrer Lautstärke und Hartnäckigkeit spüren, dass wir unser Verhalten ändern müssen.

PLASTIKPANIK

Plastik ist seit dem Zweiten Weltkrieg der Treiber der Konsumgesellschaft. Das Wort stammt vom altgriechischen Verb »*plassein*«, übersetzt »formen«. Daraus leitet sich »*plastikos*« ab, »formbar«. Diese Formbarkeit entspricht der neu gefühlten Freiheit, die in den 1950er- und 1960er-Jahren vor allem als Konsum ausgelebt wird. Im

Nachkriegsdeutschland (West) klingt »Nylon« nach der großen, weiten Welt. Die Kunststoff-Strumpfhose ist das Symbol für Westbindung, Warenfreude, Wohlstand. Plastik ist das Material der Stunde, so vielfältig, flexibel und modern, wie man selbst sein möchte.

Plastik hat eine Eigenschaft, die für Lebensmittelhersteller bares Geld bedeutet: Es ist leichter als bis dahin verwendete Materialien. Die Plastikverpackung genügt den wachsenden hygienischen Bedürfnissen der Kunden und reduziert Kosten für Transport und Lagerung. Mit seiner Anpassbarkeit an jede Form, seiner Widerstandsfähigkeit und seinem geringen Preis erlaubt Plastik erst die Warenlogistik der modernen Konsumgesellschaft. *FMCG* nennt man diese Produkte in der Sprache des Managements, *Fast Moving Consumer Goods,* Schnelldreher, die Alltagsprodukte der Wohlstandsgesellschaft. Ohne Plastikverpackungen wären sie undenkbar gewesen. Mit Shampoo zum Selbstabfüllen oder Joghurt im wachsversiegelten Holzfass hätten die Konsumgütergiganten Procter & Gamble, Nestlé oder Unilever die Welt kaum erobert. Bei einer Untersuchung von Greenpeace an den Stränden der Philippinen 2017 beträgt der Anteil des angespülten Plastikmülls dieser drei Konzerne rund ein Drittel des Gesamtmülls. Nestlé verkauft im selben Jahr etwa eine Milliarde Produkte täglich, 98 Prozent davon verpackt in Einwegplastik.

Ende der 1960er-Jahre, nach zwanzig Jahren kaum gebremster Konsumfreude, werden die Probleme unübersehbar, wie der Journalist Stephen Buranyi im britischen Guardian nachzeichnet. Im Juni 1969 erscheint in der New York Times ein Artikel über die »Dritte Verschmutzung«

nach der Luft- und Wasserverschmutzung, den feststofflichen Abfall. »Die großen amerikanischen Städte stehen vor der Müllkatastrophe«, lautet der Titel. US-Präsident Nixon, ausgerechnet, nimmt sich in einem Positionspapier 1970 des Themas an: »Neue Verpackungsmethoden verwenden Materialien, die sich nicht abbauen lassen und kaum richtig verbrannt werden können. Daraus ergeben sich schwierige Müllprobleme. Obwohl viele Verpackungen wiederverwendbar wären, werfen wir heute weg, was wir noch vor einer Generation aufbewahrt hätten.« Ein öffentliches Umweltbewusstsein ist entstanden, bald schon sollen in den USA politische Konsequenzen gezogen werden. Wenig später erlässt der Staat New York eine Steuer auf Plastikflaschen, der amerikanische Kongress debattiert darüber, ob man Einwegverpackungen verbieten solle. Eine Stimmung gegen Plastik scheint sich auszubreiten.

Auch in Europa und in Deutschland. Der Spiegel schreibt 1971 über das Müllproblem: »Zwar werden nach der gegenwärtigen Schätzung Kunststoffe gegen Ende des Jahrzehnts gewichtsmäßig nur sechs Prozent der Müllmenge ausmachen; doch gemessen am Volumen, kann ihr Anteil auf etwa 50 Prozent ansteigen.« Das Nachrichtenmagazin zitiert eine Fachzeitschrift mit der eingängigen Formel »Verpackungsmüll – Folge des Fortschritts« und schreibt eindeutige Überschriften: »Müll-Öfen mit Kunststoffen überfüttert« und »Weggeworfene Perlonstrümpfe verrotten nicht«.

Aber Plastikproduzenten, die dahinterstehende Ölindustrie und Großverwender denken kaum daran, Produkte und Geschäftsmodelle umweltgerecht zu verändern.

Einen Teil der Öffentlichkeit haben sie auf ihrer Seite. Die Frankfurter Allgemeine Zeitung schreibt: »Was nicht verrottet, [...] kann auch nicht schaden.« Solche Ansichten sind auch in der konsumfreudigen Zivilbevölkerung verbreitet. In den 1970ern gilt Plastik als cooler Gestaltungswerkstoff für Möbel, Kleidung, Konsumgüter aller Art. Da das aus ihrer Sicht auch so bleiben soll, beginnen die Hersteller, systematisch gegen Veränderungen und neue Umweltgesetze zu arbeiten. Nicht nur durch konzentriertes Lobbying und Gerichtsverfahren, sondern auch durch eine gezielte Umpolung der Debatte.

Mit groß angelegten Kampagnen verschiebt die Plastikindustrie die Alleinverantwortung für die Müllflut – auf die Kunden. Das passiert vorgeblich im Namen der Umwelt selbst. Über Jahre ist der Vorsitzende des Umweltverbandes »Keep America Beautiful« zugleich Chef einer Einwegdosenfabrik. Die Kommunikationsstrategie des Verbandes steht mustergültig für die gezielte Umleitung des wachsenden Unbehagens in Sachen Müllmassen. Das geschieht zum Beispiel mithilfe eines oft verbreiteten Werbeslogans: »Menschen verschmutzen die Umwelt. Und Menschen können die Verschmutzung stoppen.« Die Kampagnen haben Erfolg, die öffentliche Anti-Plastik-Stimmung wandelt sich und richtet sich kaum mehr gegen die Produzenten, sondern gegen die Leute, die die Verpackungen nicht in den Müll werfen.

Die Abwälzung der Verantwortung auf den Einzelnen passt in den 1980ern gut in die zunehmend neoliberale Zeit. Selbst Margaret Thatcher ruft dazu auf, sich endlich besser zu benehmen und keinen Plastikmüll mehr in die

Plastikpanik

Landschaft zu werfen. »Plastikmüll zum persönlichen Versagen umzudefinieren funktionierte perfekt«, schreibt Buranyi und zitiert Thatcher anlässlich der Begehung eines stark verschmutzten Parks: »Das liegt nicht in der Verantwortung der Regierung, es ist die Schuld der Leute, die diesen Müll bedenkenlos wegwerfen.« Die Produzenten des Plastikmülls werden nicht einmal erwähnt. Bis heute wirkt diese Umdefinition nach. Natürlich tragen die Leute, die ihren Abfall irgendwo fallen lassen, die Schuld an ihrer Missetat. Aber ein verschmutzter Park hat nichts zu tun mit dem eigentlichen Problem, der schieren Existenz von derart viel Plastikmüll. Die Vermischung dieser Probleme in den Köpfen muss als überaus erfolgreiche PR-Kampagne betrachtet werden – als Plastikpropaganda.

Um einen Rückfall in die Anti-Plastik-Stimmung dauerhaft zu verhindern, bedient sich die Plastikindustrie eines weiteren cleveren Tricks, der Legende des Recyclings und der Wiederverwendbarkeit. Im Zweiten Weltkrieg war die Wiederverwendung von Rohstoffen aus dem Hausmüll von mehreren Ländern systematisch ausgebaut worden, in den USA »Salvage for Victory« (Altmaterial für den Sieg) und »National Salvage Campaign« in Großbritannien. Diese historischen Anknüpfungspunkte nimmt die Plastikindustrie wieder auf und propagiert Recycling. Auch das ist kommunikativ geschickt, niemand kann ernsthaft gegen Recycling sein. Aber in den ersten Jahren handelt es sich um reine Kundenberuhigung, denn bis Ende der 1980er-Jahre beträgt weltweit der Anteil des wiederverwerteten Plastiks rund null Prozent. Vor der Einführung des Dualen Systems zur Mülltrennung in Deutschland in den Jahren

1990 und 1991, später vor allem durch den »Grünen Punkt« bekannt, liegt der Anteil bei 2,7 Prozent. Von diesen Zahlen aber hört man wenig, die Öffentlichkeit wird mit Zukunftsversprechen besänftigt. Die Industrie in den USA behauptet Anfang der 1990er, im Jahr 2000 werde Plastik das meistwiederverwertete Material sein.

Schon 1988 wissenschaftlich beschrieben, erscheinen durch den Zufallsfund eines Seglers 1997 regelmäßig Medienberichte über die gigantischen Plastikinseln im Pazifik. Spätestens seit Anfang der Nullerjahre warnen Wissenschaftler lautstark vor Mikroplastik, das unter anderem durch Abrieb von größeren Plastikteilen entsteht. Eine breite gesellschaftliche Reaktion bleibt aus. Trotz der Warnungen erobert Mikroplastik als absichtlich verwendeter Inhaltsstoff sogar Produkte vom Shampoo über die Hautcreme bis zum Peeling. Nach dem Jahrtausendwechsel steigt der Recycling-Anteil von Plastik nur wenig. In den USA liegt er noch immer im einstelligen Prozentbereich. Die Plastikindustrie wechselt die PR-Strategie und verbreitet, dass »Plastiktüten zu den am meisten wiederverwendeten Gegenständen im Haushalt« gehörten. 2003 führt eine Lobbyistin aus, was genau damit gemeint ist: »Viele, viele Tüten werden wiederverwendet als Bücher- oder Lunch-Tüten für die Schulkinder, als Mülltüten oder um Waldis Hinterlassenschaften vom Rasen aufzunehmen.« Ein brillanter Satz wie aus dem Lehrbuch für manipulative PR, denn er ist wahr, klingt einleuchtend und überzeugend – aber vernebelt die relevanten Tatsachen. Auch mehrmals verwendete Tüten landen danach im Müll. Wenn das Kind sein Schulbrot in der Plastiktüte mitnimmt, ändert das nichts daran, dass der Vater beim nächsten Einkauf wieder fünf Stück mit nach Hause trägt. Und dass mit Hundekot verschmierte Tüten ausgewaschen und mehrfach verwendet werden, dürfte eher nicht die Regel sein. Plastik ist weiter auf dem Siegeszug, nach der Jahrtausendwende schütteln viele Volkswirtschaften die Neunzigerjahre ab und feiern bis zur Finanzkrise ein Konsumfeuerwerk. Wenn es eine Gleichung gibt für die Plastikwirtschaft, lautet sie: Mehr Konsum bedeutet mehr Plastik. Immer neue Produkte, immer neue Verpackungen. Die Supermärkte sind die Kathedralen des Plastikkapitalismus.

Zweifel auf Regierungsebene entstehen um die Jahrtausendwende in Bangladesch. Dort kommt es 1998 und 1999 zu Flutkatastrophen. Das Land, etwas größer als die Schweiz und Österreich zusammengenommen, steht zeitweise zu 60 Prozent unter Wasser. In vielen Städten fließen die Fluten wochenlang kaum ab, Krankheiten fordern Tausende Todesopfer. Behördliche Untersuchungen ergeben, dass Kunststoffmüll die Kanalisationen verstopft und so den Rückgang des Wassers verhindert hat. 2002 verbietet Bangladesch Plastiktüten.

Im Jahr 2008 verbietet Ruanda, ein ostafrikanisches Land mit zwölf Millionen Einwohnern, rigoros sämtliche Plastiktüten. Der autoritäre Präsident entschließt sich unter anderem zu diesem Schritt, weil Kühe Plastik fressen und daran verenden und weil der Regen auf herumliegenden Tüten Lachen bildet, in denen Malariamücken gedeihen. Aber anders als in Bangladesch handelt es sich nicht um eine Notfallmaßnahme – sondern um bewussten Umweltschutz. Denn die ruandische Verfassung garantiert jedem Bürger das Recht auf eine gesunde Umwelt. Das Land ist damit Vorreiter in Sachen Plastikmüll. Zehn Jahre später werden mehr als vierzig Staaten dem Beispiel gefolgt sein. Das ruandische Verbot scheint fast von Anfang an zu funktionieren, auch in der Zivilgesellschaft. Die Regierung begleitet es mit umfangreichen Kampagnen und unterstützt Forscher bei der Entwicklung von Alternativen. Auch »Public Shaming«, die Bloßstellung von Plastiksündern, trägt zum Erfolg bei. Händler, die Plastiktüten verwenden und erwischt werden, müssen ihre Sünden auf gut sichtbaren Schildern vor ihren Läden bekennen. Kigali wird fast über Nacht zur (selbsterklärt) saubersten Hauptstadt Afrikas. Der sichtbare Erfolg auf Regierungsebene verschafft den Anti-Plastik-Aktivisten weltweit Rückenwind.

Zur selben Zeit geschieht etwas, das rückblickend mit vielen Realitätsschocks verbunden scheint: Die Nutzerzahlen sozialer Medien explodieren, vor allem von Facebook. Im August 2008 erreicht Facebook 100 Millionen Nutzer, Anfang 2009 sind es 150 Millionen, im Sommer 2010 sind eine halbe Milliarde Menschen auf dem sozialen Netzwerk aktiv. Rasch erkennen Aktivisten aller Art das Potenzial. Das deutsche Umweltbundesamt kommt schon 2010 in einer Befragungsstudie zum Schluss: »Das Internet ist das A und O bei Neuenwerbung und Planung von Projekten einer modernen NGO.« Dabei ist Deutschland im Vergleich zu den meisten anderen Ländern langsam. Weltweit beginnen Umweltschützer, sich mithilfe sozialer Medien des Themas Plastik anzunehmen, Videoclips erreichen viral Millionen, Veranstaltungen werden in ungekannter Geschwindigkeit organisiert. Mit dem Erstarken der sozialen Medien sind für die Massenkommunikation keine teuren Strukturen mehr notwendig.

Meine unüberraschende These ist, dass bei der Entstehung der Plastikpanik, des Realitätsschocks Plastik, soziale Medien die entscheidende Rolle gespielt haben. Dabei ist das *Wie* bemerkenswert. Es taugt auch als Vorbild dafür, wie ein schwieriger vor Ort erlebbarer Realitätsschock medial in Szene gesetzt werden und zu Veränderungen in Politik und Gesellschaft führen kann.

Die Rezeption eindrücklicher Bilder und Videos in sozialen Medien unterscheidet sich von der in anderen Medien. Die ständige Konfrontation mit immer neuen, aber ähnlich verstörenden Bildern baut Druck auf. Anders als redaktionelle Medien haben soziale Medien eine sehr liberale Auffassung von Aktualität. Es reicht, dass ein paar Multiplikatoren einen Inhalt in genau diesem Moment relevant finden – schon wird er als aktuell wahrgenommen. Immer wieder werden jahrealte Artikel oder Aufnahmen auf Facebook und Twitter als brandneu weitergereicht. Deshalb eignen sich soziale Medien perfekt für Kampagnenkommunikation. Sie können ein Thema immer wieder neu emotional aufladen und dadurch massenhafte Weiterverbreitung erreichen, ohne dass es einen nachrichtlichen Anlass geben muss. In klassischen Medien ist aktuell und relevant, was vorhin geschah, in sozialen Medien ist aktuell und relevant, was vorhin eingestellt wurde.

Große Kraft entfalten soziale Medien auch, weil Publikumsreaktionen zum Inhalt mitgeliefert werden: Tausende Likes und hochemotionale Kommentare. Dass Gruppenemotionalität ansteckend wirkt, zeigen die

Konservenlacher, die seit den 1950er-Jahren in TV-Sitcoms eingespielt werden. Von Beginn an sind soziale Medien auf kollektive Emotionalisierung programmiert. Sie erlauben, auf einfache Weise und visuell gestützt an die Empathie der Nutzer zu appellieren. Deshalb erreichen Themen wie Tierleid, Wut auf Lobbys oder Ängste aller Art ein großes Publikum.

Seit etwa 2011 zirkulieren in den Netzwerken vermehrt Fotos und Videos, die die Verschmutzung der Meere mit Plastik illustrieren. Der Aufbau der Bilder ist oft ähnlich, Unterwasseraufnahmen, im Hintergrund unscharf ein paar Fische, im Vordergrund Plastikmüll. Eine Schildkröte, verstümmelt von einem festgewachsenen Plastikteil. Ein Bild zeigt einen Fluss, der gar nicht mehr als solcher erkennbar ist. Wie Entengrütze auf dem überdüngten Dorfteich ist die Wasseroberfläche mit Plastikverpackungen aller Art bedeckt. In einem Video gerät eine Jacht auf dem Meer in eine riesige schwimmende Plastikhalde. In einem anderen versucht jemand, einer Schildkröte mit einer Zange einen Plastik-Strohhalm aus dem Nasenloch zu ziehen. Der Halm ist festgewachsen, es fließt viel Blut. Acht Minuten dauert das Martyrium, die Kamera hält auf das Tier, das immer wieder schmerzverzerrt den Mund aufreißt, lautlose Schreie. Der Clip wurde weit über einhundert Millionen Mal angesehen. Wie oft kann man sich solche Bilder anschauen, bis man das Problem nicht länger ignorieren möchte? Die ständige Konfrontation mit Informationen in sozialen Medien haben den oben beschriebenen Effekt: Man wird dazu gedrängt, sich eine Meinung zu bilden. Ein Stakkato drastischer Informationen kann zwar auch eine

Überlastung verursachen, die in der Abwehr jeder Verantwortung mündet oder in Zynismus. Aber steter Tropfen höhlt selbst ein Herz aus Stein.

Zur Wahrheit entstehender Umwelttrends gehört allerdings auch, dass es viele professionelle Umweltschutzmaschinerien gibt, Vereine, Verbände und Unternehmen, die für den und auch vom Umweltschutz leben. Sei es durch Spenden, Kooperationen oder Produkte wie Umweltsiegel, die von Herstellern bezahlt werden müssen. Kristallisationspunkt ist dabei die öffentliche Aufmerksamkeit; deshalb koordinieren Umweltorganisationen regelmäßig und international, was das »nächste große Ding« sein wird, ob man die Kommunikation auf Plastikmüll, Klimawandel oder was auch immer konzentriert. Gerade auf dem Spendenmarkt gilt: Die Flut hebt alle Boote. Je präsenter ein Thema in der Öffentlichkeit ist, umso satter fließt der Geldstrom. Deshalb achten Umweltorganisationen auf neue öffentliche Stimmungen, die sich in ihrem Sinne verwerten lassen. Das ist keinesfalls verwerflich, bedeutet aber, dass eine Menge Leute Interesse am Anheizen bestimmter Stimmungen haben. Ein Realitätsschock kann zugleich ein Spenden-Jackpot sein.

Im Jahr 2015 gründet Greenpeace ein eigenes auf Plastik spezialisiertes Team; das lässt sich vielleicht als einer der wichtigen Momente identifizieren, in dem die netzgetriebene Ablehnung von Einwegplastik vom Ökotrend zur gesellschaftlichen Bewegung wird. Man kann Greenpeace durchaus als Kommunikationskonzern betrachten, mit einem hehren Ziel, natürlich. Im Rahmen der Kampagnenkonzeption kommt es neben eindrücklichen Videos vor allem auf wirksame Fotos und gute Sprachbilder an. In sozialen wie in traditionellen Medien ist die Währung das Zitat, die Weitererzählbarkeit: Wie kann man einen Sachverhalt so verdichten, dass die Information häufig weitererzählt wird? Am besten eignen sich dafür spektakuläre Vergleiche und eingängige Metaphern. In Großbritannien wird verbreitet, dass die dort jährlich verbrauchten sechs Milliarden Plastiktüten so viel wiegen wie 300 Blauwale, 300 000 Meeresschildkröten oder drei Millionen Pelikane.

Eindrucksvolle Vergleiche zu entwickeln ist wesentlicher Bestandteil von NGO-Kampagnen. Sie erzeugen im Kopf die Bilder, die Menschen irgendwann zum plötzlichen Aufmerken und Umdenken bringen. Diese Stimmungen werden über soziale Medien in die Massenmedien übertragen, zum Beispiel, weil entsprechende Artikel auf Facebook große Aufmerksamkeit und damit viele Klicks bekommen. Ein Thema gilt dann redaktionell als lohnenswert, es wird intensiver verfolgt und von verschiedenen Seiten beleuchtet. Journalisten nutzen oft selbst Social Media – Fragen, die dort groß erscheinen, gelangen so in redaktionelle Medien. Dann werden Verantwortliche und Zuständige um Statements zu den viel besprochenen Sachverhalten gebeten. So kann über emotionale Bilder in sozialen Medien eine öffentliche Debatte entstehen, die schließlich auch die Politik erreicht.

Noch im Jahr 2015 beschließt die britische Regierung einen verpflichtenden Preis für Plastiktüten in Supermärkten ab Anfang 2016. Fünf Cent sind für keinen Lebensmittel-Shopper in London eine prohibitive Summe, aber für viele ein Anlass, kurz innezuhalten. In den ersten sechs Monaten 2016 fällt der Tütenverbrauch in Großbritannien

Plastikpanik

um 85 Prozent. Wie zuvor an vielen Orten wie Dänemark, Indien oder einzelnen Städten in den USA zeigt sich: Bürger können noch so gebildet, verantwortungsbewusst, aufgeschlossen sein – wenn sie sich zu Konsumenten verwandeln, setzen sie andere Prioritäten. Deshalb verpuffen Bitten, Aufrufe, Appelle oft. Damit die Einsicht auch zu einer Verhaltensänderung führt, brauchen Konsumenten genau das, was sie zu Konsumenten macht: einen Preis.

Immer stärker geraten Plastik, seine Produzenten und Verwender ins Fadenkreuz der öffentlichen Meinung, eine selbstverstärkende Spirale der Aufmerksamkeit entsteht. Wenn eine kritische Masse ein Thema für wichtig hält, beginnt sie, in sozialen Medien häufiger darüber zu kommunizieren. Zusätzlich tritt der sogenannte Baader-Meinhof-Effekt auf: Wer auf rote Autos achtet, sieht plötzlich überall rote Autos. Und redet dann darüber. Die Durchdringung des Alltags mit sozialen Medien sorgt ironischerweise dafür, dass Plastik nicht nur im Meer, sondern auch im Netz überall zu sein scheint. Die Debatte wird stetig größer, auch politisch. Im Februar 2017 veröffentlicht die in Nairobi ansässige UN-Umweltagentur ein Schreiben: »Die UNO erklärt den Krieg gegen Plastik«.

In Großbritannien zeigt der erwähnte David Attenborough Ende 2017 in der BBC die Naturdokumentation »Blue Planet II«. In der letzten Folge geht es ein paar Minuten um Plastikmüll im Ozean und die Tiere, die daran verenden. Dazu die sonore Stimme Attenboroughs, der kühl die Schäden beschreibt. Die perfekt gefilmte Schönheit der Natur und die darauffolgende Plastikdrastik erzeugen eine Fallhöhe, die das Publikum aufrüttelt. Ein weiterer Moment der Erkenntnis für die Öffentlichkeit, der sich nachvollziehen lässt. »Attenborough-Effekt« heißt in Großbritannien und anderen englischsprachigen Ländern der Realitätsschock des Plastiks. Seit dem BBC-Film mit weltweit über 70 Millionen Zuschauern haben Medienbeiträge zu Plastikmüll die mit Abstand meisten Publikumsreaktionen, schreibt der Guardian. Mehr noch als der Daueraufreger Kriminalität von Migranten.

Spätestens zu dieser Zeit verändert sich auch in Deutschland messbar das Bewusstsein. Die Deutsche Gesellschaft für Verpackungsmarktforschung veröffentlicht eine Statistik, nach der innerhalb eines Jahres, von 2016 bis 2017, die Zahl der verwendeten Plastiktüten um 35 Prozent sinkt. Statt 45 beträgt der Pro-Kopf-Verbrauch nur noch 29 Plastiktüten. Das geschieht wie in Großbritannien nicht von allein, sondern ist Folge der Vereinbarung einiger Hundert Händler, Tüten nicht mehr kostenlos herauszugeben. Im Sommer 2018 kündigt McDonald's an, in vielen Ländern Plastikstrohhalme durch Papierhalme zu ersetzen. Die Aktion wird zwar eher als öffentlichkeitswirksames PR-Symbol verstanden. Aber McDonald's ist nichts weniger als der Vatikan des Einweggeschirrs. Der Plastikschock hat die Masse erreicht.

DER RECYCLING-MYTHOS

Fünfundzwanzig Jahre nach der großspurigen Ankündigung gut funktionierender Recyclingsysteme für Plastik liegt die weltweite Quote der Wiedernutzung bei unter 20 Prozent (2015). Und selbst diese Zahl wird von Experten für industrieseitig übertrieben gehalten, in den USA beträgt sie sogar nur neun Prozent. Plastik kann nicht einfach eingeschmolzen werden, sondern muss aufwendig aufbereitet werden. Weil das Zeit, Energie und Geld kostet, steht Recycling in direkter Konkurrenz mit neu produziertem Plastik. Je geringer der Ölpreis, desto weniger attraktiv ist Recycling.

In Deutschland gehört Mülltrennung zu den ablasshaften Alltagsriten. Die Deutschen fühlen sich durch ihre mit großer Ernsthaftigkeit betriebene Mülltrennungsarbeit als Recycling-Weltmeister. Deshalb nutzen sie Plastik ohne Reue. Von den größeren europäischen Flächenländern hat Deutschland das höchste Aufkommen von Verpackungsmüll je Person, über 200 Kilogramm im Jahr. Daraus speist sich das zweithöchste Aufkommen von Plastikmüll aus Verpackungen, 37 Kilogramm pro Kopf (2017). Die Industrie rechnet ihre Statistiken zur Wiederverwendung schön, Exporte werden ignoriert, gar nicht recycelbare Kunststoffe auch. Im Spiegel erklärt Anfang 2019 Henning Wilts, Experte für Kreislaufwirtschaft, dass die wahre Recycling-Quote für deutsches Plastik bei nur 5,6 Prozent des jährlich verwendeten Neumaterials liegt. Der Rest wird laut Müllwirtschaft zu etwa zwei Dritteln »energetisch verwertet«, was eine so amtlich wie elegant klingende Umschreibung für »Verbrennen« ist. Dabei entstehen extrem giftige Substanzen wie Dibenzofurane oder polychlorierte Dibenzodioxine, besser bekannt als »Dioxin«. Diese Substanzen können inzwischen herausgefiltert und gesammelt werden, aber sie müssen am Ende irgendwo hin. Also steckt man die Reste in große Säcke und lagert es in unterirdischen Schächten, etwa in alten Salzbergwerken.

Dort steht es hochtoxisch herum, geschützt in erster Linie durch die Hoffnung, dass dort niemals seismische Aktivitäten auftreten mögen.

Ein Teil des Plastikmülls aber kann nicht wiederverwertet oder verbrannt werden. Deshalb exportiert Deutschland wie viele Länder der EU seinen Müll in alle Welt. Bis 2017 führt China unglaubliche 56 Prozent des weltweiten Plastikmülls ein, darunter jährlich zweieinhalb Milliarden Kilogramm aus Europa. Anfang 2018 stoppt die chinesische Regierung über Nacht den Müllimport. Seitdem findet deutscher Plastikmüll seine letzte Heimat in Malaysia, Indien, Indonesien oder Ghana. Oder seine vorletzte Heimat, denn Müllexportmeister Deutschland kontrolliert weniger intensiv als daheim, ob die Plastikflut am Ende nicht doch über die Flüsse ins Meer gespült wird. Man vertraut im Wesentlichen auf Zusicherungen.

In sozialen Medien kursieren Grafiken und Statistiken, dass 90 Prozent des heute ins Meer gespülten Plastiks von nur zehn Flüssen stamme, davon acht in Asien und zwei in Afrika. An der Spitze stehe der Yangtse in China, es folgten unter anderem Indus und Ganges in Indien, der ägyptische Nil und der Niger in Niger. Es ist eine wiederkehrende Maßnahme der Selbstberuhigung, Statistiken oberflächlich so zu lesen, dass die eigene Haltung gestützt wird. Asiatische und afrikanische Flüsse verschmutzen die Meere, was habe ich damit zu tun? Die Rangliste stammt aus einer Studie des deutschen Helmholtz-Zentrums für Umweltforschung und ist wissenschaftlich nachvollziehbar. Aber sie muss im Kontext des Müllexports gesehen werden. Experten sprechen von Müllverdrängung: Afrikanische oder asiatische Deponien nehmen lieber für teures Geld europäischen Müll an – der heimische landet deswegen mit höherer Wahrscheinlichkeit in wilden Deponien und Flüssen. Erst für 2021 erlässt die EU ein Verbot von Einmalverpackungen aus Plastik.

Sicherlich hat Plastik auch seine Vorteile, sogar für die Umwelt. Das Gewicht, die Vielseitigkeit, der Preis, Plastik ist gleichzeitig belastbar und flexibel. Aber der Plastikkapitalismus hätte schon vor zwanzig, dreißig oder vierzig Jahren gebremst werden können. Die Meere wären heute weitaus weniger vermüllt. Im Milliardenland Indien wurden Plastikflaschen überhaupt erst Anfang der 2000er Jahre zum Allgemeingut, vor allem durch große Lebensmittelkonzerne. Und Anfang der 1990er, nach der deutschen Wiedervereinigung, wurde das DDR-Müllverwertungssystem SERO erst hochgelobt, aber dann auf undurchsichtige Weise transformiert und schließlich abgewickelt. Es passte nicht ins glitzernde Konsumparadies der hundert Duschgelmarken und wohl auch nicht ins Konzept der westlichen Müllindustrie. Der Plastikkapitalismus ist auch direkt mit dem Klimawandel verbunden, denn die Hersteller von Kunststoffen gehören zu den größten CO_2-Emittenten überhaupt.

Nichts steht so ikonisch für den Sieg des Konsums über die Nachhaltigkeit wie Plastik. Sein Erfolg im 20. Jahrhundert, vor allem in Form von Einweg-Plastikverpackungen, markiert die Egozentrik der Industrieländer. Was, wenn sich alle so verhalten wie wir? Diese Frage haben sich die Menschen im Westen selten gestellt und nie beantwortet.

Das lässt viele westliche Aktivitäten leicht bigott erscheinen: Wir haben jahrzehntelang nicht ernsthaft über Plastikmüll nachgedacht – und jetzt drängen wir mit aller

Macht ärmere Länder mit größeren Problemen und weniger Infrastrukturen dazu, sich gefälligst nicht so zu verhalten wie wir selbst.

Es mag in vielen Fällen keine Alternative zum westlichen Drängen geben – Europa hat fast alle Urwälder abgeholzt, Brasilien darf trotzdem nicht das Gleiche tun –, aber die Haltung wirkt doch unsympathisch und herablassend. »Tu, was ich sage, nicht, was ich tue« – dieses ewige Zitat des frühen englischen Humanisten John Selden von 1654 erscheint als übergeordnetes Motto des westlichen 20. Jahrhunderts, der Zeit vor unseren Realitätsschocks. Das Mindeste wäre daher eine gewisse Demut der Industriestaaten, auch und gerade beim weltweiten Feldzug im Namen der Natur.

PLÖTZLICH PFLANZLICH

Vielleicht lässt sich am Wandel des eigenen Alltags am besten sagen, was Menschen nachhaltig bewegt. Etwa seit Anfang der Zehnerjahre ändern viele Menschen ihr Leben: Sie ernähren sich anders – fleischreduziert, vegetarisch oder sogar vegan. Viele der verfügbaren Statistiken zur veganen Welle sind zwar mit einer gewissen Vorsicht zu beurteilen, weil sie nicht in jeder Dimension wissenschaftlichen Standards genügen. Aber sie reichen qualitativ doch für einen Eindruck aus. In Großbritannien lassen im Jahr 2015 Studien auf eine halbe Million Veganer schließen, Mitte 2018 ergibt eine Umfrage, dass bis zu dreieinhalb Millionen Menschen eine vegane Lebensweise führen, geführt haben oder in Erwägung ziehen. Ausdrücklich auch »um den menschlichen Einfluss auf den Planeten zu reduzieren«. Beim Vegetarismus sind es sieben Millionen. Der größte britische Lebensmitteleinzelhändler Waitrose richtet 2018 in mehr als 130 Läden Abteilungen für vegane Produkte ein.

Auch in Frankreich, dem Epizentrum der Esskultur, verändert sich etwas. Im Sommer 2018 schreibt der Präsident des französischen Fleischereiverbandes einen offenen Brief an den Innenminister. Die 18 000 französischen Fleischer und Schlachter seien sehr besorgt über die intensive Berichterstattung zur »Mode des veganen Lebens«. Anlass ist nicht nur der spürbare Rückgang des Fleischverzehrs »durch diese Ideologie«, sondern auch Drohungen und sogar Anschläge auf Fleischereien, mutmaßlich durch militante Veganer.

2016 ergibt eine Untersuchung im Auftrag der Veganen Gesellschaft, dass in Deutschland 1,3 Millionen Veganer leben. Bis zu neun Prozent der Bevölkerung, etwa sieben Millionen Menschen, ernähren sich vegetarisch. Seit 2016 erscheinen Artikel in großen Medien, die beschreiben, worauf Eltern achten müssen, wenn Kinder vegan leben wollen. Im Juli 2018 schreibt Bernd Ulrich, stellvertretender Chefredakteur der Zeit, wie und warum er seit einem Jahr vegan lebt. Der Anstoß dazu kam laut Ulrich von seinem Sohn, der sich so gegen eine bedenkenlose Konsumhaltung engagiert. Die wichtigste Wirtschaftszeitschrift der Welt, der Economist, und das amerikanische Magazin Forbes erklären 2019 zum Jahr, in dem Veganismus zum Mainstream wird. Das bildet sich auch ökonomisch ab: Anfang Mai 2019 geht Beyond Meat, ein Hersteller rein pflanzlicher Fleischalternativen, mit einem Kursfeuerwerk an die Börse. Es ist der erfolgreichste Börsengang in den USA seit dem Jahr 2000.

In kaum zehn Jahren ist fleischlose Ernährung vom Außenseiterthema zur gesellschaftlichen Größe geworden. Die Suche nach den Gründen für diesen Wandel beginnt mit der Frage an vegan Lebende. Als Motivation wird fast immer zuerst die Verminderung des Tierleids genannt. Aber schon an zweiter Stelle stehen in den meisten Umfragen Umwelt- und vor allem Klimaschutz. Bei einer deutschen Untersuchung geben knapp 80 Prozent an, ihre vegane Diät deshalb fortzuführen, weil sie »Klima und Umwelt schützen, nachhaltig handeln« wollen.

Diese Motivation ist nicht abwegig. Unglaubliche 70 Prozent der Agrarflächen des Planeten werden von der Viehwirtschaft genutzt. In einem Artikel über das rasante Artensterben schreibt der Spiegel, dass keine andere Industrie so viel Lebensraum vernichte. Fleischkonsum ist einer der wesentlichen Gründe für den CO_2-Anstieg und den Ausstoß anderer Treibhausgase. Die Größenordnung verdeutlicht 2017 eine deutsch-amerikanische Studie. Die fünf größten Fleisch- und Milchunternehmen verursachen so viele Treibhausgase wie der größte Ölkonzern der Welt, Exxon, mehr als Shell oder BP. Frühere Berechnungen wiesen, so die Studie, grobe Fehler auf. Wenn es so weitergehe, verbrauche 2050 allein die Fleisch- und Milchindustrie 80 Prozent des Treibhausgas-Budgets.

Diese Werte sind politisch vereinbart worden, um den Klimawandel zu stoppen. 2014 publiziert der wissenschaftliche Expertenrat des »Intergovernmental Panel on Climate Change«, dass ein Viertel der Treibhausgase durch Ernährung verursacht wird, der Löwenanteil durch Fleisch. Nicht nur zur Kühlung wird viel Energie verbraucht – Nutzvieh rülpst und furzt auch in bedeutsamem Ausmaß. Was sich etwas vulgär anhört, hat einen ernsten Hintergrund. Jeden Tag entlässt jede Kuh 300 bis 500 Liter Methan in die Atmosphäre. Etwa die Hälfte des freigesetzten Methans der Welt stammt von Kühen und Schafen, ein Liter Methan gilt als über zwanzig Mal schädlicher für das Klima als ein Liter CO_2. Eine WWF-Expertin hat berechnet, dass ein Tag Fleischverzicht pro Woche in Deutschland CO_2-Einsparungen brächte, die 75 Milliarden Kilometern mit dem Auto entsprächen. Zwar ist der singuläre Schaden, den eine Person mit einem Langstreckenflug klimatisch anrichten kann, größer. Aber Ernährung betrifft ungleich mehr Leute, nämlich alle. Und auch wer Fisch statt Fleisch isst, ist eher Teil des Problems als der Lösung. Denn fast fünfzig Prozent der größten Plastikinsel im Pazifik sind Fischereimüll wie alte Netze.

Der Erfolg des Veganismus liegt auch in der Einfachheit des Konzepts begründet. Mit einem Satz lässt sich die Welthaltung beschreiben und warum man ihr anhängt: Ich möchte nicht von der Ausbeutung anderer Lebewesen und der Umwelt profitieren. Die sozialen Medien sind für das Verständnis der veganen Welle ausschlaggebend, ähnlich wie beim Plastikmüll. Die *echten* Religionen haben jedenfalls viel länger als der moderne Veganismus gebraucht, um die Grenze zu 100 Millionen Anhängern zu überschreiten. Natürlich sind nicht alle davon durch das Netz darauf gestoßen worden, aber die sozialen Medien bringen ideale Voraussetzungen für eine gigantische Dauerkampagne in Sachen Veganismus mit. Und der ständige Social-Media-Veröffentlichungssog lässt sich einfach mit der Tätigkeit füllen, zu der man ohnehin täglich gezwungen ist: Nahrungsaufnahme.

Als Welthochburg des Veganismus gilt Israel, dort sollen schon 2015 rund fünf Prozent der Bevölkerung vegan gelebt haben. Der wahrscheinliche Hauptgrund ist ein einzelnes YouTube-Video des amerikanischen Tierrechtlers Gary Yourofsky von 2010. Das Video wird allein in Israel 1,6 Millionen Mal angesehen – bei knapp neun Millionen Einwohnern. Nach der Zählung einer Kommunikationsagentur haben die zehn wichtigsten deutschen Influencer zum Thema Veganismus auf YouTube 2018 knapp drei Millionen Abonnenten. Im Sommer 2020 zählt Instagram knapp 100 Millionen Beiträge, die mit dem Hashtag #vegan veröffentlicht wurden, #lunch kommt auf 85 Millionen, #meat nur auf 11 Millionen.

Das Konzept, nur Pflanzliches zu essen, ist nicht nur einfach weitererzählbar. Soziale Medien bevorzugen strukturell sowohl emotionale Botschaften wie auch Absender mit Sendungsbewusstsein, weil sich aus diesen Zutaten das sogenannte »Engagement« speist, also die Intensität und die Zahl der Reaktionen auf eine Botschaft. Durch die häufige Konfrontation mit dem Thema Veganismus kommt das Publikum irgendwann nicht mehr daran vorbei, sich zu diesem Thema zu verhalten. Auf diese Weise hat selbst der häufige Spott über Veganer direkt zum Erfolg beigetragen, weil er Leute dazu bringt, über das Thema nachzudenken. Einige NGOs haben sehr aggressive, jahrelange Kampagnen mit grausamen Tierfotos betrieben, denn Veganismus entwickelt sich oft als Ergebnis einer Bewusstwerdung darüber, wie Nutztiere gehalten, getötet und verarbeitet werden, als persönlicher Realitätsschock der Ernährung.

Kaum überschätzt werden kann die Wirkung der Vorbildfunktion bei der veganen Welle, die um die Welt rollt. Soziale Medien sind stark personen- und damit prominenzfixiert. »Menschen interessieren Menschen« war ein Leitspruch der Publizistik im 20. Jahrhundert. Soziale Medien sind die Erfüllung dieser Maxime, und so wächst auch der Drang, den digitalen Vorbildern nachzueifern. In den USA soll laut des Instituts GlobalData die Zahl der Veganer von 2014 bis 2017 um 600 Prozent gestiegen sein, von rund einem auf sechs Prozent der Bevölkerung. In den letzten Jahren hat sich eine große Zahl weltweit bekannter Stars und Prominenter zum Veganismus bekannt: Natalie Portman, Beyoncé und Jay-Z, Brad Pitt, Madonna, Johnny Depp, Jennifer Lopez, Mike Tyson, Benedict Cumberbatch, Ariana Grande, Ben Stiller, Miley Cyrus, Stevie Wonder, Bill Clinton, Al Gore und viele, viele mehr, begleitet in den meisten Fällen von vielen Social-Media-Postings zum Thema. Und fast alle sonnen sich im Wissen, das Richtige zu tun.

Die nachhaltigste Ernährungsweise aber bestünde aus Lebensmitteln, die unverpackt, regional, saisonal, vegan sind und aus zertifiziertem ökologischem Anbau ohne Anwendung von künstlichen Düngern, Pflanzenschutzmitteln oder Insektiziden stammen. »Öko« und »Bio« sind zwar in Europa als Begriffe geschützt, aber das Bild, das in der Öffentlichkeit dabei entsteht, ist arg romantisiert. In vielen Fällen handelt es sich um industrielle Produkte, bei deren Herstellung durchaus Dünger und Gift verwendet werden – nur eben nach Regeln, die nach derzeitigem Stand umweltverträglicher sind. Je nachdem, welche Prioritäten man selbst setzen möchte, ist im Alltag für die Kunden daher kaum zu erkennen, welches Nahrungsmittel nachhaltiger ist: frische Kuhmilch vom konventionell arbeitenden, aber nahen Bauern – oder Biosiegel-Mandelmilch, die oft aus kalifornischen Mandeln hergestellt wird, trotz der ökologisch zertifizierten Herstellung fünfzehntausend Kilometer weit transportiert werden muss und darüber hinaus vier Liter Wasser verbraucht – pro Mandel. Es ist in unseren komplexen Zeiten gar nicht so leicht, richtig auf Realitätsschocks zu reagieren.

LERNEN AUS DEM REALITÄTSSCHOCK

»Die globale Erwärmung geschieht schneller, als wir glauben«, ist ein Artikel dreier Forscher in der Zeitschrift Nature im Dezember 2018 überschrieben. Effekte wie ein neuer natürlicher Warmzyklus oder der kaum gebremste CO_2-Ausstoß würden sich gegenseitig verstärken, die bisherigen Strategien sollten dringend angepasst werden. Mithilfe Künstlicher Intelligenz müssten Daten zu Klimafolgen kombiniert werden mit denen über Extremwetterlagen, Gesundheit und Sachschäden. Sie schließen mit einer Aufforderung zum radikalen Wandel: »Über Jahrzehnte verlief die Klimadebatte auf einfache Weise: Die Wissenschaft untersuchte Langzeit-Ziele und die Politik tat, als würde sie diese berücksichtigen. Diese Zeit ist vorbei. Ernsthafte Klimapolitik muss sich auf zeitnahe Ziele und Umsetzbarkeit konzentrieren. Sie muss alle Möglichkeiten erwägen, auch unbequeme und riskante.« Anfang 2019 entdecken amerikanische Geowissenschaftler, dass das Eis in Grönland schneller schmilzt als erwartet. Kurze Zeit später erklärt der Weltklimarat, dass sich das Meer schneller erwärmt als erwartet.

Schneller als erwartet – die gute Seite eines Realitätsschocks ist, dass vielen Menschen dadurch die Notwendigkeit zu handeln einleuchtet. An einer CO_2-Steuer zum Beispiel wird kein Weg vorbeiführen. Mit dem Artensterben steht schon die nächste menschengemachte Umweltkatastrophe bevor. Der Weltbiodiversitätsrat, dem 132 Länder angehören, veröffentlicht am 6. Mai 2019 einen neuen Report. Bis zu einhundertmal schneller als in den letzten zehn Millionen Jahren verlaufe derzeit der Artenschwund. 85 Prozent der Feuchtgebiete seien schon verloren, 40 Prozent der Amphibien stünden am Abgrund. Um unsere Süßigkeiten und Kosmetika mithilfe von Palmöl herstellen zu können, sind rund um den Planeten Milliarden Bäume gefällt oder verbrannt worden, in Mittel- und Südamerika habe sich der Wildtierbestand bei Säugetieren um fast 90 Prozent reduziert. Es geht dabei nicht um ein paar Tier- und Pflanzenarten, sondern um das ganz grundsätzliche Funktionieren des Ökosystems Erde. Auch das Artensterben ist für Menschen lebensbedrohlich. Bei den gigantischen Buschfeuern in Australien im dortigen Sommer 2019/2020 wurde nach Schätzungen über eine Milliarde höherer Tiere verbrannt. Die Brände vernichteten eine Fläche von fast 190 000 Quadratkilometern, das entspricht der Ausdehnung der Landfläche von Dänemark, der Schweiz, Belgien, den Niederlanden und der Slowakei – zusammengenommen. Dabei wurden mit über 900 Millionen Tonnen ungefähr so viel CO_2 in die Atmosphäre entlassen wie sämtliche Verkehrsflugzeuge der Welt im gesamten Jahr 2018 produzierten. Als relevanter Mitauslöser der Buschfeuer gilt der Klimawandel; das Jahr 2019 war das trockenste, das Australien je erlebt hat, was insbesondere das Unterholz leichter entflammbar werden ließ.

Es gibt aber auch gute Nachrichten, und die vielleicht wichtigste darunter wird herzwärmenderweise zufällig ebenfalls am 6. Mai 2019 publiziert, wiederum in Nature. Eine Studie der Universität von North Carolina zeigt, dass in Sachen Klimawandel eine Personengruppe die Haltung erwachsener Menschen sehr stark beeinflussen und sogar ändern könne – ihre eigenen Kinder. In der Zusammenfassung der Ergebnisse schreiben die Wissenschaftlerinnen: »Der Transfer von Wissen, Haltungen oder Verhaltensweisen von Kindern auf Eltern scheint ein vielversprechender Weg, um die sozialen und ideologischen Hürden der Sorge um das Klima zu überwinden.« Fridays for Future hat jetzt auch eine wissenschaftliche Grundlage, um die Welt zu verändern, und wir, der Rest der Gesellschaft, müssen der Klimajugend dabei mit aller Kraft helfen. Dem Realitätsschock müssen erst ein grundsätzliches Umdenken und dann ein ebenso umfassendes Um-Handeln folgen. Wir brauchen radikale Ideen und offensive Umsetzungen, wir brauchen Vorbilder und Konzepte, wir brauchen Steuern, Verbote und Märkte, in denen der Planet nicht als unbegrenzte Ressource missachtet wird. Der Realitätsschock der Umwelt ist da, und er zeigt uns: Der Kapitalismus des 21. Jahrhunderts wird ein ökologischer und bedingungslos nachhaltiger sein oder er wird nicht sein. Jedenfalls nicht mehr lange.

MIGRATION

MASSEN-WANDERUNGEN

Warum Migration
heute ein
höchst digitales
Phänomen ist

Es kann mit dem Preis für eine Ziege auf einem abgelegenen somalischen Dorfmarkt beginnen. Ziegen gehören in Somaliland, einem autonomen Teil Somalias, zu den wichtigsten Nutztieren, jeden Tag werden sie auf lokalen Märkten gekauft und verkauft. Rund drei Millionen Einwohner halten über sieben Millionen Ziegen. Etwa 60 Prozent der Bevölkerung lebt von der Viehzucht, genauer: der nomadischen Viehzucht. Das hat sogar gesundheitliche Gründe, denn in den trockeneren Gegenden Somalilands ist Ziegenmilch für Kinder überlebenswichtig. Es ist ihre einzige Vitamin-C-Quelle, ohne Ziegen könnten Kinder an Skorbut erkranken. Die Ziegenherde einer traditionell lebenden somalischen Familie auf dem Land hat die Funktion eines Sparkontos. Die Wirtschaftsleistung der kriegs- und krisengeschüttelten Region besteht zu rund 65 Prozent aus der Haltung und Verwertung von Nutzvieh. Der Preis einer Ziege aber variiert von Tag zu Tag und von Region zu Region, und eine Frau namens Rebeca Moreno Jimenez hat Methoden entwickelt, um diese Preise im Blick zu behalten. Denn der Preis für eine Ziege in einer Region in Somaliland gehört zu den wichtigsten Indikatoren, ob eine massenhafte Flucht bevorsteht, ob, wie zum Beispiel 2011, in wenigen Monaten 140000 Somalier wegen Dürre und Unruhen das Land verlassen.

Moreno Jimenez ist Datenwissenschaftlerin beim Flüchtlingskommissariat der Vereinten Nationen, der UNHCR. Durch gezielte Recherchen vor Ort hat sie einen Zusammenhang ermittelt, der zugleich naheliegt und doch überraschend ist. Der Ziegenpreis kann eine massenhafte Flucht anzeigen, weil so viele Familien Ziegen halten. Entscheiden sie sich zu flüchten, versuchen sie zuvor, alle ihre Ziegen zu verkaufen. Ziegen sind empfindlich und würden die Flucht häufig nicht überleben. Wenn in einem Landstrich viele Familien gleichzeitig ihre Ziegen verkaufen, dann sinkt der Preis für das einzelne Tier stark. Deshalb lassen sich Fluchtbewegungen am Ziegenpreis vorhersagen. Jedenfalls in Somaliland.

Überraschende, aber sehr aussagekräftige Datenpunkte gibt es fast immer, wenn Flucht oder Migration von der Einzelentscheidung zur Massenerscheinung wird. Die UN hat deshalb ein »Predictive Analytics«-Projekt namens Jetson aufgebaut, eine Datenplattform für die Vorhersage von Migrationsbewegungen. Es wird gefüttert mit Unmengen Daten – Wetterdaten, Konflikteinschätzungen und eben Ziegenpreisen – und soll als Frühwarnsystem funktionieren. Die Wurzeln des Projekts liegen in genau dem Ereignis, das auf diese Weise künftig vermieden werden soll: dem Realitätsschock der Migration* im Jahr 2015.

---

* In diesem Kapitel verwende ich »Migration« als Überbegriff für alle Wanderungsbewegungen, einschließlich der Flucht vor Konflikten, Armut und

In kurzer Zeit fliehen über eine Million Menschen in die EU und vornehmlich nach Deutschland. Eine Zahl, die kurz zuvor kaum jemand für möglich gehalten hätte. Angela Merkel wird für ihre Entscheidung, die Grenzen nicht zu schließen, heftig attackiert, meist von rechts. Zugleich wird ihr unverfänglich mutmachender Satz »Wir schaffen das!« überlebensgroß aufgepumpt und umgedeutet zur Ankündigung, für noch mehr Migration zu sorgen. Deutschland begegnet der Massenmigration zunächst mit einer Willkommenskultur in ungekannter Dimension, einer erstaunlich umfassenden zivilgesellschaftlichen Hilfsleistung durch Millionen Freiwillige. Dann, anfangs leise, später immer heftiger und aggressiver, wird die Massenmigration zum Anlass eines Rechtsrucks. Die rechte Partei Alternative für Deutschland ist im Sommer 2015 schon fast wieder abgemeldet, sie pendelt in Umfragen um die Fünf-Prozent-Hürde und liegt zeitweise bei nur drei Prozent. Die Hysterie um die Migration erweist sich als Schub für die AfD. Und nicht nur für sie. Viele andere rechte und rechtsextreme Parteien werden durch die öffentliche Fokussierung auf die Migration gestärkt, in Österreich, in Italien, in Frankreich und im Transitland Ungarn ohnehin. Eine Verschiebung der Debatte nach rechts ist quer durch Europa erkennbar.

Schon deshalb ist der Realitätsschock der Migration von 2015 eine Zeitenwende in Europa. Die politischen Parteien

---

Verfolgung, weil die Unterscheidung komplizierter ist als oft behauptet und meist bereits Wertungen enthält.

bemerken den Realitätsschock, sie versuchen ihm politische Antworten entgegenzusetzen. Es handelt sich meist um Varianten des Versprechens, massenhafte Migration in den Griff zu kriegen. Sie wirken manchmal bedrohlich und manchmal freundlich, aber durch die Bank hilflos. Am deutlichsten erkennbar ist diese Hilflosigkeit in Deutschland an der Floskel »Fluchtursachen bekämpfen«. Linke, Grüne, SPD, CDU und FDP können sich auf diese Forderung einigen, die Wahlplakate mehrerer Parteien spielen darauf an. Sie kommt sogar wörtlich im Programm der rechtsextremen AfD vor: »Fluchtursachen in den Herkunftsländern müssen bekämpft werden, auch wenn dies für die westliche Wirtschaft nachteilig ist.« Wenn sämtliche im Bundestag vertretenen Parteien mit sehr unterschiedlichen politischen Zielen die wortgleiche Formulierung verwenden, dann könnte man leicht denken, dass sie nichts bedeutet. Leider ist die Wahrheit noch unangenehmer. Die Formel »Fluchtursachen bekämpfen« heißt nicht nur nichts, sie ist dazu auch noch unehrlich. Gar nicht so einfach, eine politische Floskel zu entwickeln, die gleichzeitig inhaltslos und inhaltlich so zweifelhaft ist.

Zum Ersten wird auf diese Weise in der öffentlichen Diskussion die Flucht vor Krieg oder Verfolgung en passant gleichgesetzt mit der Migration aus anderen, zum Beispiel wirtschaftlichen Gründen. Was jeder Form von Lösung schadet.

Zum Zweiten hat gerade Europa in der jüngeren Geschichte weder eine besonders gute Figur bei der Eindämmung von Konflikten abgegeben noch das wirtschaftliche Fortkommen der Entwicklungsländer sinnvoll unterstützen können. Insbesondere bei langjährigen Regierungsparteien scheint die Formulierung daher hohl.

Zum Dritten hat es einen kaum bekämpfbaren Grund, dass sich sowohl Kriegsflüchtlinge wie auch viele andersmotivierte Migranten für Europa entscheiden: Es ist der enorme Erfolg Europas. Der Kontinent ist friedlich, ökonomisch erfolgreich, hat hohe Sozialstandards und ist weitgehend rechtsstaatlich geprägt.

Migration wird nicht aufhören, sondern zunehmen. Wenn von »Fluchtursachen bekämpfen« die Rede ist, verspricht die linke, liberale und konservative Politik einigermaßen humane Methoden der Migrationsverhinderung, die rechtsextreme Politik verspricht inhumane.

Aber alle sitzen gemeinsam einer Täuschung auf: Migration wird weder mit Gewalt noch mit Geld gestoppt werden können. Allenfalls lässt sich eine temporäre Verlangsamung mit oft schwierigen oder katastrophalen Folgen erreichen. Denn der Grund für die Migration nach Europa ist: Europa.

Die Gründe für den Fortgang aus dem eigenen Land und die Gründe für die Wahl eines anderen unterscheiden sich. Wenn aber von »Fluchtursachen« die Rede ist, dann interessiert das fast alle Parteien nur im Hinblick auf das Migrationsziel Europa. Die aus dem Kongo nach Uganda Flüchtenden sind kaum eine Erwähnung wert. Dabei bewegen sich die bei Weitem meisten Migranten innerhalb Afrikas, die UN-Flüchtlingsagentur IOM schätzt ihren Anteil auf 80 bis 90 Prozent. Der Begriff »Fluchtursachen« bedeutet deshalb in den meisten Fällen: »Ursachen dafür, dass Migranten Deutschland oder bestimmte Länder in Europa als Ziel auswählen«.

Unabhängig von der politischen Haltung, mit der man darauf blickt, handelt es sich bei der Massenbewegung Richtung Europa um eine *Migrationskrise*: Zehntausende Menschen sind bereits gestorben beim Versuch, auf den Kontinent zu gelangen. Hunderttausende wurden auf dem Weg misshandelt oder versklavt. Raub, Missbrauch, Gewalt sind auf dem Migrationstreck eher die Regel als die Ausnahme, am stärksten leiden Frauen und Kinder. Was in Mitteleuropa als »Flüchtlingskrise« bezeichnet wird, ist ein kleiner Teil der Migrationskrise. Gepaart allerdings mit einer Integrationskrise, denn (siehe nächstes Kapitel) es gibt einige Anhaltspunkte dafür, dass die gesellschaftliche Integration, insbesondere von Menschen aus muslimisch geprägten Ländern, schlecht gelungen ist. Was wiederum viele in Europa zu einem düsteren Ausblick in die Zukunft verleitet.

Faktisch glaubt Europa heute, mit der gezielten Erschwerung der Seenotrettung Migranten abschrecken zu können. Das bedeutet nichts anderes, als Menschen ertrinken zu lassen. Im Mittelmeer werden Schiffe beschlagnahmt und an der Rettungsarbeit gehindert. Retter werden kriminalisiert, zum Beispiel von rechtsextremen Regierungspolitikern in Italien. Der Protest der demokratischen Regierungen der EU hält sich in Grenzen, stattdessen werden noch staatliche Mittel für die Rettung gestrichen. Aber Migration ist unaufhaltsam, auch deshalb, weil sie heute mit der Kraft der Vernetzung geschieht. Migration ist heute ein sehr digitales Phänomen.

»Wasser. Smartphone. Essen. In dieser Reihenfolge.« So beschreibt die britische Migrationssoziologin Marie Gillespie die Prioritäten von Migranten, wenn sie gezwungen sind, rasch ihre Heimat zu verlassen. Schon 2012 fasst ein Papier des »International Migration Institute« der Universität Oxford zusammen, wie soziale Medien die »Migrationsschwelle senken«. Vier Mechanismen haben die Wissenschaftler dabei ausmachen können:

- die Möglichkeit, ständige Kommunikation mit der Familie und Freunden aufrechtzuerhalten
- die Organisation der Migration über »Freunde von Freunden«, also Kontakte der eigenen Social-Media-Kontakte
- die Knüpfung neuer Kontakte, die für den beschwerlichen Weg und die Ankunft am Ziel hilfreich sind oder beides erst ermöglichen
- die Verbreitung von Insiderwissen über inoffizielle Netzwerke

Auf der ganzen Welt benutzen junge Menschen heute in allen möglichen und unmöglichen Lebenslagen soziale Medien. Warum sollte das ausgerechnet bei einem derart tief greifenden Ereignis wie Migration auf einen anderen Kontinent anders sein? Die oft beschriebenen Vorteile der Vernetzung lassen sich dabei sehr gut nutzen. Informationen verbreiten sich über soziale Medien so schnell, dass die digitalen Organisationsnetzwerke auf mehr oder weniger jede Veränderung fast in Echtzeit reagieren können. Das Internet wurde von Anfang an dezentral gedacht, der Netzwerkcharakter ermöglicht, auf Angriffe aller Art schnell und effizient zu reagieren. Dieses Prinzip hat sich von der Technologie auf soziale Gruppen übertragen.

Menschen in sozialen Netzwerken finden mit ihren Tausenden vernetzten Augen, Ohren und Gehirnen fast immer einen Weg, egal wer oder was sich ihnen in den Weg stellt. Die digitale Transformation der Migration bedeutet, dass eben auch Wanderungsbewegungen den Informationsströmen folgen und sich rasch anpassen können. Ein geschlossener Grenzübergang ist schnell per Smartphone gepostet und verbreitet, samt Foto und GPS-Verortung, kurze Zeit später werden Alternativen diskutiert, dann Erfahrungsberichte über diese Alternativen und schließlich hat das Netzwerk einen »Angriff« auf seine Zielsetzung abfedern können und einen anderen Weg gefunden. Der im Netz verbreitet wird.

Die Migrationsexpertin Aliyyah Ahad arbeitet bei dem Brüsseler Thinktank »Migration Policy Institute«, das von mehr als einem Dutzend Regierungen (darunter die deutsche) und namhaften internationalen Stiftungen unterstützt wird. Sie hat die Verwendung des Smartphones und der sozialen Medien als transformative Kraft beschrieben, die bei »jeder Station der Migration extrem wichtig« sei: beim Wunsch, das Land zu verlassen, bei der Auswahl der möglichen Zielländer, bei der Organisation der Reise über inoffizielle Netzwerke, bei der Navigation, beim Knüpfen von hilfreichen Kontakten auf dem Weg, bei der Übersetzung fremder Sprachen, bei der Beschaffung von Transportleistungen, Nahrung und Unterkünften, bei der Aufrechterhaltung der Motivation während der Reise, bei den Kontakten mit Familie und Freunden im Heimatland und im Zielland, bei der Auswahl geeigneter Grenzübergänge, die rechtlichen Umstände bei Behördenkontakt betreffend, bei Kontakten und Amtsnotwendigkeiten im Zielland – alles geschieht digital, und zwar vor allem über soziale Medien. Mobil ohnehin. Allerdings haben nicht alle Migranten ein Smartphone. Die ärmeren unter ihnen haben es deshalb schwerer, die beschwerliche Reise überhaupt zu meistern. Sogar die Migration kennt Digitalisierungsverlierer.

AFRIKANISCHE MIGRATION: SPÄTFOLGE DES KOLONIALISMUS

Die massenhafte Migration von Kriegsflüchtlingen aus Syrien um das Jahr 2015 hat etwas die Tatsache verdeckt, dass die größten konstanten Wanderungsbewegungen nach Europa von Afrika ausgehen. Als damaliger deutscher Finanzminister sagt Wolfgang Schäuble 2015, Migration sei das »Rendezvous unserer Gesellschaft mit der Globalisierung«. Er hat so das Leitmotiv des Realitätsschocks durch massenhafte Migration formuliert. Allerdings unter Auslassung zweier wesentlicher Faktoren. Einerseits ist die Digitalisierung wesentlicher Treiber, sie beschleunigt, intensiviert und lenkt Migration. Und andererseits blenden einige Gesellschaften in Europa, zum Beispiel Deutschland, einen der wichtigsten Gründe für afrikanische Wanderungsbewegungen aus: die Kolonialisierung. Das ist kein Zufall, denn hieraus würde sich die unmittelbare Mitverantwortung Europas an den Wanderungsbewegungen ergeben.

Der afrikanische Kontinent ist sehr divers, das Bild in europäischen Köpfen erscheint dagegen zumeist eindimensional. Es bleibt in den öffentlichen Diskussionen wenig Raum für Differenzierungen, Graustufen und Abwägungen. Wie der kenianische Schriftsteller und LGBT-Aktivist Binyavanga Wainaina pointiert anmerkt, muss Afrika aus westlicher, weißer Sicht entweder »bemitleidet, verehrt oder dominiert« werden. Das spiegelt sich ziemlich exakt in der Migrationsdebatte, vor allem in Deutschland. Trotz ihrer großen Unterschiedlichkeit aber haben die 54 Länder des Kontinents eine Gemeinsamkeit: Im Laufe des 20. Jahrhunderts waren sie fast ausnahmslos europäische Kolonien, teilweise noch bis 1975. Europa erntet mit der Migration aus Afrika, was es Jahrzehnte und Jahrhunderte zuvor ausgesät hat. Viel zu langsam versteht die Öffentlichkeit, dass europäisches Handeln in anderen Teilen der Welt massive Folgen hatte. Und noch hat. Es ist nicht so, dass Europa für alle heutigen Missstände auf dem afrikanischen Kontinent allein verantwortlich ist, auch das wäre eine herablassende, quasikoloniale Sichtweise. Es führt aber eine direkte Linie vom rassistischen Weltbeherrschungstraum Europas zu den heutigen Wanderungsbewegungen. Die weder in der Diskussion noch in Lösungsansätzen ignoriert werden sollte.

Joël Agnigbo, in Togo geborener Experte für internationale kulturhistorische Studien, veröffentlicht Anfang 2018 sein Buch: »Stolpersteine auf dem Weg zur Freiheit – Von der Kolonisation Afrikas zur Migration«. Er stellt dabei den Zusammenhang zwischen Europas Afrika-Vergangenheit und den heutigen Migrationsbewegungen her, der etwa in der deutschen Debatte ausgespart wird. In einem Interview zum Buch erklärt er: »Kolonialisierung [war] eine gewalttätige Einführung von Systemen, von Wirtschaftssystemen, politischen Systemen, Bildungssystemen, kulturellen Systemen, und diese Einführung hatte nicht das Ziel, den Menschen in den afrikanischen Ländern zu helfen, sondern sie auszubeuten. Eine Elite führt diese Systeme weiter. In den meisten afrikanischen Ländern wird die große Masse der Bevölkerung [von dieser Elite] im Stich gelassen, die Elite profitiert nur selbst. Die Folgen sind Armut und Perspektivlosigkeit. [...] Migration und Entwicklung gehören zusammen, aber mit einer Sensibilität für die hinterlassenen Systeme der Kolonialzeit.«

Eine Mitverantwortung für die vielen Diktaturen und autoritären Regimes in Afrika trägt neben den korrupten dortigen Eliten eben auch die europäische Kolonialaggression. Es ist nicht einmal ein Menschenleben her, dass 1960 das »Afrikanische Jahr«, die Unabhängigkeit vieler Länder des Kontinents, gefeiert wurde. Die Dekolonisierung war ein komplexer und langwieriger Prozess, mit dem auch eine Selbstfindung der afrikanischen Gesellschaften verbunden war. Aber die europäischen Kolonialmächte (und auch die USA) arbeiteten intensiv daran, ihre Wirtschafts- und Machtinteressen auch nach der Unabhängigkeit auf die ein oder andere Weise wahren zu können. Zwischen 1960 und 1973 wurden viele wichtige antikolonialistische Führungsfiguren, vom Premierminister des Kongo über den Oppositionsführer in Kamerun bis zum neomarxistischen Anführer einer westafrikanischen Freiheitsbewegung, getötet.

Durch inzwischen freigegebene Dokumente ist in mehreren Fällen die Beteiligung westlicher Geheimdienste erwiesen.

Sämtliche wirtschaftliche Strukturen in den kolonisierten Ländern waren auf Rohstoffexport ausgerichtet. Der ausgeprägte Tribalismus wurde ignoriert, die Ländergrenzen waren nach westlichem Gutdünken gezogen worden. Kurz, die europäischen Kolonialmächte hinterließen nicht oder eben nur mit autoritärem Druck funktionierende Staaten. Für die Bevölkerung änderte sich oft nur die Hautfarbe der Eliten. Speziell in Deutschland glaubt man oft, sich der Debatte um Kolonialismus entziehen zu können, weil die Siegermächte des Ersten Weltkriegs die deutschen Kolonien vereinnahmten. Das ist einerseits geschichtsvergessen, denn zu Anfang des 20. Jahrhunderts hatte das deutsche Kaiserreich sogar einen Genozid an den Herero im heutigen Namibia zu verantworten. Und andererseits kann man sich nicht ständig auf die Vision eines großartigen gemeinschaftlichen Europa berufen, ohne die historische Verantwortung des Kontinents auch gemeinsam wahrzunehmen.

Der südafrikanische Comedian Trevor Noah, mit seiner »Daily Show« im amerikanischen Fernsehen sehr erfolgreich, sagt: »Kolonialismus ist die arroganteste Form von Patriotismus […] man fährt in andere Länder und zwingt sie, so zu sein wie man selbst.« Er stellt am Beispiel Großbritanniens auch humorvoll die Parallele zwischen Kolonialismus und Migration heraus: »Die Briten beschweren sich, dass Ausländer zu ihnen kommen und das Land verändern. Als schwarzer Südafrikaner sage ich: Ach, tatsächlich? Die Briten sind die Letzten, die sich darüber beschweren dürfen.«

Kolonialismus ist allerdings nicht nur gewaltsame Eroberung, sondern spiegelt sich auch in der Haltung gegenüber der restlichen Welt und ihren Bewohnern. Diese Haltung hat in Abstufungen bis heute überlebt, wenn sie auch kaum so gewalttätig wie früher auftritt. Dem politischen Abhängigkeitsverhältnis folgte ein wirtschaftliches. Europa unterstützte jahrzehntelang Diktaturen, um Zugang zu Bodenschätzen zu behalten oder lukrative Staatsaufträge für europäische Firmen zu gewinnen. Demokratie und Rechtsstaat sind nur daheim relevant – eine klar kolonial geprägte Gesinnung. Bis zum 1. September 2002 sind deutsche Schmiergeldzahlungen an Unternehmen im nichteuropäischen Ausland nicht nur nicht strafbar, sondern können als »Nützliche Abgaben« sogar offen von der Steuer abgesetzt werden. Anders, hatten große deutsche Konzerne über Jahrzehnte vermittelt, könne man in Afrika kaum Geschäfte machen. Wenn man bedenkt, dass Botswana im Korruptionsindex von Transparency International besser dasteht als Spanien, Italien oder Litauen, offenbart sich die koloniale Abschätzigkeit eines solchen Vorgehens.

Vielen Herrschern wurden gewaltige Kredite gewährt, mit denen sie etwa Militärausrüstung in Europa kaufen konnten, um ihre Herrschaft abzusichern. Und nebenbei etwas für sich selbst abzuzweigen. Europas Schuldenpolitik lässt sich bis Ende des 20. Jahrhunderts als Fortsetzung der kolonialen Attitüde mit finanziellen Mitteln betrachten. Die korrupten Eliten haben diese Geldquellen gern angenommen, die Leidtragenden dieser schmutzigen afroeuropäischen Deals waren alle anderen. Nicht zuletzt um diesen Folgen zu entfliehen, ziehen Afrikaner heute Richtung Europa.

KOLONIALE HILFE UND HANDEL

Selbst europäische Entwicklungshilfe ist über Jahrzehnte oft eher Ausdruck alter kolonialer Haltungen als Unterstützung für eigenen langfristigen Erfolg. Spendengalas, Hungerfotos und Leitartikel verankern eine almosenhafte Form der Zuwendung in den Köpfen. Tatsächlich ist die mitleidtrunkene Hilfe über lebensbedrohliche Situationen hinaus oft kontraproduktiv. Humanitäre Getreidelieferungen zum Beispiel helfen zwar kurzfristig, den Hunger zu lindern. Aber wenn sie längere Zeit aufrechterhalten werden, brechen regionale Nahrungsmittelmärkte zusammen. Ein Bauer, der auf den Verkauf seiner Produkte angewiesen ist, verliert seinen Markt, wenn Hilfsorganisationen dauerhaft Lebensmittel verteilen. Auf diese Weise kann ein Hungerproblem gerade durch die Hilfslieferungen von einem temporären zu einem chronischen Problem werden. 2008 stellt die UNO in ihrem »Weltagrarbericht« heraus, dass das wichtigste Instrument gegen Hunger die kleinbäuerliche, regionale Landwirtschaft ist. Diese Erkenntnis kommt nach Jahrzehnten gut gemeinter Entwicklungshilfe spät.

Für die Kleinbauern vieler afrikanischer Länder gibt es noch ein zweites europäischstämmiges Problem. Die Agrarmärkte des Kontinents werden heute von Agrarprodukten aus der EU dominiert. Die effizient hergestellten, oft hochsubventionierten Produkte aus Europa können lokale Anbau- und Handelsstrukturen zerstören, die für die wirtschaftliche Zukunft Afrikas unentbehrlich wären. Recherchen des ZDF zeigen, dass 2016 rund ein Viertel des deutschen Weizenexports von knapp zehn Millionen Tonnen jährlich nach Afrika geht. Weil dieses Getreide in Deutschland staatlich stark gefördert wird, sind die dortigen Kleinbauern oft chancenlos. Für den Senegal sind die Folgen messbar: Seit den 1960er-Jahren sinkt der Pro-Kopf-Verbrauch des wichtigsten lokalen Getreides Hirse auf ein Viertel, gleichzeitig steigt der Weizenimport aus Deutschland um den Faktor vier. Deutsches Milchpulver, niederländische Geflügelprodukte, italienische Gemüseprodukte wie Tomatenmark – die EU-subventionierte industrielle Massenproduktion und der Transport sind in durchglobalisierten Zeiten so effizient und damit billig, dass kleinere Betriebe auf dem ganzen afrikanischen Kontinent dagegen kaum eine Chance haben. In der ökonomischen Realität des 21. Jahrhunderts gewinnt Goliath jeden Tag vernichtend gegen David. Auch weil die EU für freie Märkte nach ihrem Gusto kämpft und mit aggressivem Druck, teilweise sogar regelrechter Erpressung, die Gegenmaßnahmen afrikanischer Staaten bekämpft.

Im Jahr 2014 möchte Europa nach zehnjährigen Verhandlungen ein Freihandelsabkommen namens EPA mit der Ostafrikanischen Staatengemeinschaft schließen. Allerdings will Kenia zum Schutz der heimischen Agrarwirtschaft nicht unterzeichnen. Die Befürchtung der Kleinbauern ist, gegen subventioniertes Obst und Gemüse aus

Europa nicht mehr konkurrenzfähig zu sein. Die EU setzt das aufsässige Land mit bis zu 30-prozentigen Einfuhrabgaben auf Blumen, Kaffee, Obst und Tee unter Druck. Es handelt sich selbstredend um die wichtigsten Exportartikel Kenias. Nach wenigen Wochen sind die kenianischen Umsätze spürbar eingebrochen. Die Regierung des Landes unterschreibt auf Druck verzweifelter Exportunternehmen das Abkommen, auch in europäischen Medien ist die Rede von einer Art »Erpressung«. Ein kenianisches Wirtschaftsinstitut schätzt, dass die Wirtschaft des Landes durch die aus dem Handelsabkommen resultierenden EU-Importe jährlich rund 100 Millionen Euro verliert.

Handel kann für die afrikanischen Länder von erheblichem Nutzen sein, und in vielen Dimensionen ist die Globalisierung die größte, manchmal einzige Chance für weniger entwickelte Länder. Diese Chance zu ergreifen, setzt jedoch Fairness der Handelspartner voraus. Europa aber schützt die eigenen Industrien unnachgiebig mit Zöllen und Finanztricks. »Freihandel« hört sich simpel an, ist aber auch eine Frage der Machtverteilung. Umfangreiche Agrarsubventionen in der EU – fast sechzig Milliarden Euro im Jahr – erschweren afrikanischen Produzenten den Marktzugang auch ohne Zölle. Ob deutsche Produkte staatlich verbilligt oder ausländische staatlich verteuert werden, hat strukturell vergleichbare Auswirkungen. Die EU nutzt ihr ökonomisches Schwergewicht gegenüber den afrikanischen Ländern in einer Weise aus, die manche an koloniale Ausbeutung erinnert. Den deutschen Entwicklungshilfeminister Gerd Müller zum Beispiel. Er ist als Mitglied der recht konservativen CSU kaum übertrieben linker Positionen verdächtig. Müller sagt 2017 in einem Interview mit dem Stern: »Wir müssen die postkoloniale Ausbeutung stoppen. Sonst kommen die Ausgebeuteten zu uns.« Wirklich nichts ist zu sagen gegen den Kampf gegen postkoloniale Ausbeutung, langfristig handelt es sich um die einzige Chance für die meisten Länder Afrikas, wirtschaftlich, politisch, kulturell, gesellschaftlich. Aber die Migranten kommen trotzdem. Migration gehört zu den Konstanten der Menschheitsgeschichte. Migration ist der Normalfall, war es immer, wird es immer sein. Nur dass die Migration sich jetzt, wie fast alles andere auch, durch Digitalisierung und Globalisierung stark beschleunigt hat.

SIE KOMMEN SO ODER SO

Der amerikanische Migrationsforscher Michael Clemens sagt im September 2017 im Interview mit Spiegel Online den Satz, der in die Zukunft weist: »Die jungen Afrikaner kommen, um in Europa zu arbeiten. So oder so.« Er erklärt, dass es keine Zweifel gebe an der »afrikanischen Wanderungswelle in den kommenden Jahrzehnten«. Clemens spricht offen über eine in der Migrationsforschung entdeckte, aber in der Öffentlichkeit wenig bekannte Tatsache: »Wenn ein armes Land zu einem Land mit mittlerem Einkommen wird, nimmt die Auswanderung stark zu, nicht ab.« Er geht anhand der wissenschaftlichen Erkenntnisse aus historischen Daten von einer Verdreifachung der Auswanderung aus Staaten wie Mali, Niger oder dem Senegal aus. Die Verbesserung der wirtschaftlichen Situation bedeutet dort zuerst, dass mehr Menschen das Geld haben, um die vergleichsweise teure Wanderung nach Europa zu unternehmen. Zwar werde durch ökonomische Verbesserung wahrscheinlich die Basis für die Reduktion der Migration gelegt. Aber Clemens ist überzeugt, dass sie erst zwischen 2080 und 2100 wirksam werden wird. Und zwar frühestens.

Migration durch Entwicklungshilfe reduzieren zu können, ist ein Trugschluss, der besonders der linken und liberalen demokratischen Politik schwer zu schaffen machen wird. Wenn ökonomische Hilfsmaßnahmen zu *mehr* Migration führen – was bleibt dann an menschenwürdigen Möglichkeiten? Die Antwort auf diese Frage wird Europa weiter unter Druck setzen. Demokraten aller Farben geben der Öffentlichkeit ein Versprechen zur Eindämmung der Migration, das sich wahrscheinlich nicht halten lässt. Rechte und Rechtsextreme dagegen setzen auf Abschreckung, Zäune und Gewalt. Aber auch das ist – neben todbringender Menschenfeindlichkeit – ein Trugschluss. Die Wahrheit ist: Migration lässt sich nicht verhindern, auch nicht gewaltsam. Die meisten Migrationswilligen wissen, dass Tausende Menschen im Mittelmeer ertrunken sind; es schreckt sie nicht ab. Migration lässt sich zwar über kurze oder sogar mittlere Zeiträume stauen, so geschieht es etwa seit 2016 in Ländern wie der Türkei, Libyen, Marokko. Mehrere Millionen Menschen haben einen regelrechten Ring des Migrationsdrucks rund um Europa entstehen lassen, der den betreffenden Ländern Milliarden Euro EU-Geld einbringt. Die Lage der Migranten aber macht das noch unwürdiger und gefährlicher. Diese temporäre Auslagerung der Migrationsproblematik an Orte, wo man weder die Menschenrechte noch die Pflicht zur Versorgung allzu genau nimmt, führt zu einer explosiven Mischung: Erpressbarkeit durch Regimes aller Art und ein immer größerer Verzweiflungsdruck der Migranten, trotzdem nach Europa zu gelangen.

MIGRATION ALS VISION EINER BESSEREN ZUKUNFT

Zu einer Verminderung der Migrationswilligkeit, zum Beispiel südlich der Sahelzone, haben die Maßnahmen nicht geführt. Im Gegenteil. Eine Studie des amerikanischen Forschungsinstituts Pew Research Center mit über 5000 Befragten fördert 2017 eine Reihe alarmierender Zahlen zutage:

- Im Senegal mit 15 Millionen Einwohnern plant fast jede zweite erwachsene Person innerhalb der nächsten fünf Jahre in ein anderes Land auszuwandern, nämlich 44 Prozent. In Ghana mit rund 29 Millionen Einwohnern sind es 42 Prozent, in Nigeria 38 Prozent – das allerdings bei einer Einwohnerzahl von knapp unter 200 Millionen Menschen.
- Wenn die Frage lautet, ob man bei entsprechenden Mitteln auswandern würde, stimmen 54 Prozent der Kenianer zu, 74 Prozent der Nigerianer und 75 Prozent der Ghanaer.
- Die attraktivsten Ziele sind dabei je nach Land unterschiedlich, aber fast immer sind die USA und die EU die mit Abstand meistgenannten Wunschorte.

Migration ist in Teilen Afrikas gleichbedeutend geworden mit der Vision einer besseren persönlichen Zukunft. In Ghana ist die Green-Card-Lotterie der USA eine Art Nationalsport, 2015 haben unglaubliche sechs Prozent der gesamten Bevölkerung daran teilgenommen. In manchen Ländern Afrikas herrscht eine regelrechte Auswanderungseuphorie. Das ist keine neue und auch keine spezifisch afrikanische Erscheinung. Ähnliches ließ sich in Europa Anfang des 20. Jahrhunderts beobachten, als Scharen hoffnungsvoller Europäer in die USA oder nach Argentinien auswanderten. Die Größenordnung aber ist heute eine andere, und das liegt auch den stark wachsenden Bevölkerungszahlen.

Die Geburtenraten in den migrationsfreudigsten afrikanischen Staaten liegen etwa um den Faktor vier höher als in europäischen. Nach den Zahlen der UN waren zwischen 2010 und 2015 von den 25 geburtenreichsten Ländern 24 in Afrika. Auf Platz 25 steht Osttimor, ein katholischer Zwergstaat in Südostasien mit weniger Einwohnern als München. Zur Vervollständigung dieses Bildes gehört, dass in vielen afrikanischen Ländern die Geburtenrate sinkt, weil es einen Zusammenhang zwischen wirtschaftlichem Fortkommen und Zahl der Kinder gibt. Vor allem die Bildung von Mädchen und Frauen ist ein wichtiger Indikator für nachhaltigere Geburtenraten. Es gibt Forscher, die die sogenannte Überbevölkerung langfristig nicht als Problem sehen, weil sie nicht so stark steigt wie ursprünglich angenommen. Dieser Begriff wird oft auch rassistisch missbraucht, wenn der afrikanische Kontinent ohne Differenzierung als »überbevölkert« bezeichnet wird. Der

Kongo liegt mit 85 Millionen Einwohnern in einer ähnlichen Größenordnung wie Deutschland. Dort leben aber pro Quadratkilometer nur rund 36 Einwohner, während es in Deutschland 232 sind. Trotzdem bezeichnet kaum jemand Weißeuropa als »überbevölkert«. Weil bei »Überbevölkerung« leicht rassistische Töne mitschwingen können, muss diese Unterscheidung berücksichtigt werden. Für die Migrationsbewegungen ist aber die im Vergleich hohe Zahl der Kinder je Frau relevant. Die Fertilität sinkt vergleichsweise langsam, und das von einem sehr hohen Wert aus. Die hohe Kindersterblichkeit zählte früher zu den wichtigsten Gründen für eine große Nachkommenschaft. Inzwischen konnte sie deutlich gesenkt werden, was jedoch an den Geburtenraten bisher nicht viel verändert hat – an den Bevölkerungszahlen aber schon. Zusätzlich gibt es etwa bei islamistischen Extremisten und anderen patriarchalen Kräften gar kein Interesse an geringeren Geburtenraten oder weiblicher Bildung. Daher dürfte es lange dauern, bis eine ausgleichende Wirkung auf die Bevölkerungszahlen in den einwohnerreichsten Ländern Afrikas zu erkennen ist. Der nigerianische Landesdirektor der humanitären Gates-Stiftung prognostiziert für 2050 rund 400 Millionen Nigerianer. Für ganz Afrika rechnet er mit einer Verdopplung der Einwohnerzahl. Daraus entsteht nicht nur ein mächtiger wirtschaftlicher Erfolgsdruck, sondern auch eine programmierte Ausweglosigkeit für einen Teil der künftigen Jugend. Der frühere deutsche Bundespräsident Horst Köhler schreibt 2018: »Der afrikanischen Jugend Perspektiven zu bieten, ist eine der größten Herausforderungen des 21. Jahrhunderts.«

SOCIAL MEDIA UND DAS BILD DER MIGRATION

Da Migration ein Massenphänomen ist, hat die Nachfrage in den Ausgangs- und Transitländern einen Markt geschaffen, auf dem im Graubereich oder ganz illegal operiert wird. Ein Teil des Migrationswunsches Richtung Europa entsteht passend zum 21. Jahrhundert durch Werbung im Internet. Migrationssoziologin Gillespie hat 2016 eine umfangreiche Studie zur Nutzung von Smartphones und sozialen Medien auf der Flucht veröffentlicht. In einem vom UN-Flüchtlingswerk veröffentlichten Artikel sagt sie: »Schlepper sind sehr clevere Werbe- und PR-Fachleute. Wenn man in die dunklen Ecken des Netzes geht [wo Migration organisiert wird], findet man ein äußerst idealisiertes Bild von Europa als einem Ort, wo man Jobs, Wohnraum und Zugang zum Gesundheitssystem garantiert bekommt. Das weckt sehr unrealistische Erwartungen bei Flüchtlingen.«

Der britische Guardian berichtet 2017 aus Gambia, wie auf junge Männer von ihren Familien ein regelrechter Auswanderungsdruck ausgeübt wird. Es gilt als Statussymbol, wenn ein Familienmitglied nach Europa gelangt und dort Erfolg hat. Gambische Migranten, so wird ein NGO-Mitarbeiter zitiert, seien angesehener als Rechtsanwälte oder Ärzte. Sie fungierten als die »Role Models« der Stunde, als Vorbilder für die Jugend. Dabei wird gar nicht so sehr unterschieden zwischen berühmten Fußballern oder Musikern und nicht prominenten Migranten aus dem eigenen Umfeld: Sie alle haben es schließlich in Europa geschafft.

Es sind Erzählungen, die dem »reichen Onkel aus Amerika« im Europa des 20. Jahrhunderts entsprechen. Auch hier spielen soziale Medien eine zentrale Rolle, und das auf mehreren Ebenen.

Soziale Medien stellen meist eine inszenierte Auswahl der interessantesten Momente des Lebens dar und verheißen auf diese Weise Freiheit und Lebensfreude. Es lässt sich schon in der westlichen Verwendung erkennen, wie konsumorientiert zum Beispiel Instagram funktioniert, für die Zurschaustellung des eigenen Erfolges. Während in wohlhabenden Ländern so Empfindungen wie Bewunderung, Neid oder Konsumlust geschürt werden, trägt Social Media in anderen Gesellschaften zu einer Art Migrationssog bei: Wer wollte als junge Person nicht teilhaben am Blingbling der ausgewanderten Freunde. Gleichzeitig ist gut nachvollziehbar, dass die in Europa Angekommenen zeigen möchten, wie erfolgreich sie dort sind oder zu sein scheinen. Die anderen sind still, weil sie gescheitert sind. Oder gestorben. Der Weg zurück, so berichten viele afrikanische Migranten, ist ihnen versperrt. Mit »leeren Händen« zurückzukommen wäre undenkbar, Scham vor Familie und Freunden wäre die Folge, lieber würden sie sterben, sagt ein Migrant in einer BBC-Dokumentation. Oft hat die gesamte Verwandtschaft zusammengelegt, um ein Kind nach Europa zu schicken, das Geld muss wieder reingeholt werden. Das erklärt auch, weshalb Abschreckung so wenig Wirkung zeigt.

WIE MIGRATIONSZIELE AUSGEWÄHLT WERDEN

Bei der Auswahl der Migrationsziele, schreiben zwei Wissenschaftler der Oxford University in der Zeitschrift »International Migration«, spielt neben dem Image der möglichen Zielländer auch der Kontakt zu dortigen Familienmitgliedern und Landsleuten eine wesentliche Rolle. Dieser Kontakt wird über soziale Medien aufrechterhalten, vor allem über Facebook, WhatsApp und Viber, eine in einigen Ländern Afrikas viel verwendete Chat-App. Deshalb versuchen Migranten meist dorthin zu gehen, wo Bekannte oder Verwandte bereits einigermaßen mit den Gegebenheiten vertraut sind. Auf diese Weise verstärkt sich Migration über soziale Medien selbst.

Die zwei wichtigsten inhaltlichen Auswahlkriterien der Migranten aber, so das Papier aus Oxford, ist ihre persönliche Einschätzung der Chance auf eine gute Arbeit und auf staatliche Dokumente. Länder, in denen die Migrationshürden bewältigbar scheinen, werden bevorzugt. Die jeweilige Migrationspolitik der Staaten spielt dabei weniger eine Rolle als die via soziale Medien transportierten Erfahrungen, und zwar vor allem mit der Verwaltung. Es geht den Menschen um *Papiere*. Der Stolz Preußens oder des britischen Empire wirkt noch Jahrhunderte nach: Eine mächtige, aber immerhin laufende Bürokratie mag auf EU-Bürger heute eher abschreckend wirken, afrikanischen Migranten erscheint sie anziehend. Man sollte die Segnungen eines funktionierenden Gemeinwesens niemals geringschätzen.

Für die Motive, überhaupt auszuwandern, gibt es aus der Zeit um die Migrationskrise eine Reihe von Untersuchungen. Sie weisen meist in die gleiche Richtung. In einer großen Befragung des Pew Research Center 2017 geben die meisten Migrationswilligen aus sechs entscheidenden afrikanischen Ländern konkrete Gründe an: die hohe Arbeitslosigkeit und die niedrigen Löhne. Eine ökonomische und in Krisenregionen existenzielle Hoffnungslosigkeit treibt besonders junge Menschen in die Welt hinaus. Das gilt keineswegs überall. Afrika ist im 21. Jahrhundert auch der Kontinent des wirtschaftlichen Wachstums. 2017 war die für Zugezogene teuerste Stadt der Welt Luanda, die Hauptstadt von Angola, vor Hongkong, Tokyo, Zürich und Singapur. Der angolanische Ölboom hat dazu geführt, dass eine Wohnung mit drei Zimmern in Luanda leicht 10 000 Euro kosten kann. Miete im Monat. Eine Vielzahl hoffnungsvoller und florierender Regionen ist in Afrika entstanden, ein eigener afrikanischer Aufschwung. Aber er ist extrem ungleich verteilt. Daher rührt auch die große innerafrikanische Migrationsbewegung.

MIGRATIONSFOLGEN IN AFRIKA

Migration ist aus Sicht vieler westafrikanischer Familien *auch* ein ökonomisches Erfolgsmodell. Und zwar in einer Größenordnung, die so erschütternd wie erklärend ist: Die Weltbank geht davon aus, dass unglaubliche 22 Prozent des gesamten Bruttoinlandsprodukts von Gambia aus zurückgeschickten Geldern von Migranten besteht. Landwirtschaft als größter Wirtschaftszweig liegt bei rund 30 Prozent, und davon leben mehr als zwei Drittel der gambischen Bevölkerung. Teile von Afrika senden ihre Jugend aus, um Geld nach Hause zu schicken, aber verlieren so gleichzeitig ihre qualifiziertesten und motiviertesten Kräfte. Es ist auf schädliche Weise eurozentrisch, Migration nur aus Sicht der Zielländer zu betrachten, unabhängig davon, ob man Migranten willkommen heißt oder Wanderungsbewegungen grundsätzlich eindämmen will.

Der UN-Koordinator in Gambia, Ada Lekoetje, sagt: »In manchen Gegenden gibt es praktisch keine Jugendlichen mehr. Nach so einem Exodus fehlen Hilfsarbeiter für die Landwirtschaft völlig.« In Gambia arbeitet die Regierung seit 2017 an einer Eindämmung der Migration, weil irgendwann selbst gut qualifizierte Menschen mit wichtigen Jobs fortgingen, Lehrer, Polizisten, teilweise sogar Beamte. Es mag aus einer wahlweise naiven oder arroganten europäischen Perspektive nicht so scheinen, aber im Durchschnitt sind afrikanische Migranten vergleichsweise gut ausgebildet. Migration ist einerseits nicht billig und wird zum anderen oft als familiäre Investition angesehen: Geld wird gespart, um einem der Kinder die teure und gefährliche Reise zu ermöglichen. Die Auswahl fällt oft auf die besser Ausgebildeten, denn die haben die besten Chancen. Aus Sicht vieler aufstrebender Länder in Afrika ist Migration eine Form des Braindrain. Gut qualifizierte, junge und arbeitswillige Kräfte werden unter Aufwendung großer Geldsummen außer Landes gebracht.

Dabei werden genau diese Leute gebraucht. Denn in vielen Teilen Afrikas hat sich trotz solcher Schwierigkeiten eine eindrucksvolle unternehmerische Aufbruchsstimmung herausgebildet, die Jugend nimmt ihr Schicksal stärker in die Hand. Eine Untersuchung der Unternehmensberatung Roland Berger von 2018 zeigt, dass der Anteil von Frauen bei der Unternehmensgründung in Afrika mit 24 Prozent größer ist als auf allen anderen Kontinenten. In Nordamerika sind es 12 Prozent, in Europa sogar nur 6 Prozent. Südlich der Sahelzone, wo auch die meisten Migranten herkommen, sind seit 2015 mehr Menschen mobil im Internet als in der EU oder in den USA. Aber wie überall auf der Welt kommen die zahlreichen Verbesserungen in Afrika zunächst nur einem Teil der Bevölkerung zugute. Die Abgehängten erreichen der afrikanische Fortschritt und der daraus resultierende Wohlstand kaum. Und wenn doch, wird er in die vielversprechende Auswanderung reinvestiert. Deshalb ist es für Europa so unausweichlich, einerseits eine menschenwürdige Migration zu ermöglichen und andererseits die Kraft auf das Gelingen der Integration zu konzentrieren.

3 INTEGRATION

... ABER DIESE FREMDEN SIND NICHT VON HIER

Die großen
Missverständnisse,
Bosheiten und
Absurditäten
zur Integration

Paris im Januar 2015. Und im November 2015. Brüssel im März 2016. Straßburg im Dezember 2018. Diese vier islamistischen Terroranschläge mit über 180 Mordopfern stehen nicht nur für die Radikalisierung einiger junger Muslime, die oft mithilfe des Internets geschieht. Sie stehen auch für ein Versagen der Integration in Europa. Denn sie wurden mehrheitlich durchgeführt von Männern, die in Europa geboren wurden, oft die jeweiligen Staatsbürgerschaften besaßen, hier zur Schule gingen, Ausbildungen anfingen, versuchten, sich ein Leben aufzubauen. Das ist, schlicht und hart, der Realitätsschock: Integration in Europa ist kaputt. Das Wort kaputt ist noch beschönigend, denn es impliziert, dass sie einmal funktioniert habe. Europa hat ein Integrationsproblem, wenn es auch anders liegt, als von Rechten und Rechtsextremen behauptet. Zwar haben die meisten Migranten in Europa und speziell in Deutschland ihr Leben in und mit der Gesellschaft gefunden und die Gesellschaft mit ihnen. Allerdings hat diese Form der Integration *trotz* politischer Maßnahmen funktioniert und nicht wegen.

Nicht nur die monströsen Handlungen einzelner Personen zeugen von der Dysfunktionalität der Integration in Europa. Auch für ein breiteres Versagen gibt es viele Anzeichen: die französischen Banlieues, die belgischen Terrornester, jahrzehntelanger fast ungebremster Aufstieg arabischstämmiger krimineller Clans in Deutschland. Und da zum Gelingen einer Integration alle Beteiligten eine gewisse Bereitschaft mitbringen müssen, lässt sich auch das Erstarken der Rechten und Rechtsextremen in Europa als Integrationsproblem deuten: Da sind so einige Ureuropäer noch nicht im europäischen Wertesystem angekommen.

Irritierend viele Menschen wollen bisher offenbar nicht nach den Regeln einer liberalen, offenen Gesellschaft leben, sowohl solche ohne wie auch mit Migrationserfahrung oder -hintergrund. Die einen grenzen deshalb aus rassistischen Motiven aus, die anderen bilden Parallelgesellschaften, in denen Radikalisierung gedeihen kann. Beides geht Hand in Hand und stärkt sowohl Rechtsextreme wie Extremisten unter den Zuwandernden. So wie mein Fokus bei der Migration auf Afrika lag, weil dort das größte Potenzial zu erwarten ist, liegt mein Fokus bei der bisherigen Integration auf Menschen aus arabisch-muslimisch geprägten Ländern und der Türkei. Sie stellen derzeit nicht nur die größten außereuropäischen Migrantengruppen in Europa dar. Ihre Integration ist die drängendste Frage, auch weil bei ihr das bisherige Scheitern am deutlichsten erkennbar ist. Der parteipolitische Rechtsruck in Deutschland lässt sich ideell direkt zurückführen auf den Millionenseller von 2010 »Deutschland schafft sich ab«, verfasst vom früheren Berliner Finanzsenator Thilo Sarrazin. Dessen rassistische Thesen haben auch durch ein jahrzehntelanges Integrationsversagen ihre diskursive Wucht in der Öffentlichkeit entfalten können.

»HAMAS! HAMAS! JUDEN INS GAS!«

Es gibt für Deutschland eine Art moralisches Maximum, an dem jede Person in diesem Land zu messen ist: die Haltung zu Holocaust und Antisemitismus. Beides gehört untrennbar zur Geschichte Deutschlands, beides bestimmt die Verantwortung des Landes nicht nur gegenüber Juden und anderen Opfergruppen, sondern gegenüber der Welt. Wer aus dem Holocaust nichts lernen kann, der kann aus gar nichts etwas lernen. Integration in Deutschland muss bedeuten, dies anzuerkennen. Bei proarabischen und propalästinensischen Demonstrationen aber kommt es häufig zu radikal antisemitischen Vorfällen. Nachgewiesen sind unter anderem bei Protesten zum Gaza-Konflikt 2014 skandierte Parolen wie »Schlachtet die Juden ab!« in Berlin und in Gelsenkirchen »Hamas! Hamas! Juden ins Gas!«. Geschrien aus Hunderten Kehlen arabischstämmiger junger Männer, aufgewachsen zumeist in Deutschland.

Jemand, der auf der Straße »Juden ins Gas!« brüllt, kann in Deutschland nicht integriert sein, in keiner Weise, in keiner Dimension, auch nicht mit einer Eins in Deutsch, ansonsten makellosem Führungszeugnis samt deutschem Pass und einem Job als Software-Ingenieur bei Volkswagen. Integration entspricht, wenn man der Definition des Bundesamts für Migration folgt, dem »Ziel, alle Menschen, die dauerhaft und rechtmäßig in Deutschland leben, in die Gesellschaft einzubeziehen«. Das möchte ich gern wörtlich verstehen, es gilt unabhängig von der Herkunft, für Deutsche, die in 81. Generation in Worms ansässig sind ebenso wie für alle anderen. Einbeziehung in die Gesellschaft bedeutet aber nicht nur Teilhabe, sondern auch Anerkennung basaler Konventionen. Adorno hat einen seiner wichtigsten Aussprüche auf die Erziehung bezogen: »Die Forderung, daß Auschwitz nicht noch einmal sei, ist die allererste an Erziehung. Sie geht so sehr jeglicher anderen voran, daß ich weder glaube, sie begründen zu müssen noch zu sollen.« Dieses Diktum möchte ich ohne Einschränkungen auf die Integration übertragen.

Die aggressiven Vorfälle von arabischstämmigem Judenhass finden ihre Entsprechung in den Statistiken. Die Studie »Ausgrenzungsdynamiken« der beiden Konfliktforscher Viktoria Spaiser und Jürgen Mansel zeigt 2013 das Ausmaß über einzelne Ereignisse hinaus. »Bei der Politik, die Israel betreibt, kann ich gut verstehen, dass man etwas gegen Juden hat« ist ein eindeutig antisemitischer Satz, weil er jeden einzelnen Juden für die Politik Israels verantwortlich macht. 43,9 Prozent der arabischstämmigen Jugendlichen stimmten dem Satz völlig zu, türkeistämmige zu rund einem Viertel, deutschstämmige zu 2,1 Prozent. Das ist leider kein guter Grund, stolz auf die Deutschstämmigen zu sein, auch der deutsche Antisemitismus war nie weg, klein oder vernachlässigbar, er äußert sich bloß anders.

Es handelt sich um entsetzliche Zahlen mit entsetzlichen Folgen. Die Europäische Agentur für Menschenrechte fragt 2018 mehr als 15000 Juden in der EU nach ihren Erfahrungen mit Antisemitismus. Rund 90 Prozent der Befragten sahen eine Zunahme der Judenfeindlichkeit in den letzten fünf Jahren. Am schlimmsten sei der Judenhass in sozialen Medien, aber auch die Konfrontation im öffentlichen Raum sei nicht selten, wenn man visuell als jüdisch zu identifizieren sei. 80 Prozent erklärten, sie würden antisemitische Beleidigungen und Übergriffe schon gar nicht mehr der Polizei melden. Fast 40 Prozent überlegten, Europa zu verlassen. Auf alle Vorfälle bezogen, waren im Schnitt 30 Prozent der Täter islamistische Extremisten, Deutschland und Schweden erreichten die Höchstwerte mit 41 und 40 Prozent.

Was die Täter angeht, ist die Zahlenlage jedoch nicht ganz eindeutig. Die Studie »Jüdische Perspektiven auf Antisemitismus in Deutschland« der Universität Bielefeld legt 2017 dar, dass Opfer von antisemitischen Beleidigungen zu 62 Prozent, von antisemitischen Gewaltdelikten sogar zu 81 Prozent angeben, die mutmaßlichen Täter hätten einer »muslimischen Gruppe« angehört (die vergleichsweise geringe Fallzahl der Gewaltdelikte kann jedoch verzerrend wirken). Andere Untersuchungen und auch Kriminalstatistiken kommen zu deutlich abweichenden Ergebnissen. Das kann an unterschiedlicher Methodik liegen oder an den manchmal merkwürdigen Zuordnungen. Das American Jewish Committee in Berlin (eine Organisation, die gegen Judenhass und andere Diskriminierungen kämpft) stellt 2018 fest, dass Hitlergrüße von Hisbollah-Anhängern auf einer islamistischen Demonstration als »rechtsextremer Antisemitismus« eingestuft werden, ebenso deren »Sieg Heil«-Rufe. So können sich Statistiken teilweise erheblich verfälschen.

Die persönlichen Berichte betroffener Juden weisen jedenfalls in eine Richtung, die die Bielefelder Zahlen plausibel erscheinen lässt. In Deutschland, Frankreich, Dänemark, Schweden und Österreich gibt es Warnungen wie die des Präsidenten Alon Meyer von Makkabi Deutschland, Teil des weltweit größten jüdischen Sportverbands. Meyer sagt 2018, dass der Judenhass im Sport sehr bedrohlich geworden sei, bis hin zu Messerattacken. Das gehe einerseits von Deutschen mit arabischem oder türkischem Migrationshintergrund aus und andererseits von Flüchtlingen aus arabischen Ländern. Offener, radikaler, oft israelbezogener Antisemitismus reicht in den meisten arabischen Staaten bis in die Erziehung und Schulbildung hinein. Wenn durch arabische Flüchtlinge, die von Deutschland aufgenommen wurden, eine gewalttätige antisemitische Stimmung verstärkt wird, dann ist das auch ein Problem des Landes und damit der Integrationsarbeit. Die Feststellung dieser Zusammenhänge darf aber nicht zur Verharmlosung des deutschen Urantisemitismus verwendet werden, wie rechte Gruppen das häufiger handhaben. Die Statistiken vom deutschen Bundeskriminalamt deuten darauf hin, dass die meisten *angezeigten* antisemitischen Gewalttaten von deutschen Rechtsextremen ausgehen. Es muss aber in einer liberalen Demokratie die Aufgabe sein, gegen *jeden* Antisemitismus zu kämpfen und dafür jeden einzeln zu benennen.

TÜRKISCHE ABRISSBIRNE

Auch abseits des Antisemitismus lassen sich Anzeichen erkennen, dass speziell Deutschland die Integration alles andere als gut gemeistert hat. Von den rund drei Millionen türkeistämmigen Menschen in Deutschland waren 2017 etwa 1,4 Millionen wahlberechtigt für die Präsidentschaftswahlen der Türkei. Rund die Hälfte beteiligte sich an der Stimmabgabe, davon entschieden sich 65 Prozent für Erdoğan. Zu einem Zeitpunkt, als die islamistische, antiliberale, verschwörungsraunende Demokratieverachtung des türkischen Autokraten unzweifelhaft geworden war. Als längst Hunderte Journalisten im Gefängnis einsaßen nur dafür, ihren Job zu machen. Als freie Medien längst erst eingeschüchtert und dann gleichgeschaltet worden waren, als konstruierte Anschuldigungen längst ausgereicht hatten, um Zehntausende Türken aus rein politischen Gründen aus ihren Jobs zu drängen. Kurz, als die ehemalige türkische Demokratie in Trümmern lag, wählten 65 Prozent der türkeistämmigen Wähler in Deutschland die Abrissbirne.

Die Vermutung ist legitim, dass eine Gruppe Menschen, die mit einer Zweidrittelmehrheit einen Autokraten wählt, die Werte der liberalen Demokratie nicht besonders stark verinnerlicht hat. Die Integration scheint auch in der Breite nicht gut funktioniert zu haben. Dass je nach Bundesland auch 20 bis über 30 Prozent der nicht migrantischen Bevölkerung mit ihrer Wahlentscheidung die Werte einer offenen und liberalen Demokratie ablehnen, taugt leider kaum als Entlastung. Autoritarismus und Nationalismus auf zwei Seiten wiegen sich nicht gegenseitig auf, sondern verstärken und bedingen sich.

Der Hintergrund des mehrheitlichen Erdoğan-Wählens in Deutschland führt auf die Spur der Nichtintegration. Hacı-Halil Uslucan ist Professor für Psychologie und Leiter des Zentrums für Türkeistudien an der Universität Duisburg-Essen, und er hat eine bestürzende Begründung für den Erfolg des türkischen Präsidenten in Deutschland: »Mit der Aufforderung, stolz auf die türkische Herkunft zu sein, vermittelt [Erdoğan] Menschen Selbstwirksamkeit, die sich hier im alten Europa ausgegrenzt und an den Rand gedrängt sehen.« Wenn sich derart viele Menschen ausgegrenzt fühlen, die zum Teil in der dritten oder vierten Generation in Deutschland wohnen – dann muss man von einer jahrzehntelangen Geschichte des Scheiterns sprechen. Es taugt als Bestätigung, dass bis heute türkische Namen nachweisbar die Wohnungssuche erschweren, weil eine Vielzahl von Hausverwaltungen ganz offenbar rassistischen Auswahlkriterien folgen. In der Untersuchung »Hanna und Ismail«, durchgeführt von Spiegel Online und dem Bayerischen Rundfunk, ergab sich 2017: Mit einem arabischen oder türkischen Männernamen bekommen Wohnungsbewerber im Schnitt ein Drittel weniger Einladungen für ihre Anfragen. In München war es sogar fast die Hälfte, in Leipzig und Magdeburg dagegen unter zwanzig Prozent. Aber diskriminiert wurde ausnahmslos überall. Der Aufbau der Studie mit 20 000 automatisierten Anschreiben war so angelegt, dass ausschließlich der Name als Unterscheidungskriterium infrage kam.

Drei Hauptgründe für das europäische und speziell deutsche Integrationsversagen lassen sich ausmachen:

- der alltägliche und strukturelle Rassismus, der vielen nicht weißen, nicht europastämmigen Personen entgegenschlägt
- die in Teilen mangelnde Integrationswilligkeit einiger, vor allem muslimischer Gemeinschaften in Europa
- das jahrzehntelange Versagen der europäischen Regierungen, funktionierende oder auch nur an Fakten orientierte Integrationskonzepte umzusetzen

In Deutschland prallten integrationsskeptische türkische und arabische Gruppen auf substanzielle Teile der Bevölkerung, die tendenziell integrationsunwillig waren, wenn man unter Integration etwas anderes versteht als Assimilation. Die Integrationswilligen auf beiden Seiten reichten nicht aus, um das gesellschaftliche Konstrukt Integration zum Erfolg werden zu lassen. Besonders leiden darunter liberalere Muslime. Sie werden von Islamisten verachtet und teilweise bedroht, von Rechten und Rechtsextremen als Alibi missbraucht und ansonsten ebenfalls verachtet. Konservative und liberale Politiker laden sie gern zu Gesprächen ein, die aber zu lange folgenlos bleiben. Von Linken werden liberale Muslime nicht selten mit hochgezogenen Augenbrauen betrachtet, wenn sie Kritik an konservativen muslimischen Gemeinschaften und Praktiken üben. So wichtig ein feines Sensorium für Rassismus ist, so bequem machen es sich deutsche Linke, wenn sie Kritik von liberalen Muslimen an muslimischen Gruppen aus Prinzip ignorieren. Liberale Muslime wären die besten Verbündeten im

Kampf für das Gelingen der Integration, aber ihre Stimmen wurden über Jahre zu wenig gehört. Ähnlich ergeht es denjenigen, die zwar aus den entsprechenden Ländern stammen, sich aber gar nicht muslimisch definieren. In den großen Debatten um Integration ist »Muslime« transzendiert zu einem Begriff für Menschen, die so aussehen, wie weiße Europäer sich Muslime vorstellen.

DIE SCHWÄCHEN
ERGÄNZEN SICH HERVORRAGEND

Bei der Integration haben konservative und linke Regierungen über fünfzig Jahre jeweils ihre spezifischen Fehler gemacht. Die Schwächen haben sich aufs Ungünstigste ergänzt und sich schließlich mit den innermigrantischen Problemen zu einem Amalgam des Integrationsversagens verhärtet. Es war lange konservative Politik, es Einwanderern so schwer wie möglich zu machen mit dem kaum verhohlenen Ziel, sie zu vergraulen. Linke Politik geschah meist in der Überzeugung, Integration geschehe von allein, wenn man die Menschen bloß mit Jobs und Wohnungen versorge. Auf diese Weise wurde, oft im Wechsel zwischen den Regierungen, einerseits eine Abstoßungsreaktion provoziert und andererseits großer Freiraum für Extremismus und Parallelstrukturen gelassen.

Die sich gegenseitig verstärkenden Fehler bei der Integration erkennt man gut im Umgang der Bundesrepublik mit den sogenannten Gastarbeitern ab etwa 1972, dem Zeitpunkt, als sie nicht mehr angeworben werden. Bei vielen Familien aus Spanien, Italien und Griechenland »funktionieren« Vergraulen und Nichtstun sogar. Von rund 14 Millionen angeworbenen Menschen verlassen 11 Millionen das Land wieder. Türkische Familien gehen deutlich seltener zurück, dafür kapseln sie sich örtlich und sozial stärker ab. Das ist nicht nur, aber zweifellos auch eine Reaktion auf den erstarkenden Rassismus. Die abgekapselten Gemeinschaften sehen kaum einen Grund, die Integration ihrerseits voranzutreiben. Sogar die Mittel für freiwilligen Sprachunterricht werden gekürzt, weil man fürchtet, das verführe zum Bleiben. <u>Die konservative Politik verursacht eine soziale Gettoisierung, sie führt im Verbund mit der Laissez-faire-Haltung der Linken schließlich zur teilweisen Entstehung von Parallelgesellschaften.</u>

Immer wieder versuchen politische und gesellschaftliche Kräfte, die dysfunktionalen Muster der Nichtintegration zu durchbrechen. Aber sie können sich jahrzehntelang nicht durchsetzen, und in dieser Zeit werden Fakten geschaffen. Einer der Vorreiter in Deutschland ist Mitte der 1970er-Jahre Heinz Kühn, SPD-Ministerpräsident von Nordrhein-Westfalen. Er spricht als einer der Ersten von Integrationskonzepten, während sein CSU-Zeitgenosse Franz-Josef Strauß Integration noch rundheraus ablehnt. Kühn warnt in deutlichen Worten davor, Integration planlos geschehen zu lassen, das werde spätestens in der dritten Generation fürchterlich schiefgehen. 1978 wird Heinz Kühn erster Ausländerbeauftragter der sozial-liberalen Bundesregierung unter Helmut Schmidt und legt 1979 das als »Kühn-Memorandum« bekannt gewordene Papier vor. Darin wird Deutschland erstmals von Regierungsseite als

»Einwanderungsland« bezeichnet. Die Konservativen sind entrüstet. In den folgenden 20 Jahren wird um genau diesen Begriff gestritten, er markiert den Unterschied zwischen Vergraulen und Integrieren.

2013 läuft in Großbritannien eine Geheimhaltungsfrist ab, in der Folge wird ein geheimes Gesprächsprotokoll von Oktober 1982 öffentlich. Der gerade erst zum deutschen Bundeskanzler gewählte Helmut Kohl erklärt der britischen Premierministerin Margaret Thatcher, dass es »über die nächsten vier Jahre notwendig« sein werde, die »Zahl der Türken um 50 Prozent zu reduzieren«. Allerdings könne er dies noch nicht öffentlich sagen. Es sei »unmöglich für Deutschland, die Türken in ihrer gegenwärtigen Zahl zu assimilieren«. Es ist eine Haltung, die sich heute kaum Rechtsextreme trauen zu äußern. Abgesehen davon gehört es zu den schädlichsten Fehlern rund um die Migration, dass Integration und Assimilation verwechselt werden: Wenn schon Ausländer da sind, sollen sie wenigstens nicht auffallen. Die konservativen Abwehrreaktionen gegen Integrationsbemühungen haben, wie die infamen Äußerungen von Helmut Kohl, einen handfesten Grund. Letztlich ist dafür ein tief sitzender Rassismus verantwortlich, quer durch die Parteien, politischen Lager und Bevölkerungsschichten.

SALONFÄHIGER RASSISMUS UND SOZIALE SCHICHTEN

Noch in den 1980er-Jahren gehört bei deutschen Komikern, etwa bei Fips Asmussen, der offen türkenfeindliche, also rassistische Witz zum Standardrepertoire. »Was ist ein Türke auf einer Mülltonne? Hausbesitzer!« Das Publikum brüllt, und das sind nicht alles NPD-Wähler. Der rechte Rassismus war und ist offenkundig, aber der linke Rassismus der alten Bundesrepublik ist auch bemerkenswert. Er äußert sich unter anderem darin, erklärtermaßen nichts *gegen* Ausländer zu haben. Aber zu viel will man *mit* ihnen dann doch nicht zu tun haben, und zu viele sollen es auch nicht sein. Selbst der erwähnte Heinz Kühn tänzelt um Begriffe wie »Überfremdung« herum und erklärt 1980: »Allzu viel Humanität ermordet die Humanität. Wenn jedoch eine Grenze überschritten ist, wird sich die Feindseligkeit auch auf jene erstrecken, die wir sogar gern bei uns haben möchten.« Diese ominöse Grenze präzisiert er später: »Unsere Möglichkeiten, Ausländer aufzunehmen, sind erschöpft. [...] Übersteigt der Ausländeranteil die Zehn-Prozent-Marke, dann wird jedes Volk rebellisch.« Heute leben in Deutschland rund 24 Prozent Menschen mit Migrationshintergrund (ich bin einer davon). Etwa die Hälfte darunter sind Ausländer. Kühn ist, trotz seiner frühen Erkenntnisse und Verdienste um die Integration, ein nicht untypischer Vertreter des deutschen Gefühls »Das Boot ist voll«. 1991 hebt der Spiegel diese Metaphorik sogar in

Form einer Zeichnung auf das Cover, samt der Schlagzeile »Flüchtlinge, Aussiedler, Asylanten – Ansturm der Armen«.

Diese Attitüde findet heute eine stillere Parallele. Die so simple wie lebenswichtige soziale Ressource Anerkennung ist für Nichtweiße noch immer ein wesentlich knapperes Gut. Bis hinein ins liberale Bürgertum, das vielleicht sogar grün wählt, aber lieber in die Stadtteile zieht, in denen der Ausländeranteil nicht so hoch ist. Dahinter verbirgt sich nicht nur Rassismus, sondern auch eine Problematik, die aus der nicht gelungenen Integration resultiert und weitreichende Folgen hat. Neben einem namibischen Soziologieprofessor, einer Chirurgin aus dem Irak oder einer vietnamesischen Künstlerin wohnt das liberale Bürgertum gern. Nur nicht neben einer weniger gebildeten, armen türkischen Großfamilie. Manchmal ist unterschwelliger Rassismus schwierig zu unterscheiden vom Wunsch, größtmöglichen Abstand von geringer gebildeten Menschen zu halten, unter denen überproportional viele Migranten sind.

Man kann Integration und insbesondere ihr Versagen in Europa kaum ohne Rückgriff auf soziale Schichten erklären. Viele Schwierigkeiten der Langzeit-Integration entpuppen sich bei der näheren Analyse eher als soziales denn als rein kulturelles Problem. Deutschland zum Beispiel ist eines der am wenigsten sozial durchlässigen Länder in Europa. Hier ist es mit am schwierigsten, sich von seiner sozialen Herkunft zu lösen und aufzusteigen. Aus Sicht der Integration ergibt das eine doppelte Schwierigkeit für Zugewanderte, von denen die meisten in niedrigen oder sehr niedrigen Einkommensbereichen rangieren (eines der Anzeichen der sozialen Schichtzugehörigkeit). Sie müssen sich nicht nur in eine Gesellschaft integrieren, sondern zugleich auch an ihrem sozialen Aufstieg arbeiten. Die Aufstiegsmöglichkeiten aber sind in vielen europäischen Ländern beschämend begrenzt.

Eine OECD-Studie zur sozialen Mobilität offenbart 2018 den ökonomischen Hintergrund des Integrationsversagens in Europa. Damit aus einer Familie mit niedrigem Einkommen eine Familie mit durchschnittlichem Einkommen wird, sind in Spanien, Belgien und den Niederlanden im Schnitt vier Generationen notwendig. In Österreich, Italien, Portugal und Irland sind es fünf und in Deutschland und Frankreich sogar sechs Generationen. Das sind nach üblichen demografischen Kriterien einhundertfünfzig Jahre. Und das gilt für die gesamte Bevölkerung. Für Migranten und Menschen mit Migrationshintergrund können die Statistiken noch einmal deutlich schlechter aussehen. Das Aufstiegsversprechen, eine der zentralen Verheißungen der sozialen Marktwirtschaft, kann in halb Europa nicht oder nicht mehr eingelöst werden.

Das Wissenschafts- und Sozialwissenschaftliche Institut der gewerkschaftsnahen Hans-Böckler-Stiftung hat für 2016 die Armutsquoten in Deutschland errechnet. Der Anteil mit einem Äquivalenzeinkommen* unterhalb der Armutsgrenze betrug bei Menschen ohne Migrationshinter-

---

* Unter Äquivalenzeinkommen versteht man einen Geldbetrag, der jedem Mitglied eines Haushalts ermöglichen würde, seinen Lebensstandard aufrechtzuerhalten, wenn es eine allein lebende erwachsene Person wäre. Es handelt sich um einen international zu Vergleichszwecken verwendeten Wert.

grund 12 Prozent. Bei denen mit Migrationshintergrund waren es 28 Prozent, bei zugewanderten Kindern (auch durch das große Flüchtlingsaufkommen) sogar 54 Prozent. Die Zahlen lassen zusammengenommen den Schluss zu: Migranten und ihre Nachfahren sind viel eher arm und bleiben es sehr, sehr lange. In ihrem Fazit schreibt die Hans-Böckler-Stiftung: »Das Armutsrisiko der Bevölkerung ohne Migrationshintergrund ist in den letzten Jahren zurückgegangen. Die Einwanderer und ihre Kinder tragen hingegen weiterhin ein hohes Armutsrisiko.« Aufstiegschancen und ökonomische Lage aber haben eine direkte Verbindung zu vielen anderen Problemfeldern. In niedrigen sozialen Schichten ist die Bildung geringer und auch deshalb das Geld knapper, die Kriminalität höher, lebensweltliche Probleme und soziale Spannungen nehmen zu. Bei dauerhaft arm bleibenden Einwandererfamilien ist die Wahrscheinlichkeit größer, dass es zu kriminellen Handlungen kommt. Durch eine anfangs schlechte Integrationsleistung wird deshalb die Eingliederung von Zuwanderern wie in einer Abwärtsspirale immer schwieriger. Die Dringlichkeit zu handeln, etwa für Deutschland, ergibt sich zum Beispiel aus der Tatsache, dass 2016 die Armutsquote unter syrischen Einwanderern 81,9 Prozent beträgt.

Teilweise offener, verborgener und struktureller Rassismus auf der einen Seite, partielle Unwilligkeit zur Integration auf der anderen Seite, ergänzt durch ein wechselndes Herumgewurstel verschiedener Regierungen und einen Mangel an Möglichkeiten des sozialen Aufstiegs – ein echtes Misserfolgsrezept für Integration. Das strukturelle Versagen in diesem Bereich ist nicht monokausal, aber zu den wichtigsten Ursachen gehört eine überraschend simple Tatsache: Migration und Integration waren und sind keine politischen Gewinnerthemen, außer in der radikal ablehnenden Form für Rechtsextreme. In den europäischen Öffentlichkeiten kann die demokratische Politik damit zwar jede Menge Hass, Wut und Ärger auf sich ziehen, aber kaum Begeisterung. Ein brillantes, visionäres Integrationskonzept erntet bisher beim geneigten europäischen Publikum bestenfalls ein freundlich interessiertes Kopfnicken und ist zwei Wochen später vergessen. Bei Wahlen spielen Integrationskonzepte keine entscheidende Rolle. Wie fatal aber die Abwesenheit sinnvoller Integrationspolitik wirken kann, lässt sich in Berlin beobachten.

ARABISCHE CLANS

Wenn man als aufgeschlossene Person eines Tages zu gute Laune haben sollte, empfiehlt es sich, die Entstehungsgeschichte der arabischstämmigen kriminellen Clans in Berlin zu studieren. Clan-Strukturen dieser Art existieren in mehreren deutschen Ballungsgebieten, etwa im Ruhrgebiet oder in Bremen. Aber in Berlin stellt sich ihre Geschichte wie ein soziales Experiment dar, bei dem mit allen Mitteln herausgefunden werden sollte, wie Antiintegration funktioniert. Die Ausgangsbasis bilden eingewanderte Clan-Familien, deren rechtsstaatliches Verständnis von Beginn an nicht ausgeprägt scheint. Ein guter Teil des runden Dutzends Familien, die heute in Berlin unter die arabischstämmige Clan-Kriminalität gefasst werden, ist arabischlibanesischen Ursprungs, teilweise mit kurdischen Wurzeln. Sie kommen Mitte der 1970er-Jahre aus dem Libanon nach Berlin. Zu dieser Zeit herrscht dort ein Bürgerkrieg mit zeitweise über 40 kämpfenden Parteien. Der Berliner Politologe Ralph Ghadban, selbst im Libanon geboren, ist Autor des Buchs »Arabische Clans – Die unterschätzte Gefahr«. Er beschreibt darin, dass die meisten Clans ihren Ursprung in libanesischen Flüchtlingslagern haben. Dort helfen straffe, wehrhafte Clan-Strukturen beim Überleben.

Viele der Familien nutzen eine bizarre Lücke in den Ost-West-Verträgen des Kalten Krieges. Mitglieder der arabischen Ur-Clans fliegen ab Mitte der 1970er-Jahre von Beirut in die DDR. Da die West-Alliierten Ost-Berlin nicht als Hauptstadt anerkennen, führen sie an der innerstädtischen Grenze auf Westseite keine Grenzkontrollen durch. Die DDR-Grenzer aber verwehren zwar ihren DDR-Bürgern den Übertritt, Flüchtlinge aus dem Libanon aber kommen ohne große Formalitäten über den Grenzübergang Friedrichstraße. Manchmal geschieht das sogar ganz ohne Papiere nur nach Augenschein, es handelt sich vielleicht um die historisch einzige Form von umgedrehtem Racial Profiling. In West-Berlin, schreibt Ghadban, beantragen sie Asyl, das sie zwar selten bekommen. Doch sie gelten als Staatenlose, was eine Abschiebung erschwert. Wer Papiere besitzt, »verliert« sie oft, um die Bleibechancen zu erhöhen. Der Berliner Senat belegt sämtliche Erwachsene mit einem generellen Arbeitsverbot und verfügt, dass die Familien nur in Gemeinschaftsunterkünften wohnen dürfen. Heranwachsenden wird gesetzlich untersagt zu studieren. Für die Kinder wird sogar die Schulpflicht aufgehoben, ein seltener Vorgang, der zeigt, dass man die arabischen Familien so schnell wie möglich wieder loszuwerden hofft. Es kommt anders.

Jahr um Jahr wachsen Kinder damit auf, dass ihre erwachsenen Vorbilder nicht arbeiten und auch gar nicht arbeiten dürfen. Der Bezug von Sozialhilfe ist auf Druck der Politik die einzige legale Form der Einkunft. Die aus den Flüchtlingslagern noch vorhandenen Clan-Strukturen, die gewaltnahe Prägung durch den libanesischen Bürgerkrieg und eine teilweise vorhandene Bereitschaft für kriminelle Aktivitäten tun ihr Übriges. Staatliche Autoritäten werden kaum anerkannt, es gelten die Regeln des Clans. Ghadban beschreibt, wie recht schnell verschiedene Felder der Kriminalität erschlossen werden, Drogenhandel, Prostitution, Hehlerei. Lange wird das Problem von Politik und Verwaltung nicht ausreichend beachtet oder heruntergespielt. Ghadban führt als Grund vor allem eine »falsch verstandene Multikulti-Ideologie« ins Feld. Was allerdings kaum das Versagen in den 1980ern erklärt, als die Berliner CDU die Regierung übernimmt. Vom damaligen, langjährigen Berliner Innenminister Heinrich Lummer ist bekannt, dass er schon in den 1970ern enge Kontakte zu einer rechtsradikalen Gruppierung unterhält. In den 1990ern ist er Ehrenpräsident eines amtsbekannt rechtsextremen Vereins und veröffentlicht das Buch »Deutschland soll deutsch bleiben: kein Einwanderungsland, kein Doppelpaß, kein Bodenrecht«. Es ist nicht überragend wahrscheinlich, dass Lummer in den 1980ern zwischendurch Anhänger einer »Multikulti-Ideologie« war. Bei späteren Berliner Regierungen, etwa rot-grünen oder rot-roten, dürfte eine Portion Toleranz am sehr falschen Ort aber eine Rolle gespielt haben. Das Musterbeispiel misslingender Integration hängt auch damit zusammen, dass die Stadt notorisch unterfinanziert und schlecht organisiert ist. Und dass in Berlin eine lange Tradition besteht, nicht so genau hinzusehen, wenn es unangenehm oder schwierig wird. Der Berliner Langzeit-Bürgermeister Klaus Wowereit (SPD) ist Erfinder der Formel »Berlin ist arm, aber sexy«. Was diese schöne Erzählung stören könnte, findet weniger Beachtung. In diesen Jahrzehnten sind die Clans mächtig geworden. Fest steht, dass es den Berliner Behörden erst in den Jahren 2017 und 2018 gelingt, wirksamere Maßnahmen zur Eindämmung der arabisch geprägten Clan-Kriminalität zu entwickeln. Lange nachdem die vielen, oft gewalttätigen Verbrechen die Clans reich und in der Folge zu maßgeblichen Immobilienbesitzern in der deutschen Hauptstadt gemacht haben. Ghadban fürchtet, dass die Clans vor allem unter arabischen Flüchtlingen versuchen, ihre Machtbasis zu erweitern. Das wäre in der Tat ein Worst-Case-Szenario und zeigt wiederum die Dringlichkeit, mit der funktionierende Integrationsstrategien umgesetzt werden müssen.

INTEGRATION VON FLÜCHTLINGEN

Dem Integrationsdesaster arabischer Clans in Berlin stehen heute in Deutschland auch Erfolgsmeldungen gegenüber, die sich zum Beispiel auf die jüngste Einwanderungsgruppe beziehen. Der Präsident der Deutschen Arbeitgeberverbände sagt Ende 2018: »Von mehr als einer Million Menschen, die vor allem seit 2015 nach Deutschland gekommen sind, haben heute bald 400000 einen Ausbildungs- oder Arbeitsplatz.« Insgesamt erscheint daher die Frage berechtigt, ob es um die Integration wirklich so schlecht bestellt ist. Zwei Experten, beide migrantisch geprägte Autoren, scheinen in dieser Frage gespalten, obwohl sie befreundet sind. Aladin El-Mafaalani, Deutscher mit syrischen Eltern, schrieb das Buch »Das Integrationsparadox: Warum gelungene Integration zu mehr Konflikten führt«. Die zentrale These ist bereits im Titel vorhanden, er betrachtet die Integration in Deutschland als inzwischen im Großen und Ganzen gelingend, jedenfalls besser als je zuvor. Im Interview zum Buch sagt er: »Je besser die Integration, desto größer die Debatte. Je weniger Diskriminierung, desto eher kann Diskriminierung wahrgenommen und thematisiert werden.« Ahmad Mansour, nach Deutschland eingewanderter israelischer Araber, schrieb das Buch »Klartext zur Integration: Gegen falsche Toleranz und Panikmache«. Seine zentrale These ist, dass die Integration von Muslimen kaum funktioniert hat, sondern religiös und antidemokratisch geprägte Parallelgesellschaften entstanden sind, in denen aktiv gegen die Integration gearbeitet wird. Er beschreibt es etwa als »Jahrhundertfehler«, die Integration der muslimischen Flüchtlinge in Deutschland in die Hände der Islam-Verbände zu legen.

Vielleicht schließen sich beide Positionen nicht so stark aus, wie es auf den ersten Blick den Anschein haben mag. Auch wenn ich El-Mafaalanis These, die Integration gelinge im Großen und Ganzen, nicht zustimmen möchte. Aber er führt ein wichtiges Argument an, das zum Verständnis des Realitätsschocks der Integration notwendig ist: Je näher man sich kommt, desto eher fallen Schwierigkeiten auf. Überschneidungslose Gruppen haben weniger Reibung. El-Mafaalani sieht schon die Debatte als Fortschritt der Integration. Man spreche mehr miteinander, dadurch fielen die Unterschiede deutlicher auf. Gleichzeitig würde Rassismus als Gegenreaktion auf eine erfolgreiche Integration stärker, weil Privilegien aufgegeben oder geteilt werden müssten. Mansour, der in Gefängnissen mit radikalisierten Muslimen arbeitet, konzentriert seinen Blick auf die Problemsphären. Das halte ich insbesondere dann für legitim, wenn zu den unmittelbaren Folgen des Integrationsversagens terroristische Attentate oder Frauenhass-Morde aus vorgeblichen »Gründen der Ehre« gehören. El-Mafaalani schreibt: »Die Integration ist heute so gut, wie sie noch nie in der deutschen Geschichte war.« Das kann ebenso stimmen wie die Aussage, dass jetzt deutlich wird, wie schlecht sie über Jahrzehnte funktioniert hat. Und dieser Umstand fällt durch den Wandel zu einer digital vernetzten Informationsgesellschaft mehr Menschen auf.

Die wichtigste Zutat aber, um eine Art Synthese aus El-Mafaalanis und Mansours Thesen herstellen zu können, ist Zeit. Integration ist eine sehr langwierige Angelegenheit. Die Effekte von Fehlentscheidungen werden ebenso wie die von gut funktionierenden Konzepten teilweise erst Jahrzehnte später sichtbar. In Deutschland ist die zielgerichtete Integrationspolitik noch recht jung. Die konservative Kohl-Regierung hat eine umfassende Regelung der Zuwanderung bewusst verweigert, um jeden Eindruck eines Einwanderungslandes zu vermeiden. Die rot-grüne Bundesregierung setzt im Jahr 2000 eine »Unabhängige Kommission Zuwanderung« ein und schafft dann ein Staatsbürgerrecht, mit dem es für Migranten immerhin leichter wird, einen deutschen Pass zu bekommen. Sie versucht ab 2001, Zuwanderung endlich gesetzlich zu regeln. Rot-Grün scheitert zunächst an sich selbst wie auch am erbitterten, teilweise juristisch geführten Widerstand der konservativ regierten Bundesländer. Umfassende Integrationskonzepte seitens der deutschen Bundesregierung lassen sich deshalb erst ab Mitte der Nullerjahre beobachten. Am 1. Januar 2005 wird das erste Zuwanderungsgesetz in Deutschland bleibend wirksam, ganze fünfzig (!) Jahre nach Beginn der systematischen Anwerbung der »Gastarbeiter«. Darin findet sich zum ersten Mal eine verbindliche Regelung etwa zum Spracherwerb von Zuwanderern. 2006 folgen der Integrations- und der Islamgipfel, der Beginn von institutionalisierten Gesprächen auf Bundesebene. Das erste eigenständige Integrationsgesetz des Bundes tritt sogar erst 2016 in Kraft, als Reaktion auf die Flüchtlingszahlen von 2015. Diese langen Zeiträume und die oft überraschend späten politischen Maßnahmen lassen erahnen, wie der Realitätsschock der Integration entstanden ist. Ein europäischer Blick fällt ähnlich ernüchternd aus. Die Banlieues in Frankreich, überwiegend von arabischstämmigen muslimischen Menschen bewohnte Vorortgettos, sind betongewordene Mahnmale des dekadenlangen Integrationsversagens. Als Monolith der Dysfunktionalität in Europa aber kann die muslimische Integrationsgeschichte eines anderen Landes gelten: Belgien.

EXTREMISTEN DÜRFEN PREDIGEN

Über Jahrzehnte hat man sich in Europa höchstens halbherzig um den Glauben der heimischen Muslime gekümmert, obwohl gerade Religion bei vielen migrantischen Gemeinschaften zu einem wichtigen Identifikationsmoment wird. Jedes Land hat dabei wiederum seine eigenen Fehler begangen. Frankreich etwa hat die laizistische Tradition fortgeführt und die Muslime beim Aufbau der religiösen Strukturen weitgehend allein gelassen. Die staatliche Distanz zu den Moscheen machte jedoch auch jede Form von Einbindung und damit soziale Kontrolle schwieriger, was viel Freiraum für Extremisten geschaffen hat. Es hat mehrere Gründe, dass Frankreich das am stärksten von islamistischem Terror betroffene Land in Europa ist – das dürfte einer davon sein.

Atemberaubend schlecht aber hat die Integration von Muslimen in Belgien funktioniert. Schon 1967 handelt der belgische König Baudouin mit dem saudischen König Faisal einen aus heutiger Sicht kurzsichtigen und fatalen Deal aus. Belgien bekommt günstige Öllieferungen, im Gegenzug erlangt Saudi-Arabien die Hoheit über belgische Moscheen und die Erlaubnis, im Land zu missionieren. Generationen von Einwanderern, vor allem aus Marokko und Algerien, werden deshalb mit dem besonders aggressiven und unerbittlichen wahhabitischen Islam der Saudis versorgt. Saudi-Arabien schließt sogar einen 99-jährigen mietzinsfreien Pachtvertrag über den »Orientalischen Pavillon« mit-

Extremisten dürfen predigen

ten in Brüssel ab, der zur größten Moschee des Landes wird. Heute gilt diese »Große Moschee« als Zentrum für radikale Islamisten in ganz Europa, und Belgien spielt eine wesentliche Rolle bei der Radikalisierung junger Muslime. (Regulär wäre der Pachtvertrag 2066 ausgelaufen, aber Belgien hat ihn als Reaktion auf den Realitätsschock der Integration vorzeitig im Februar 2018 aufgelöst.) Von der »Großen Moschee« aus haben Islamisten im Stadtviertel Molenbeek ihre extremistische Saat in die Köpfe der Jugend gepflanzt. Das Viertel erreicht traurige Berühmtheit, weil dort die Fäden der terroristischen Attentate in Frankreich und Belgien zusammenlaufen. Belgien hat unter den westlichen Staaten im Verhältnis zur Einwohnerzahl die höchste Zahl von Muslimen, die sich dem Islamischen Staat angeschlossen haben. Belgien steht damit für eines der Grundmuster des Realitätsschocks muslimischer Integration: das Wechselspiel ablehnender, oft rassistischer Haltungen der Urbevölkerung und der teilweisen Radikalisierung der Muslime durch importierte islamistische Kräfte.

In Deutschland gründen sich in den 1960er- und 1970er-Jahren eine Vielzahl von Moscheevereinen, über die die Gebetshäuser finanziert werden sollen. Tatsächlich begünstigt diese Struktur die Einflussnahme durch islamische Staaten stark. Fast 900 Moscheen in Deutschland werden heute faktisch durch den türkischen Staat gelenkt, die dortigen Imame sind sogar offiziell türkische Beamte. Die kontrollierende Organisation DITIB untersteht der türkischen Religionsbehörde, seit 2018 prüft der Verfassungsschutz, ob die DITIB beobachten werden soll. Zwischen 300 und 500 Moscheen werden von Millî Görüş betrieben, einem islamistischen türkisch-nationalistischen Verein, der vom Verfassungsschutz als antidemokratisch, antiwestlich und in Teilen antisemitisch eingestuft wird. Schätzungsweise 150 schiitische Moscheen in Deutschland werden von einem Verein betrieben, hinter dem maßgeblich das »Islamische Zentrum Hamburg« steht, das vom dortigen Verfassungsschutz als »Instrument der iranischen Staatsführung« bezeichnet wird. Es ist nicht schwer zu begreifen, wie Ahmad Mansour zu seinem Urteil kommt, es sei ein Fehler, die Flüchtlingsintegration (auch) in solche Hände zu legen. Ebenso ist nachvollziehbar, warum sich syrische Flüchtlinge 2016 öffentlich beschweren, dass ihnen die Moscheen in Deutschland zu konservativ seien. Erst als Ende 2016 der islamistische Terroranschlag durch Anis Amri in Berlin zwölf Mordopfer fordert, rücken Moscheen auch in Deutschland als potenzielle Orte der Radikalisierung stärker ins Zentrum der öffentlichen Aufmerksamkeit. Amri war regelmäßiger Besucher einer streng salafistischen Gebetsstätte in Berlin.

Die Entscheidung der meisten europäischen Regierungen, sich um die spirituellen Bedürfnisse der muslimischen Bevölkerung nicht ausreichend zu kümmern – haben wahhabitische, salafistische und andere Islamisten weltweit als Chance gesehen, ihren Einfluss in Europa dauerhaft zu zementieren. Extremisten haben eine Lücke füllen können, die durch das Integrationsversagen entstanden ist.

VERSÄUMNIS DER NICHT RASSISTISCHEN KRITIK AM ISLAMISMUS

Gleichzeitig haben linke und liberale Demokraten versäumt, eine ausreichend lautstarke, aber nicht rassistische Kritik am Islamismus zu entwickeln. Ebenso wie eine nicht rassistische Kritik am türkischen Nationalismus und Faschismus, der sich unter anderem in Deutschland Ende der Zehnerjahre weiter ausbreitet. Furcht davor, als »rassistisch« abgestempelt zu werden – wie oft von Konservativen und Rechten behauptet –, mag bei manchen eine Rolle gespielt haben. Aber die ausschlaggebenden Gründe für dieses linke und liberale Versäumnis sind eher andere. Neben schlichtem Desinteresse zum Beispiel verschiedene Formen der Komplexitätsabwehr, wie kulturelle Prägungen als Mitursache für gesellschaftliche Probleme zu ignorieren. Ebenso existiert eine linke Mitleidsabwertung bis hin zum Verniedlichungsrassismus: Dabei werden Migranten in eine Opferschublade gesteckt, aus der sie nur schwer entrinnen können. Schonung kann als Herabwürdigung und sogar Diskriminierung funktionieren. Schließlich kann auch ein infantiles Verständnis der Multikulturalität dazu beitragen, Menschenverachtung zu verharmlosen oder gar zu rechtfertigen. Dass einige linke und liberale Teile der Gesellschaft samt Politik und Verwaltung bei Werten, Weltvorstellungen und Aktivitäten muslimischer Gruppen über Jahrzehnte lieber nicht so genau hinsehen wollten, ist einer der großen Fehler der Europäer. Auf diese Weise sind zum Beispiel offen frauenfeindliche oder homophobe Haltungen und Praktiken zu lange als akzeptabler Teil der Kultur betrachtet worden. Ebenso hat es zu lange gedauert, bis muslimischer Antisemitismus so ernst genommen wurde wie notwendig. Speziell in Frankreich hat sich eine Auswanderungswelle französischer Juden entwickelt, die unmittelbar mit dem Judenhass französischer Muslime verbunden ist.

KANN DIE REALITÄT RASSISTISCH SEIN?

Ungefähr so, wie man Sterne manchmal besser erkennen kann, wenn man knapp daneben schaut, kann der Blick in die Ferne dabei helfen, die eigene gesellschaftliche Situation zu begreifen. Im November 2016 findet in Australien ein überparteilicher Gipfel zur Gewalt gegen Frauen statt. Dort ist, wie an vielen Orten, eine Epidemie häuslicher Gewalt zu beobachten. Bei diesem Treffen unter Schirmherrschaft des damaligen Premierministers wird auch eine Abordnung der Aborigines empfangen – denn indigene Frauen sind vierunddreißigmal häufiger Opfer häuslicher Gewalt als nicht indigene Australierinnen.

Mit einem Abstand von sechzehntausend Kilometern sind die daraus entstehenden drängenden Fragen vielleicht einfacher zu beantworten: Wie kann man mit diesen Daten umgehen, ohne rassistisch zu argumentieren? Wie kann man gegen diese frauenzerstörende Gewalt mit angemessenen Mitteln ankämpfen, ohne Aborigines vorzuverurteilen? Wie also geht man in einer liberalen Demokratie mit einer Datenlage um, die zu eindeutig und bedrohlich ist, um sie als statistischen Zufall abzutun, und die auf ein Problem innerhalb einer Bevölkerungsgruppe oder Minderheit hinweist? Ich glaube, dass der Weg nicht sein kann, solche Daten zu verschweigen, zu ignorieren oder gar nicht erst zu erheben. Kulturbezogene Wertevorstellungen haben einen Einfluss auf das menschliche Handeln, deshalb können sich auch die Lösungsansätze für Probleme wie eine statistische Häufung von Verbrechen in bestimmten Gruppen unterscheiden.

In Nordrhein-Westfalen stellt die Polizei umfangreiches Datenmaterial zur Verfügung, auch Statistiken über nicht deutsche Tatverdächtige. Die Zahlen für 2015 sind bei 10,5 Prozent Ausländern in Deutschland hart: Für 38 Prozent der Tötungsdelikte gibt es nicht deutsche Tatverdächtige, für 41 Prozent der Raubdelikte und Autodiebstähle, 48 Prozent der Wohnungseinbrüche und für 80 Prozent der Taschendiebstähle. Diese Zahlen müssen in den richtigen Kontext gesetzt werden. Die Polizei erklärt, dass nur bei aufgeklärten Fällen die Staatsangehörigkeit bekannt ist. Dass bei rund der Hälfte der Fälle über die Tatverdächtigen nichts bekannt sei. Dass bei dieser Statistik die »zum Teil sehr großen strukturellen Unterschiede nach Alter, Lebensumständen und sozialer Lage unberücksichtigt« blieben. Diese Einordnungen sind für politische Lösungen der Probleme relevant. Die hohe Zahl nicht deutscher Tatverdächtiger bei Taschendiebstählen etwa kommt nach Einschätzung von Ermittlern zum einen durch Marokkaner und Algerier zustande, die sich in Banden organisieren und als Mehrfachtäter auffallen. Teilweise werden sie in ihren Heimatländern gezielt angeworben, der Fokus der Bandenchefs liegt dabei auf entwurzelten, chancenlosen jungen Männern. Bei Einbrüchen ist die Statistik auch durch eine Art Kriminalitätstourismus ost- und südosteuropäischer Banden zu erklären, die hoch organisiert durch Frankreich, Belgien und Deutschland ziehen. Anders formuliert handelt es sich eher nicht um Probleme der Integration, sondern um eine der Folgen von Globalisierung und größerer Freizügigkeit.

Es gibt aber auch abseits notwendiger Einordnung eine Reihe Statistiken, die aus linker und liberaler Sicht verstörend erscheinen. Weil eventuell vorhandene Migrationshintergründe nur in wenigen Statistiken ein Erhebungskriterium sind, unterscheide ich hier zwischen Menschen mit und ohne deutsche Staatsangehörigkeit, um Erkenntnisse für die Integration gewinnen zu können. Und zwar in einem der meistdebattierten und schmerzhaftesten Felder. Im Jahr 2017 erfasst die Polizeiliche Kriminalstatistik in Deutschland 39 829 mutmaßliche Sexualstraftäter, darunter sind 11 439 Nichtdeutsche, ein Anteil von 28,7 Prozent. Von diesen nicht deutschen Tatverdächtigen kommen 12,6 Prozent aus Syrien, 10,7 Prozent aus Afghanistan und 10,6 Prozent aus der Türkei. Es zeigt sich eine im Vergleich zum Bevölkerungsanteil deutlich überproportionale Beteiligung bestimmter ausländischer Gruppen an Sexualstraftaten, wo ein Einfluss der jeweiligen kulturellen Prägung legitim vermutet werden kann. Ende 2017 waren von rund 10,5 Millionen Ausländern in Deutschland rund 250 000 oder 2,4 Prozent Afghanen. Gegenüber der nicht ausländischen Gesamtbevölkerung waren Afghanen in Deutschland rund zehnmal häufiger bei Sexualstraftaten tatverdächtig. Der Wert ist auch dann noch krass, wenn die größere Zahl junger Männer unter den afghanischen Migranten berücksichtigt wird. Noch dramatischer gestaltet sich die Statistik bei Vergewaltigungen von Frauen durch Männergruppen. 2015 liegt der Anteil ausländischer Tatverdächtiger dabei bei 46,1 Prozent, 2016 bei 53,6 Prozent und 2017 bei 52,2 Prozent. Bei überfallartigen Gruppenvergewaltigungen liegt der Anteil ausländischer Tatverdächtiger 2016 bei 67,8 Prozent. Im Jahr danach sinkt der Wert nur minimal. Für solche Verbrechen gibt es jährlich bis knapp über 500 Tatverdächtige.

Da Deutschland ein sehr sicheres Land ist und statistisch noch sicherer wird, halten sich die Fallzahlen im internationalen Vergleich in Grenzen. Aber gerade überfallartige Gruppenvergewaltigungen gehören zu den Verbrechen, die über die Tat und die unmittelbar betroffenen Personen hinaus eine Wirkung entfalten. Es spielt eine ausschlaggebende Rolle, ob sich Frauen in der Öffentlichkeit sicher fühlen. Wenn kulturelle oder soziale Prägungen bestimmte Verbrechensformen zu begünstigen scheinen, muss eine offensive Integration die Antwort sein. Das gilt für Zugewanderte, für Menschen mit und ohne Migrationshintergrund.

Kann die Realität, abgebildet mit Statistiken, rassistisch sein? Nein. Die Debatte um Integration in Europa muss aber so geführt werden, dass vermeintlich oder tatsächlich unangenehme Daten nicht ignoriert oder gar verschwiegen werden müssen. Teilweise werden relevante Daten auch gar nicht erhoben oder ausgewertet. Das gilt nicht nur, aber auch für die Kriminalstatistik und hat verschiedene Gründe, darunter wahrscheinlich auch politische Opportunität. Aber wer für sein Eintreten gegen Rassismus die richtigen Statistiken braucht, ist selbst ein Integrationshindernis.

2017 gab es in Deutschland im Schnitt etwa alle 45 Minuten einen neuen nicht deutschen mutmaßlichen Sexualstraftäter. Und etwa alle achtzehn Minuten einen deutschen. Wenn man die deutschen Tatverdächtigen einfach ausblendet, lässt sich mit Fakten und der Auslassung von Fakten ein Horrorszenario zeichnen. In sozialen Medien geschieht oft genau das.

Andererseits ist die beschriebene Häufung mutmaßlicher Verbrechen durch Migranten oder Nichtdeutsche durchaus ein Anlass zur Sorge. Es ist essenziell, diese Zahlen richtig einzuordnen: Unter Migranten finden sich oft überproportional viele junge Männer, also diejenige Gruppe mit der höchsten Gewaltbereitschaft und Kriminalitätsrate weltweit und quer durch alle Ethnien und sozialen Schichten. Aber eine Einordnung darf nicht bedeuten, keine Schlüsse aus dem nachweisbaren Geschehen zu ziehen. Ahmad Mansour stellt die hohen Zahlen bei Sexualverbrechen in einen Zusammenhang mit den sehr patriarchalen, oft islamistischen Gesellschaften vieler Herkunftsländer, deren Regeln und Werte in den Köpfen von Zuwanderern weiter eine Bedeutung haben. Für eine Verbesserung der Integration muss deshalb ein Ziel sein, diese Haltungen bewusst zu machen und zu verändern. Mansour, der sich als Psychologe intensiv mit der Radikalisierung junger Muslime beschäftigt, macht unter islamisch geprägten Zuwanderergemeinschaften in Deutschland drei Problemfelder aus:

- den beschriebenen Antisemitismus, auch in Form des israelbezogenen Antisemitismus
- die Ablehnung der Meinungsfreiheit, etwa dass auch andere Haltungen zu Religion und Moral toleriert und akzeptiert werden
- patriarchale Weltvorstellungen, nach denen der heterosexuelle Mann über der Frau und allen anderen steht

Die Suche nach den Gründen führt zunächst zum Islam und auf diese Weise werden gerade Sexualverbrechen durch Migranten in Europa häufig diskutiert. In vielen muslimischen Ländern sind die Statistiken zur sexuellen Belästigung von Frauen verheerend. Die UNO führt 2013 eine Studie durch, nach der über 99 Prozent aller Ägypterinnen Opfer sexueller Belästigung geworden waren. Die strukturelle und gesellschaftlich verankerte Abwertung von Frauen in islamisch geprägten Ländern ist kaum zu leugnen. Sie spiegelt sich in einer Unzahl frauenfeindlicher Praktiken. Aber so relevant der kulturelle Hintergrund ist, so sehr verdeckt die Fixierung auf den Islam *allein* nicht nur die patriarchalen Aggressionen in Europa selbst, sondern erschwert auch, die Problematik im Sinne einer besseren Integration zu verstehen. Als Gegenprobe taugt etwa Südafrika, wo rund 80 Prozent der Einwohner christlichen Glaubens sind. Muslime machen kaum mehr als 1,2 Prozent aus. In Südafrika, das zeigen eine Reihe von Untersuchungen, sind Vergewaltigungen eine Epidemie. Schon Ende der 1990er-Jahre veröffentlicht eine Nichtregierungsorganisation, dass bei einer Befragung von 4000 Frauen etwa jede dritte angab, schon mindestens einmal vergewaltigt worden zu sein. Von 1500 befragten Männern dagegen erklärte ein Drittel, dass Gruppenvergewaltigungen »eine lustige Sache« seien. Inzwischen trägt das mehrheitlich christliche Kapstadt den Ruf der »Vergewaltigungshauptstadt« der Welt. Diese Statistiken entlasten islamische Gesellschaften nicht, sie zeigen eher, dass ein entscheidender Faktor patriarchale Strukturen mit ganz unterschiedlichen kulturellen Hintergründen sein können.

Das führt in direkter Linie zur Integration: Das beste Mittel gegen sexuelle Gewalt sind offene, liberale, aktiv feministische Gesellschaften, die die Rechte von Frauen und sexuellen wie geschlechtlichen Minderheiten offensiv durchsetzen. Und zwar gegen *alle* Männer, die die weit überwiegende Mehrheit der Täter ausmachen. Das ist auch der Grund, warum die Empörung von Rechten über Sexualstraftaten von Migranten geheuchelt ist. Rechtsextreme wollen dem patriarchalen Sexismus von Migranten bloß den eigenen patriarchalen Sexismus entgegensetzen. Die rechte Empörung über migrantische Übergriffe ist bigott und rassistisch, weil Rechte den eigentlichen Grund für Gewalt gegen Frauen gar nicht ablehnen. Sie wollen das Feuer nicht bekämpfen, sondern ihr eigenes legen. Es kommt aber darauf an, das Feuer zu löschen. Das geht am besten mit einer Neuorientierung der Integration in Europa, und zwar auf Basis von Werten der liberalen Demokratie, nicht auf Basis von Schweinefleischkonsum.

FÜNFTE PHASE DER INTEGRATION: FUCK LEITKULTUR, LOVE LEITWERTE

Wenn von Integration die Rede ist, fällt bei Konservativen, aber auch bei Rechten früher oder später der Begriff »Leitkultur«, ein inzwischen unseliges Wort, das bei der Integration in eine falsche Richtung führt. Maßgeblich geprägt wurde Leitkultur durch den deutsch-syrischen Politologen Bassam Tibi in den 1990er-Jahren. In seinen Reden und Schriften erklärte Tibi, er sehe eine Leitkultur, die auf einem Wertekonsens beruhe. Diese Leitkultur müsse eine europäische sein, entspringe der »kulturellen Moderne« und beinhalte »Demokratie, Laizismus, Aufklärung, Menschenrechte und Zivilgesellschaft«, die Essenz der freiheitlich-demokratischen Gesellschaftsordnung also. Leider hat sich, auch durch Tibis Schaffen selbst, der Begriff Leitkultur in der öffentlichen Wahrnehmung verwandelt. Das liegt meiner Ansicht nach unter anderem an einer Fehlbenennung.

Die meisten Menschen im deutschsprachigen Raum verstehen unter Kultur nicht das, was Tibi anfangs definitorisch herausgestellt hat. Kultur ist, insbesondere mit einem Adjektiv wie »deutsch« davor, eine Chiffre für Selbstähnlichkeit geworden. Es geht selten um Gedichte von Goethe oder Trennung von Kirche und Staat, sondern darum, ob etwas oder jemand »irgendwie zu uns passt«. Durch diese diffuse gefühlige Verwendung des Worts Kultur geraten rassistische Elemente in die Diskussion. Man sagt dann »Muslime«, meint aber schwarzhaarige arabischstämmige Menschen und ist nicht im Geringsten daran interessiert, ob es sich vielleicht um einen koptischen Christen aus Kairo handelt. Kultur kann sich dann zum rassistischen Code verdichten. Leitkultur, auch von Tibi selbst als Gegenentwurf zu »Multikulti« aufgebaut, ist zu einem Entschuldigungskonzept geronnen, mit dem die eigenen Ressentiments gerechtfertigt werden. Leitkultur ist, in der heute häufigsten Verwendung, ausgrenzender Unfug, weil alle unter Kultur genau das verstehen, was ihnen gerade passt. Leitkultur ist zu einem chauvinistischen Selbstähnlichkeitswettbewerb geworden, eine verkappte Forderung von Assimilation statt Integration. Auch deshalb ist ein Neustart der Integration notwendig.

In der Fachdebatte werden in Deutschland vier Phasen der Integration unterschieden. Die Gastarbeiterphase ab 1955, die Phase der ersten Integrationsversuche ab 1973, die Abwehrphase ab 1981. Die Debatte um Leitkultur brandet auf, als in Deutschland die vierte Phase der Integration gerade begonnen hat, die Akzeptanzphase ab 1998. Es wird Zeit dafür, die fünfte Phase* der Integration einzuläuten, und die wirft den unglücklichen Ballast der »Leitkultur« ab und konzentriert sich auf Leitwerte. Denn darum geht es bei der Integration. Wer Leitkultur sagt, will Unterordnung statt Integration. Leitwerte dagegen sind, anders als diffuse Kulturbegriffe, sehr präzise benennbar. Es handelt

---

* Einige Soziologen sehen mit dem Jahr 2015 die fünfte Phase – etwa als modernes Einwanderungsland – als bereits angebrochen. Ich nicht.

sich um die basalen Regeln der liberalen Demokratie, die allerdings in Europa auch von lange heimischen Einwohnern nicht ausreichend ernst genommen werden (siehe Kapitel Rechtsruck).

Eine mögliche Annäherung an neue, wirksame Integrationskonzepte skizziert die Berliner Integrationsforscherin Naika Foroutan unter dem Stichwort postmigrantische Gesellschaft. Sie schlägt vor, bei Integration nicht mehr nur an Migranten zu denken, sondern eher an alle Gruppen, die sich von Staat und Demokratie entfremden, zum Beispiel, weil ihnen Aufstiegschancen fehlen. Dazu fordert sie eine Quotierung aller gesellschaftlich relevanten, aber unterrepräsentierten Gruppen, zum Beispiel für den Bundestag oder für Universitäten. Wahrscheinlich passen nicht alle in diesem Kapitel umrissenen Gedanken unter den Mantel der postmigrantischen Gesellschaft. Die Kulturtraditionen in den Köpfen, deren komplexe Auswirkungen und Weitergabe von Generation zu Generation die Politik Jahrzehnte unterschätzt hat, erfordern manchmal sehr spezifische Maßnahmen. Aber eine Weiterentwicklung der Integration könnte in eine postmigrantische Richtung zeigen, eine Art Multikulti 2.0, mit einer offensiv durchgesetzten Ausrichtung auf Leitwerte. Und glücklicherweise ist das keine persönliche Träumerei, sondern wird bereits aktiv und erfolgreich angewendet.

MULTIKULTI PLUS LEITWERTE ALS LÖSUNG

Belgien ist nicht nur Hochburg europäischer Islamisten. Auch die migrantische Kriminalität ist hoch, gleichzeitig ist die berufliche Situation für Migranten im Vergleich schlecht. Belgien hat unter den europäischen OECD-Ländern mit nur 65 Prozent die geringste Rate an Ausländern, die überhaupt am Arbeitsmarkt teilnehmen. Portugal und die Schweiz liegen bei über 80, Island als Spitzenreiter sogar bei über 90 Prozent. Das Integrationsversagen in Belgien war über Jahrzehnte so massiv, dass sich aus der Not aller Beteiligten eine Reihe von Gegenentwürfen herausgebildet hat. Der bekannteste und erfolgreichste darunter stammt aus Mechelen, einer 80 000-Einwohner-Stadt zwischen Antwerpen und Brüssel. Noch in den 1990er-Jahren galt Mechelen als dreckigste Stadt Belgiens und hatte die höchste Kriminalitätsrate des Landes. Dann wurde Anfang des Jahrtausends Bart Somers zum Bürgermeister gewählt. Er entwickelte ein kluges Integrationskonzept, das den Namen wirklich verdient. Somers sagt, es stehe auf zwei Säulen, nämlich Sicherheit und Integration. Leitkultur würde in Mechelen höchstens als Witz taugen, denn fünfzig Prozent der Kinder haben einen Migrationshintergrund, zwanzig Prozent der Einwohner sind Muslime. Somers hat eine Null-Toleranz-Politik sowohl gegenüber Kriminalität wie auch gegenüber Radikalisierung durchgesetzt, kämpft aber zugleich auch gegen Ausgrenzung und Intoleranz – und zwar mit Multikulti. Auf die Frage, was sein neues Mechelen ausmache, antwortet Somers: »Die Stadt ist zusammengewachsen, über alle sprachlichen, religiösen und kulturellen Grenzen hinweg.« Seine Beispiele zeugen von einem wahrhaft multikulturellen Gesellschaftsverständnis. Er hat eine Initiative gegründet, um die öffentlichen Schulen der Stadt besser zu durchmischen. Auf manchen Schulen waren wie in deutschen Großstädten kaum noch nicht migrantische Schüler. Er hat eine Vielzahl von kulturell bunt durchmischten Stadtfesten angeregt, über 200 waren es 2018. Auf dem Mechelener Stadtfriedhof können Verstorbene nach muslimischem Ritus beerdigt werden. Somers schimpft über »paternalistische Politik, die Menschen von außen eine Identität aufzwingt« und sieht als großes Problem der meisten europäischen Städte, dass sie »eine Art Archipel monokultureller Inseln sind«. Multikulti 2.0 bedeutet, die Unterschiede der Kulturen zuzulassen, die Gemeinsamkeiten zu betonen, Nähe und Durchmischung aktiv zu fördern, ohne auch nur eine Sekunde die Werte einer liberalen Demokratie zu vernachlässigen, und diese im Zweifel auch nachdrücklich durchzusetzen.

»Der Ansatz für Multikulti ist gescheitert, absolut gescheitert!«, rief Angela Merkel 2010 auf dem »Deutschlandtag« der Jungen Union der CDU. Vor und nach ihr haben Publizisten und Politiker fast aller politischen Farben quer durch Europa diesen Satz paraphrasiert. In vielen Köpfen stellt Multikulti sogar den eigentlichen Grund für das Integrationsversagen dar. Bart Somers zeigt, dass Multikulti im exakten Gegenteil die Lösung für die Integration sein kann und nicht die »größte Bedrohung« – aber nur, wenn es keine rechtsstaatliche Egalhaltung beinhaltet. Man muss zugestehen, dass linke und liberale Kräfte unter Multikulti zu lange verstanden haben, europäische Leitwerte nicht durchzusetzen, wenn eine Kulturpraxis dagegenstand. Aber Sexismus oder Antisemitismus sind in keiner Darreichungsform mit einer liberalen Demokratie vereinbar, egal, ob sie zu den Stammtisch-Parolen deutscher Rechter gehören oder zu den althergebrachten islamischen Sitten der Vorväter. Die heimliche, manchmal auf Desinteresse basierende Hoffnung vieler Linker und Liberaler in den vergangenen fünfzig Jahren war, man könne allein auf die große Attraktivität der liberalen Gesellschaft setzen. Als müsste man nur ein Grundgesetz in eine Moschee werfen und der Rest ginge von selbst.

Naika Foroutan hat die These aufgebracht, dass Ostdeutsche auch eine Art von Migranten seien und in vergleichbarer Weise Stigmatisierung erleben würden. In einem Fall hätten die Menschen ihr Land verlassen, im anderen seien sie von ihrem Land verlassen worden. Wenn das stimmt, dann könnte sowohl die Lösung für den Realitätsschock der Integration wie auch für den Realitätsschock des Rechtsrucks im Osten Deutschlands ganz ähnlich sein: Offensive Durchsetzung von liberalen Werten – und Multikulti. Wo genau Kultur aufhört, aufhören muss und die Durchsetzung liberaler Werte beginnt, muss Gegenstand einer gesamtgesellschaftlichen Debatte werden. Und zwar im Sinne einer postmigrantischen Gesellschaft, nicht nur für Migranten, sondern für alle Europäer, auch diejenigen mit einem tausend Jahre zurückreichenden Stammbaum, der ausschließlich aus blonden Bottropern besteht. Multikulti plus rechtsstaatliche Durchsetzung liberaler Werte ist das beste und sinnvollste Integrationskonzept. Und dazu gehört neben Toleranz und Antidiskriminierungsmaßnahmen eben auch, dass kriminelle Auswüchse hart geahndet werden. Nur wer sich sicher fühlt, ist zu Offenheit in der Lage. Somers hat viel Wert darauf gelegt, dass Einwanderer die Sprache lernen und zugleich die Gesellschaftsregeln, die auf den liberalen europäischen Werten basieren. Und es funktioniert, in vielen Dimensionen. Heute hat Mechelen eine historisch niedrige Kriminalitätsrate, und das Problem des Islamismus scheint deutlich geringer als im Rest des Landes. Aus der belgischen Region zwischen Brüssel und Antwerpen stammt jeder zwölfte Europäer, der sich dem Islamischen Staat anschloss, aus Mechelens nur halb so großer Nachbargemeinde Vilvoorde zum Beispiel über vierzig. Die Gesamtzahl der muslimischen Jugendlichen, die aus Bart Somers' Mechelen zum IS gereist ist, beträgt null.

4 RECHTSRUCK

DER KURZE WEG NACH RECHTS

Wie der fahle Glanz
des Autoritären
Demokratien zerrüttet

Am Morgen des 9. November 2016 wachen die meisten Brandenburger 6698 Kilometer von Washington D. C. entfernt auf, kochen Kaffee und schauen wie die ganze Welt ins Smartphone: Wer hat die US-Präsidentschaftswahl gewonnen? Diejenigen jedoch, deren erster Blick der Titelseite der größten Brandenburger Qualitätszeitung gilt, der Märkischen Allgemeinen, sehen dort einen Glückwunsch: »Good Morning, Mrs. President!« Daneben ein Foto von Hillary Clinton. Wegen der Zeitverschiebung lag der Redaktionsschluss vor der Ergebnisverkündung; auf der Rückseite war ein zweites Cover mit dem Titel »It's Trump!« gedruckt. Die Fehlgratulation war also kein Fehler, sondern ein witziger Trick. Und doch taugt diese Begebenheit als perfektes Symbol für die Implosion der liberalen Gewissheit.

Anfang November veröffentlicht die New York Times eine Berechnung, nach der Hillary Clinton die Wahl mit 88-prozentiger Wahrscheinlichkeit gewinnen werde. In der Woche vor der Wahl untersucht Reuters, die größte Nachrichtenagentur der Welt, die Wahlchancen: Es gehe zu 90 Prozent positiv für Clinton aus. Am Tag vor der Wahl erklärt CNN, Clinton werde mit 91-prozentiger Wahrscheinlichkeit gewinnen, und ein Wissenschaftlerteam aus Princeton, speziell zur Wahl 2016 gebildet, ist überzeugt, Clintons Siegeschancen lägen bei »über 99 Prozent«. Hinterher ist man klüger, und ich möchte nicht verschweigen, dass ich selbst vorab einen Text verfasste, in dem Clinton gewonnen hatte. Aber die Dimension der falschen Vorhersagen ist kein statistisches Problem von ein paar falschen Formeln oder unzuverlässigen Umfrageergebnissen. Dass auch 99 Prozent nicht 100 Prozent sind – geschenkt, denn es geht nicht um einzelne Ausreißer, sondern um die Fehleinschätzung der großen Mehrheit der Experten, Journalisten, Polit-Insider, die wie selbstverständlich von einem Sieg Clintons ausgegangen waren. Es handelt sich um den größten, heftigsten politischen Schockmoment des Jahrzehnts. Die politischen Messwerkzeuge, die Umfrageberechnungen und vor allem die mediale Interpretation haben versagt. Offensichtlich taugten die Instrumente, die bis dahin als einigermaßen verlässlich galten, mit einem Mal nicht mehr. Sie waren noch auf die Vergangenheit geeicht. Aber etwas Neues hatte begonnen, und es kam mit einer Detonation zum Vorschein.

Die Trump-Wahl, die Präsidentschaft und die Folgen für die USA und die Welt sind zugleich Symbol und Konsequenz des vielleicht folgenreichsten gesellschaftlichen Realitätsschocks: dem beinahe weltweiten Rechtsruck. Und es ist viel mehr als nur ein Ruck. Die liberale Demokratie, das gesellschaftliche und ökonomische Erfolgsmodell des 20. Jahrhunderts, ist fragiler als gedacht. Der rechte Realitätsschock beginnt mit der Verschiebung öffentlicher Debatten nach rechts, darauf folgt die Wahl rechter und rechtsextremer Parteien und Politiker in Parlamente und maßgebliche Ämter. Er mündet im Abbau der freien Medien, demokratischer Institutionen und der Rechtsstaatlichkeit. Die offene Gesellschaft soll sturmreif geschossen und durch einen autoritären, patriarchalen, rassistischen Gegenentwurf ersetzt werden. Dieser rechte Feind der Demokratie ist deutlich machtvoller, als die liberalen Teile der Eliten noch vor wenigen Jahren glaubten oder hofften. Aber auch konservative Demokraten scheinen noch immer überrascht, dass ihr meistverwendetes Mittel gegen die autoritäre Bedrohung nur selten funktioniert, nämlich selbst rechter zu reden und zu agieren. Stattdessen sitzen in Europa und rund um die Welt immer mehr Rechtsextreme in den Regierungen. In fast allen Ländern der EU sind Rechte und Rechtsextreme ins Parlament eingezogen.

WAS RECHTE WOLLEN

Die Wähler von US-Präsident Trump, der deutschen AfD, der österreichischen FPÖ, der italienischen Lega, der französischen Rechtsextremen um Marine Le Pen und des brasilianischen Faschisten Bolsonaro haben weniger gemein, als man vermuten könnte. Sie sind arm oder reich, gebildet oder ungebildet, arbeitslos oder erfolgreich, alt oder jung. <u>Die wichtigsten verbindenden Elemente aber sind Rassismus oder die Akzeptanz von Rassismus.</u>

Rassismus ist alltäglicher, als üblicherweise vermutet wird. Denn er ist nicht binär, wie etwa schwanger oder nicht schwanger. Es gibt zwar selbst erklärte offene Rassisten, aber sie dürften meist in der Minderheit sein. Eine gewisse Anfälligkeit für rassistische Vorurteile und sogar für prinzipielle Ungleichwertigkeit ist jedoch verbreitet. Rassismen können sich leicht in Alltagssprache, gesellschaftliche Narrative und scheinbar normale Handlungen einschleichen, unabhängig von persönlichen Haltungen. Meist müssen sie sich gar nicht mühsam einschleichen, weil sie längst erlernt sind, wie die niederländische Anthropologin Philomena Essed 1991 in ihrer Studie »Alltagsrassismus verstehen« darlegte. Vor allem in denjenigen westlichen Ländern, in denen die kolonialistischen Wurzeln gar nicht oder nur ungenügend aufgearbeitet wurden. Politisch wirksam wird dieser Umstand, wenn man Rassismus als irgendwie akzeptabel begreift, und sei es »nur« als akzeptables Übel. Denn genau das steht zum Beispiel hinter der Bundespräsidentenwahl in Österreich im Jahr 2016. Letztlich gewann sehr knapp der unabhängige Kandidat, aber fast die Hälfte der Wähler hatte offenkundig kein Problem damit, für einen rassistisch orientierten Rechtsextremen zu stimmen. Die Frage, ob wirklich alle Wähler von FPÖ-Kandidat Norbert Hofer rechtsextrem sind, führt in die Irre, denn sie alle haben einen Rechtsextremen gewählt und damit dessen Rassismus für akzeptabel befunden. Ähnlich verhielt es sich bei Wahlen in Frankreich, wo die rechtsextreme Partei Rassemblement National (zuvor Front National) über 35 Prozent erreichte. Rassistische Erzählungen sind viel resonanzfähiger in den Köpfen, als viele Linke und Liberale glaubten. Nicht zuletzt in ihren eigenen, wenn sie bereit sind, über Rassismen aller Art hinwegzusehen.

In den westlichen Industrieländern ist ein struktureller

Rassismus so alltäglich, dass er von Nichtbetroffenen kaum wahrgenommen wird und sogar unbewusst reproduziert werden kann, wie Essed sagt. Auch dort, wo er nicht jeden Tag in den Medien vorkommt. Im kanadischen Toronto, einer liberalen Hochburg, werden Schwarze zwanzigmal häufiger von der Polizei erschossen als Weiße. Quer durch die EU ist es mit türkischen oder arabischen Namen messbar schwieriger, eine Wohnung oder einen Job zu bekommen. Lange vor dem Anstieg der Flüchtlingszahlen, im Jahr 2008, ergibt eine paneuropäische Untersuchung der Universität Bielefeld: 50,4 Prozent der Europäer stimmen der Aussage eher oder voll zu, dass es zu viele Einwanderer in ihrem Land gibt. Diese Zahl ist nicht gleichbedeutend mit einer Rassistenquote, aber sie beschreibt den Resonanzraum für rechte Erzählungen. Für die Zeit nach der Flüchtlingseskalation von 2015 sind noch keine vergleichbaren gesamteuropäischen Statistiken verfügbar. Es ist unwahrscheinlich, dass sich der Wert verbessert hat.

All das zeigt, wie groß das Potenzial für Rechte ist, und erklärt, warum in Ländern wie Ungarn, Italien oder Polen bei verschiedenen Wahlen Rechtsextreme die meisten Stimmen bekommen können. Und es kann einer der Gründe sein, warum zum Beispiel in Deutschland, Brasilien, den USA und Frankreich sogar überraschend viele Leute Rechtsextreme wählen, die selbst weder wirtschaftlich noch sozial davon profitieren würden. Rechte Parteien neigen zwar dazu, soziale Versprechungen zu machen, es handelt sich aber fast ausnahmslos um Mogelpackungen. Die Programme der AfD, von Trump oder von Bolsonaro in Brasilien sind nicht nur rechts, sondern auch neoliberal und sozialdarwinistisch geprägt. Die ausgrenzende (und auch die antielitäre) Motivation kann so stark sein, dass Arbeitslose jemanden wählen, der ganz offen die Kürzung ihrer Sozialleistungen ankündigt. Deshalb gibt es nicht selten auch augenscheinliche Widersprüche in der rechten Bewegung, etwa wenn offen Homosexuelle maßgebliche Rollen spielen: Rassismus sticht andere, gegenläufige Motivationen. So können sich autoritäre Bewegungen moderner inszenieren und größere Gefolgschaften binden; evangelikale Rechte wählen einen notorischen Ehebrecher, wenn er bloß aggressiv genug gegen Einwanderer pöbelt.

Die große Lehre aus dem Realitätsschock des Rechtsrucks ist, dass Rassismus politisch wirksamer ist als gedacht. Oder präziser: als von denjenigen gedacht, die nicht direkt betroffen sind. Die deutsche Publizistin Mely Kiyak hat 2016 in einer Preisverleihungsrede dazu sehr gute Worte gefunden. Sie schildert, wie mit dem Rechtsruck ihre Müller-Meier-Schmidt-Kollegen als »Lügenpresse« auf einmal auch einen Teil des rechten Hasses abbekamen:

»Es hat 10 Jahre gedauert, bis die Kollegen diesen Hass als Problem erkannten und beschrieben. Das Verrückte aber ist, dass sie behaupten: ›Damals war es nicht so schlimm wie heute. Heute ist alles viel vulgärer und enthemmter.‹ Das stimmt nicht. Es war genauso schlimm, widerlich, obszön und primitiv. Es hat aber eben nur ›uns‹ betroffen […] die wir aufgrund von Namen und Physiognomie als Nichtdazugehörige wahrgenommen werden.«

Der Hass war also immer da, und zwar als Rassismus, dessen Härte und Alltäglichkeit man als nicht betroffene

Person leicht unterschätzt. Der Rechtsruck hat die zuvor nicht immer sichtbaren, aber vorhandenen Einstellungen an die Oberfläche quellen lassen. Was zuvor geächtet schien, bricht ohne jede Scham öffentlich aus den Menschen heraus. In Deutschland markiert die Debatte von und um Thilo Sarrazin einen Wendepunkt. Dessen erstes großes Buch »Deutschland schafft sich ab« hat nach Wahrnehmung vieler muslimischer Menschen eine neue Qualität des rechten Hasses provoziert. Es gibt eine neue Selbstverständlichkeit, mit der rassistische Positionen akzeptiert und sogar ernsthaft diskutiert werden, speziell antimuslimischer Rassismus. Auch andere Formen der gruppenbezogenen Menschenfeindlichkeit werden offener, ungenierter zur Schau gestellt, etwa Antisemitismus, Homophobie und Frauenfeindlichkeit. Die Mischung unterschiedlicher Menschenfeindlichkeiten deutet auf den Kern der rechten Überzeugung hin: die »Fiktion der homogenen Gesellschaft«, wie die Wiener Philosophin Isolde Charim es nennt. Sie entlarvt, warum ein solches Streben innerhalb einer liberalen Demokratie reine Fiktion ist: Homogene Gesellschaften existierten historisch gesehen, wenn überhaupt, nur durch »brutale und repressive Eingriffe«. Rechtes Denken hängt der Illusion einer »Reinheit« an – die in Wahrheit bloß Selbstähnlichkeit ist, verbunden mit radikal patriarchalen Gesellschaftsvorstellungen.

Wenn Rassismus und Rassismusakzeptanz verbindende Elemente sind, dann ist »Antifeminismus die Einstiegsdroge des Rechtsnationalismus«. Die deutsche Soziologin Franziska Schutzbach vertritt diese These, und sie spiegelt sich in der Nähe zwischen sexistischen, männerbündischen Gemeinschaften und rechtsextremen Gruppierungen. Schutzbach schreibt, dass sich Männer als Opfer eines »grassierenden Feminismus« empfänden und damit die klassische rechte Opferpose für sich entdeckten. Der Zusammenhang erklärt sich auch mit den Definitionen des deutschen Soziologen Armin Nassehi: »Rechtes Denken fängt dort an, wo das Individuum nur noch als Teil einer feststehenden Gruppe begriffen wird. Man stellt sich eine Gesellschaft vor, in der alles seinen Platz hat, die Ethnien in ihrem Raum, die Geschlechter in ihrer Natur«, kurz: »Die geordnete Welt […] Und die Ordnung ist nicht eine, die man selbst herstellt, sondern sie war schon immer da, entweder natürlich oder gottgewollt.« So erklärt sich auch das ständige Beharren auf einer nebulösen »Identität«, es handelt sich bei Rechten um eine festgelegte, nicht änderbare Rollenzuschreibung. Rechte zwingen Frauen in eine weitgehend reproduktive Rolle, damit mehr weiße Kinder entstehen: die Rückkehr zum rassistischen Patriarchat. Es ist das exakte Gegenteil jeden gesellschaftlichen Fortschritts, das Gegenteil einer liberalen Demokratie und das Gegenteil der freiheitlich-demokratischen Grundordnung, wenn man sie ernst nimmt. Auf diese Weise wird der Rechtsruck lebensgefährlich. Die Verschiebung der gesellschaftlichen Stimmung nach rechts wirkt auf Gewalttäter anheizend. Die Wirkung von Terrorakten wird durch klassische Medien potenziert; soziale Medien können eine Art Turbo ergeben, wie etwa die Attentate im Juli 2011 im norwegischen Utøya oder im März 2019 im neuseeländischen Christchurch zeigen.

Nicht, dass rechter Terror je weg war. Seit der Wiedervereinigung sind in Deutschland etwa 200 Menschen durch rechte Gewalt getötet worden, meist Nichtweiße und sozial Schwache. Der »Nationalsozialistische Untergrund« (NSU) ermordet zwischen 1999 und 2007 mindestens zehn Menschen, begeht 43 Mordversuche, verübt drei Bombenattentate sowie 15 Raubüberfälle. Im Juni 2019 tötet ein Neonazi aus dem Umfeld des NSU den Kasseler Regierungspräsidenten Walter Lübcke. Auch bei diesem Attentat spielt das politische Klima eine erhebliche Rolle: Bei der Vernehmung gibt der Täter Lübckes Äußerungen zur Flüchtlingssituation als Motiv an. Bei dem rassistischen Mordanschlag auf eine Shisha-Bar im Februar 2020 in Hanau ist die Verbindung zwischen rechtsextremer Debatte und Attentat ähnlich deutlich nachvollziehbar. Der Mörder veröffentlicht auf YouTube rechte, verschwörungstheoretische Videos und ein wirres, rassistisches und antisemitisches Manifest auf seiner Webseite. Er glaubt an eine der absurdesten Verschwörungstheorien mit der Bezeichnung QAnon. Die Anhänger sind überzeugt, dass weltweit viele linke und liberale Politiker, Stars und öffentliche Personen gleichzeitig die westlichen Demokratien zerstören und die weiße Mehrheitsbevölkerung vernichten wollen sowie einen Kinderhändlerring aufgebaut haben. So abseitig diese rechtsradikale Melange erscheint, so anknüpfungsfähig ist sie für Phantasmen aller Art. Kaum eine Annahme, die nicht irgendwie in dieses Gedankengebäude integriert werden kann. Einige der QAnon-Gläubigen halluzinieren herbei, dass Muslime auf Betreiben einer »jüdischen Elite« in westliche Länder gebracht wurden, um die weiße »Urbevölkerung« zu verdrängen. Der Täter dürfte sein Ziel deshalb ausgesucht haben. Shisha-Bars sind allerdings unter anderem von der AfD regelrecht dämonisiert worden, auch solche Stigmatisierungen haben eine Wirkung. Neun unschuldige Menschen mit dem sogenannten »Migrationshintergrund« fanden neben der Mutter des Attentäters den Tod im Kugelhagel. Die zerstörerische Wirkung des Terrors von Hanau auf die Stimmung migrantischer Gemeinschaften ist der deutschen Mehrheitsgesellschaft bisher kaum klar geworden. Das rassistische Attentat geriet nach allzu kurzer Zeit aus dem allgemeinen Aufmerksamkeitfokus.

Der Rechtsruck entfacht ein gefährliches, umstürzlerisches Feuer.

Aus der Perspektive der Rechten selbst ist dieser Realitätsschock weder neu noch wirklich ein Schock. Es ist eher das Aufbrechen eines Gefühls: wütende Sehnsucht, zwischen dem Zorn auf den gesellschaftlichen Fortschritt und dem Wittern autoritärer Morgenluft. Für liberale Demokraten riecht sie wie gestrig-giftiger Mief. Die große im Raum stehende Frage ist die nach dem tieferen Grund für den Realitätsschock Rechtsruck. Warum jetzt? Warum so? Warum an so vielen Orten fast gleichzeitig? Ich glaube nicht, dass diese Fragen – trotz der gemeinsamen Basen Rassismus und Rassismusakzeptanz – monokausal zu beantworten sind. Erst recht nicht für Länder, die so unterschiedlich sind wie Brasilien, Italien, die USA, die Philippinen oder Ungarn. Es gibt aber Muster, die sich wiederholen. Sie greifen ineinander, bedingen und vermischen sich. Die Abbildung dieser Muster sollen den Rechtsruck nicht entschuldigen, sondern erklären. Auch, um ihm effektiver entgegenwirken zu können.

1 – DER NÄHRBODEN: GEGENWARTSHADERN

Ob in den USA oder in Europa, der Rechtsruck wurde zum Beginn seiner Sichtbarkeit von vielen Beobachtern als politische Wutbewegung der »Abgehängten« gesehen. Hillary Clinton sprach von den Trump-Fans als »Deplorables«, als Erbärmliche, und Sigmar Gabriel von Rechtsextremen als »Pack«. Der französische Autor Didier Eribon schreibt in »Rückkehr nach Reims«, dass Arbeiter früher kommunistisch oder sozialistisch, inzwischen aber rechtsextrem wählten, weil sie sich von den Eliten vernachlässigt fühlten. Aber weder in den USA noch in Deutschland, Italien, Ungarn, Polen oder Frankreich ist die Stärke der Rechten allein durch Abgehängte zu erklären. In vielen Ländern bilden sie nicht einmal die Hauptwählerschaft, wenn man »abgehängt« finanziell deutet. Die Wähler der AfD haben bei der Bundestagswahl 2017 zu 72 Prozent ein Haushaltsnettoeinkommen von über 2000 Euro im Monat. Sie liegen damit gleichauf mit der CDU und klar vor SPD und Linkspartei. Trump-Wähler sind im Schnitt zwar nicht wohlhabend, aber gehören auch nicht zu den ärmsten Amerikanern. Sie liegen etwa in der Mitte zwischen den statistisch Armen und den Wohlsituierten, die beide eher Demokraten wählen.

Man könnte sich deshalb zu dem Schluss verleiten lassen, dass die Ökonomie beim Rechtsruck keine größere Rolle spielt, und man läge sehr falsch. Sie spielt abseits von Rassismus und Rassimusakzeptanz sogar die Hauptrolle.

Obwohl die wirklich Armen selten die wichtigste Wählerschaft rechter Parteien bilden, gibt es eine angrenzende Erklärung: Es geht um soziale Abstiegsängste. Wenn man so möchte, sind rechte Wähler eher nicht oder nicht nur die Abgehängten, sondern die – nach eigenem Gefühl – vom sozialen oder gesellschaftlichen Abstieg Bedrohten. Hier besteht eine direkte Verbindung zum Rassismus, Rechte und Rechtsextreme befürchten einen Niedergang der Gesellschaft durch Einwanderung.

Die Abstiegsfurcht wird von rechts zwar auf Zuwanderer projiziert, sie enthält aber auch einen sozialen, ökonomischen Aspekt abseits des Rassismus, der nachvollziehbar ist: ein Gefühl der Entfremdung von Politik und Gesellschaftsgeschehen. Dieses Gefühl möchte ich *Gegenwartshadern* nennen. Es ist in den westlichen Industrieländern sehr verbreitet, weit über die Einflusssphären rechter Politik hinaus. Mehr noch halte ich das *Hadern mit der Gegenwart* für eines der bestimmenden Gefühle des frühen 21. Jahrhunderts, das in fast allen politischen Geschmacksrichtungen existiert. Auch dieses Buch ist nicht zuletzt aus einer dem Hadern ähnlichen Stimmung entstanden, gewissermaßen aus Notwehr gegen die Überdosis Weltgeschehen.

Ein ganzes Portfolio von Gründen lässt sich ausmachen für das Gegenwartshadern und viele Menschen werden ihre ganz eigenen haben. Aber an erster Stelle stehen Digitalisierung und Globalisierung, die weltweit einen umfassenden Wandel in Gang gesetzt haben. Aus meiner persönlichen Sicht ist dieser Wandel häufiger positiv als negativ, aber für Teile der Bevölkerung geht mit diesen Umbrüchen auch ein *Wandelzwang* einher. Die Veränderungen fühlen sich für Einzelpersonen selten an, als wären sie gestaltbar. Sie erreichen das Leben der Menschen mit großer Unerbittlichkeit und erfordern teilweise massive Umstellungen. Das naheliegende Beispiel ist der Wandel der Arbeit, der fast alle betrifft und oft als Zwang empfunden wird: Weiterbildungen, Outsourcing, befristete Verträge, das Verschwinden ganzer Branchen durch die Digitalisierung, die Pleiten zuvor mächtiger Konzerne. Eine Melange der Unsicherheit, hinter der die Frage steht, ob es den eigenen Job in zehn Jahren überhaupt noch gibt.

Die Veränderungen durch Globalisierung und Digitalisierung führen zu großer Verunsicherung und Zukunftsangst. Selbst bei Leuten, die zuvor meinten, sich niemals Sorgen machen zu müssen. Für das Gefühl, die Kontrolle über das eigene Leben zu verlieren, ist auch ein oft unterschätzter Faktor ausschlaggebend: Überforderung. Die Digitalisierung hat mit der Erweiterung der eigenen Möglichkeiten auch die Geschwindigkeit des Alltags erhöht. Die sprichwörtliche digitale Beschleunigung und Intensität erleben viele ohne Internet aufgewachsene Menschen als Überforderung. Ihnen entgleitet das Gefühl der Beherrschbarkeit der Dinge, mit denen sie im Alltag konfrontiert werden. In einer solchen Angst- und Abwehrstimmung erscheint Komplexitätsreduktion sehr attraktiv. Das gilt keinesfalls nur für Rechte, aber dort funktioniert die Schuldzuweisung besonders gut. Denn wenn Zuwanderung an allem schuld ist, dann ist auch die Lösung ganz einfach: Keine Zuwanderung. »Migration ist die Mutter aller Probleme«, sagte 2018 der deutsche Innenminister der CSU, Horst Seehofer. Der Satz hätte auch von AfD-Chef Gauland,

Lega-Chef Salvini oder Ungarns Präsident Orbán stammen können. Oder von Trump. Rassismus ist eingepreist, aber die subtilere Botschaft ist, dass ganz einfach alles so werden könne wie früher. Der amerikanische Intellektuelle Mark Lilla erklärt diesen Zusammenhang so: »Die Reaktionäre unserer Zeit haben entdeckt, dass Nostalgie eine machtvolle politische Motivation ist, vielleicht noch stärker als die Hoffnung. Hoffnungen können enttäuscht werden, Nostalgie aber ist unwiderlegbar.«

Während Nostalgie als rückwärtsgewandte Sehnsucht gar keine Verankerung in der Realität braucht, ist eine andere Dimension in sehr vielen westlichen Industrieländern für die Bevölkerung greifbar und wiederum nicht exklusiv rechts. Der Niedergang der Infrastruktur ist ein sehr wesentliches Element des Gegenwartshaderns. Es ist ja nicht nur die Unfähigkeit, einen funktionierenden Flughafen zu errichten. In Deutschland ist die digitale Infrastruktur ein Albtraum, Schulen und Brücken sind quer durch die Republik in einem Zustand, der eines reichen Industrielandes unwürdig ist. Auf rund fünfzig Milliarden Euro hat die deutsche Gewerkschaft für Erziehung und Wissenschaft den Sanierungsstau an Schulen taxiert. Im Mai 2019 stürzt in Mönchengladbach die Decke eines Klassenraums in einer Grundschule ein. Nur Minuten nachdem dort noch Kinder unterrichtet worden sind. In Frankreich geht mangels sinnvoller Zug- oder Busverbindungen auf dem Land ohne Auto nichts, weshalb der Protest der Gelbwesten Ende 2018, Anfang 2019 mit der Erhöhung des Benzinpreises beginnt. In Italien haben ineinandergreifend Privatisierung, Korruption und Mafia dazu geführt, dass Katastrophen geschehen können wie der Einsturz einer Autobahnbrücke 2018 in Genua mit 43 Toten. Die Infrastruktur in Teilen der USA ist erbarmungswürdig, die medizinische Versorgung teuer, ein öffentlicher Nahverkehr oft nur rudimentär vorhanden.

Diese Zustände sind auch die Folge der neoliberalen Ideologie, die in den 1980ern von den konservativen Parteien der westlichen Welt etabliert wurde. Und anschließend, zum Beispiel von Politikern wie Tony Blair und Gerhard Schröder, bis tief ins Herz der Sozialdemokratie gestoßen wurde. In Deutschland sind fast alle Parteien überzeugte Anhängerinnen der Schuldenbremse; die »Schwarze Null«, die Ablehnung jeglicher Neuverschuldung des Staates, ist zur Ersatzreligion geworden. Deutschlands Haltung innerhalb der EU hat maßgeblich zur eisernen Sparpolitik auf dem ganzen Kontinent geführt. In vielen Ländern Europas wurde die Substanz kaputtgespart. Besonders hart trifft es die ländlichen Gebiete, dort, wo die Einstellung einer Buslinie, die Schließung des Postamts oder des Jugendclubs das öffentliche Leben empfindlich trifft. Ende 2018 titelt die Süddeutsche Zeitung: »Der Siegeszug der AfD lässt sich vermeiden – mit mehr Ärzten und Polizisten«. Ganz so einfach mag es im Detail nicht sein, den Rechtsruck in Form des Erfolgs rechter Parteien zu stoppen. Aber es wäre ein Anfang, in Deutschland auch in Verbindung mit einer anständigen digitalen Infrastruktur. Als nach der Bundestagswahl 2017 der Bürgermeister des sächsischen Ortes mit dem höchsten Ergebnis für die AfD interviewt wird, nennt er als ersten Grund, dass die Leute sich abgehängt fühlten, es gebe kein nennenswertes Internet.

Quer durch Europa findet eine Landflucht statt, oder besser: Es ist ein Stadtsog entstanden. In Österreich, Großbritannien, Frankreich, Italien bedeutet wirtschaftlicher Erfolg fast automatisch, dass neue Jobs entstehen – in der Stadt. Deshalb verlassen gut ausgebildete Menschen die ländlichen Gebiete, vor allem Frauen. Das hängt nicht nur mit der wirtschaftlichen und infrastrukturellen Situation zusammen, sondern auch mit der Attraktivität von Städten in Zeiten von Wissensgesellschaft und Globalisierung. Frauen sind auch flexibler. In infrastrukturarmen Landstrichen bleiben frustrierte Männer zurück, die keine Frauen und kaum gute Jobs finden. In ihrem Gegenwartshadern stellen sie ein großes Wählerpotenzial für rechte Parteien dar. In einigen österreichischen Gemeinden gibt es bei jungen Leuten zwischen 20 und 29 Jahren über 40 Prozent Männerüberhang, auf sieben Frauen kommen zehn gleichaltrige Männer. Bei der Präsidentschaftswahl 2016 in Österreich siegt der rechtsextreme Norbert Hofer dort, wo ein Männerüberhang besteht, und der frühere Grüne Alexander van der Bellen dort, wo mehr Frauen wohnen. In der sächsischen Gemeinde Kreba-Neudorf kommen auf 100 Männer zwischen 18 und 30 Jahren weniger als sechzig Frauen. Bei der Europawahl 2019 ist die AfD die mit Abstand stärkste Partei und liegt bei 34,5 Prozent. In der nahen Gemeinde Weißkeißel treffen 100 Männer auf 56 Frauen, die AfD erreicht 35,5 Prozent. So geht es weiter, in den meisten europäischen Ländern ist Landflucht weiblich. Und die Bastion mehr oder weniger aller rechter Parteien ist noch immer die Landbevölkerung.

2 – DER HINTERGRUND: ELITENABSCHEU

Irgendjemand ist, das liegt nahe, verantwortlich für die Misere. Ein beinahe eigener Realitätsschock ist die Abkehr von den Eliten, die gar nicht so selten in eine regelrechte Abscheu vor »denen da oben« mündet, vor Politik, Wirtschaft und Medien. Besonders vor Medien. Die Ursachen für den Gegenwartsschaden werden Eliten zugeschrieben. Unter anderem um gegen Radikalisierung durch Videos auf YouTube vorgehen zu können, hat Google das Projekt Jigsaw ins Leben gerufen. Eine Erkenntnis des Teams: Misstrauen in die großen redaktionellen Medien scheint die wichtigste Vorbedingung für eine Radikalisierung mithilfe des Internets zu sein. Das gilt offenbar sowohl für islamistische wie auch für rechtsextreme Radikalisierung. Deshalb heizt rechte Politik mit Begriffen wie »Fake News« oder »Lügenpresse« dieses Misstrauen weiter an, so wird die Anhängerschaft gegen negative Berichterstattung immunisiert, mediale Machtkontrolle im Sinne der liberalen Demokratie wird schwieriger. Vielleicht ist das eine unerwartete Folge der Medialisierung der Welt. Weil Medien aller Art überall sind und pausenlos senden, werden sie zum Symbol: Man schlägt die Medien und meint das Weltgeschehen. Man misstraut den Medien, weil man ablehnt, was sie zeigen. Es gehört zu den ältesten Kurzschlüssen der Menschheit, dem Überbringer einer Botschaft die Verantwortung für den Inhalt zuzuschreiben.

Die Bereitschaft, Hetze und Verschwörungstheorien

rechter Medienkanäle zu glauben, resultiert oft aus dem Misstrauen gegenüber »Mainstreammedien«, das leider *auch* im Verhalten der großen Medien selbst begründet liegt. Mit der Entstehung des Rückkanals durch das Internet hätte mediales Handeln sich offensiv der Vernetzung anpassen müssen: größere Transparenz, bessere Nachvollziehbarkeit, weniger Illustration eines Herrschaftswissens, stärkere Einbindung des Publikums, weniger personelle Kumpanei mit der Politik, klarere Trennung von Inhalt und Werbung, deutlichere Erklärung, was das jeweilige Medium für seine Aufgaben hält und wie es sie wahrnimmt. Ehrlichkeit, Redlichkeit und Zugänglichkeit in jeder Hinsicht. Die weitgehende Unterlassung dieses Wandels halte ich für eine der Ursachen des Medienmisstrauens. Dessen große Verbreitung erkennt man daran, dass wirklich alle Welt auf *die Medien* schimpft, sogar die Medien selbst. Auch dieses Muster ist kein exklusiv rechtes, in den meisten deutschen linken Zirkeln wird man spontan mit der These auf Zustimmung stoßen, dass Talkshows den Aufstieg der AfD herbeigesendet hätten. Die Medien sind schuld, so oder so.

In den meisten liberalen Demokratien begegnen größere Teile der Bevölkerung dem bestehenden System mit einer gewissen Skepsis. Auch der wiederkehrende Erfolg von Satirikern und Satireparteien zeugt davon. Bei manchen Menschen aber hat sich eine regelrechte Abscheu vor der Politik ergeben. Die Bereitschaft zu differenzieren ist kaum mehr gegeben, man fühlt sich von allen verraten. In diesen Sphären wird Rechten ihre Inszenierung als Außenseiter abgenommen, die Feindschaft gegenüber »dem System«

ist nicht einmal inszeniert. Dieser Politekel entstand einerseits durch aktiv enttäuschte Erwartungen an Politik und andererseits durch überzogene oder ungenaue Vorstellungen davon, was Politik bewirken könne oder solle.

Intransparenz verstärkt den Argwohn. Das ist auch eine Wirkung des Internets, mit dem eine Art Transparenzdruck entstanden ist. Warum wird nicht veröffentlicht, was veröffentlicht werden könnte? Hier hat ein Erwartungswandel stattgefunden, den die Politik übersehen hat, erkennbar etwa an der öffentlichen Ablehnung des Freihandelsabkommens TTIP. Ab Mitte 2014 beginnt die europäische Zivilgesellschaft, Kritik an TTIP zu äußern, 2015 intensiviert sie sich, verstärkt durch soziale Medien, bevor das Abkommen 2016 auf Eis gelegt wird. Wichtigster Kritikpunkt ist die Intransparenz der Verhandlungen, sie werden als »geheim« gebrandmarkt, obwohl sie genau genommen wie bei sämtlichen Abkommen zuvor bloß *nicht öffentlich* geschahen. Der Anspruch der Öffentlichkeit hat sich geändert, aber die Politik reagiert nicht oder zu langsam darauf. Das wiederum stärkt die Ablehnung noch weiter. Nicht, dass demokratische Politik in Europa durch die Bank korrupt wäre – aber einzelne herausragende Beispiele der Klüngelei reichen aus, um den Glauben an die Ehrlichkeit zu zerstören. Auffällige Wechsel zwischen Politik und Wirtschaft haben ebenfalls zum öffentlichen Verdruss beigetragen. Solche Fälle verbinden sich mit erkennbarer oder vermuteter Korruption zu einem Generalmisstrauen der Bürger gegenüber der Politik. Korruption ist der Elefant im Raum des Rechtsrucks. Was das Hadern mit der Gegenwart fördert, weil es die Ohnmacht des Einzelnen verstärkt, und dieses Gefühl kann sich transformieren in Elitenabscheu. Rechte Parteien wie die AfD werden von einer bestimmten Klientel als Ausdruck maximaler Verachtung gegenüber »den Eliten« gewählt.

3 – DER ANTRIEB: ANTIPLURALISIERUNG

Ein zeitlicher Zusammenhang zwischen der Verstärkung des Rechtsrucks in Europa und der Flüchtlingssituation von 2015 ist evident, auch wenn etwa in Deutschland mit Sarrazin der Boden schon zuvor bereitet wurde. Niemand wird durch die Umstände gezwungen, rechtsextrem zu werden, aber die Zahl der Flüchtlinge war Anlass für eine hysterisch geführte Debatte, in der rassistische Thesen immer wieder geäußert werden konnten. Flüchtlinge sind aber nur ein Element des schon länger spürbaren, viel umfassenderen Wandels der Welt durch die Pluralisierung. Mit der zunehmenden Vielfalt der Kulturen, Identitäten und Lebensentwürfe ist die Veränderung der Gesellschaft sichtbar geworden. Inzwischen kennen die meisten Leute offen homosexuelle Personen, gleichgeschlechtliche Paare sind durch prominente Vorbilder selbstverständlicher geworden. Im Alltag ist das Bild in einer Straße in einer beliebigen Stadt diverser als etwa 1962. In den westlichen Industrieländern leben mehr Migranten als früher, generell hat an vielen Orten die Durchmischung zugenommen, von der polnischen Altenpflegerin über die spanischen Erasmusstudenten bis zum tätowierten Eisverkäufer.

3 – Der Antrieb: Antipluralisierung

Isolde Charim hat in ihrem Buch »Ich und die anderen« den Auswirkungen dieses Wandels nachgespürt. Im Interview sagt sie: »[...] die Pluralisierung, das heißt also die Vervielfältigung der Bevölkerung und die Vervielfältigung der Weltbilder, verändert jeden Einzelnen von uns und sie erfasst auch jeden Einzelnen.« Und: »Die Welt um uns herum verändert sich, weil sie nicht mehr die Antwort gibt, [...] dass es eine Selbstverständlichkeit hat, wer wir sind und wie wir leben. [...] Es gibt keine Norm-Identität mehr.« Ihre These lässt sich in einen sehr plausiblen Erklärungsansatz für den Rechtsruck fassen: Weiße, christliche, heterosexuelle Menschen in Europa oder den USA mussten sich nie Gedanken machen über ihre Identität, denn sie waren »normal«, sie gehörten ab Werk dazu. Durch die Pluralisierung ändert sich das, diagnostiziert Charim, unversehens stellt sich für die zuvor »Normalen« erstmals die Frage: Wer bin ich, wer sind die anderen, was unterscheidet uns? So banal sich das anhören mag, so tief greifend die Wirkung. Wer sich zur eigenen Identität nie Gedanken machen musste und sich plötzlich dazu gezwungen fühlt, greift schnell zum einfachsten Instrument der Identitätsherstellung: Abgrenzung. Allerdings begegnet diese Vervielfältigung von Lebensentwürfen nicht jedem auf gleiche Weise. Was sich in wohlhabenden Wohngegenden anfühlen mag wie eine wunderbar bunte Gesellschaft, kann in ärmeren Bezirken der Stadt zur Konfrontation mit den Wertevorstellungen »bildungsferner« Nachbarsfamilien zusammenschnurren. Die sozialmediale Öffentlichkeit bewirkt, dass man sich aussuchen kann, ob man online häufiger die schöne Buntheit oder migrantisch geprägte soziale Brennpunkte vorgeführt bekommt. Zur Realität einer vielfältigen Gesellschaft gehört beides.

Eine der lautesten rechtsextremen Gruppen, die gegen diese Vielfalt ankämpft, ist die »Identitäre Bewegung«. Obwohl sie nicht besonders groß ist, gelingen ihr immer wieder reichweitenstarke PR-Aktionen, weil klassische Medien mit ihren Maßstäben von Nachrichtenwert und Relevanz sehr berechenbar sind und die Aufmerksamkeitsökonomie Sensationalismus belohnt, ohne nach der Wirkung zu fragen. Die »Identitäre Bewegung« halluziniert die Situation, dass Weiße unterdrückt würden und auszusterben drohten.

Die wirkmächtigste Erzählung der Identitären ist »Der Große Austausch«, eine rechtsextreme Verschwörungstheorie, nach der liberale Eliten planen, die weiße europäische Urbevölkerung durch Muslime oder Afrikaner auszutauschen, um der angeblich einfacheren Beherrschbarkeit willen. Der rechtsextreme Attentäter, der im März 2019 in Neuseeland 51 Menschen ermordete, nannte sein Manifest »Der große Austausch«. Im Jahr zuvor hatte er Mailkontakt mit dem Chef der Identitären Bewegung in Österreich und übersandte eine größere Spende. Die Verschwörungstheorie des Austauschs stammt, wie auffällig viele rechtsextreme Erzählungen, von einem französischen neurechten Autor. Schon in den 1960ern trafen sich in Frankreich rechte Intellektuelle, um ihre Ideologien voranzubringen. Zu ihren Strategien gehört, öffentliche Debatten in ihrem Sinn zu beeinflussen. Teile davon lassen sich heute in der Internetkommunikation der Rechten wiedererkennen. Ein Begriff hat dabei eine regelrechte Karriere hinter sich: Ethnopluralismus, die Behauptung, man habe nichts gegen andere Ethnien – aber sie sollten sich zur »Bewahrung der Kultur« nicht vermischen. Deshalb müssten Afrikaner in Afrika bleiben und Europäer in Europa. Ethnopluralismus ist nichts als ein gebildet klingendes Wort für Rassismus. Dieses Versteckspiel hat Methode, zum Kalkül der französischen Neuen Rechten gehört, extremistischen Haltungen einen bürgerlich-konservativen Anschein zu verleihen, um größere Teile der Bevölkerung überzeugen zu können. Der Realitätsschock des Rechtsrucks und die Verschiebung der ganzen europäischen Debatte nach rechts zeigt, dass diese Strategien teilweise aufgegangen sind.

4 – DER WANDEL: REAKTIONÄRE REAKTION

Ein häufiger Vorwurf von rechts lautet, die Gesellschaft habe samt Politik und Medien einen Linksruck vollzogen, den man jetzt ausgleichen wolle. Ebenso häufig wird diese Behauptung brüsk zurückgewiesen. Diesen linken oder liberalen Abwehrreflex halte ich für etwas vorschnell. Denn es gab eine gewisse Verschiebung. Genauer gesagt haben viele Menschen in den USA, in Europa, in Deutschland jahrzehntelang daran gearbeitet, die Gesellschaft offener, liberaler und freier zu machen. Nicht ohne Erfolge. In vielen Ländern ist etwa die Ehe für alle Lebensrealität geworden, sogar im katholischen Irland. Die *rechtliche* Situation für Minderheiten hat sich im Vergleich zu den 1980er-Jahren oft verbessert. Staatliche Maßnahmen gegen Diskriminierung, Rassismus, Hass sind auf den Weg gebracht worden.

Die gesellschaftliche Stimmung hat sich in eine etwas liberalere Richtung verschoben. Haltungen, die in den 1990ern noch als erzkonservativ galten, werden heute als rechtsradikal betrachtet. Ein oft zitiertes Beispiel: Prominente der Union stimmten im deutschen Parlament noch 1997 gegen die Strafbarkeit der Vergewaltigung in der Ehe, darunter Horst Seehofer, Norbert Blüm oder Friedrich Merz.

Man kann den gesellschaftlichen Fortschritt als kollektives Lernmuster sehen, das nicht alle Teile der Bevölkerung zur selben Zeit erreicht. Das Konzept der Ungleichzeitigkeit des Philosophen Ernst Bloch kann die daraus resultierenden Spannungen erklären. Auf das 21. Jahrhundert angepasst, besagt es: Technologische Veränderungen wie soziale Medien treffen auf eine unterschiedlich weit fortgeschrittene Gesellschaft. Das führt zu einer Schieflage. Ein Teil der Bevölkerung befindet sich ideell noch im 20. Jahrhundert. Ein weiterer Teil glaubt, dass die Rückkehr in diese Vergangenheit eine Lösung für die Probleme der Gegenwart sei. Die Orte der Konfrontation zwischen der liberalen Avantgarde und den rechten Rückschrittsgläubigen waren in vordigitaler Zeit gar nicht so zahlreich. Mit den sozialen Medien können diese Frontverläufe überall und jederzeit auftreten, ein Smartphone genügt. Rechte fühlen sich plötzlich im Alltag von der Liberalität des 21. Jahrhunderts umzingelt, wenn jemand ihnen auf Facebook zuruft, dass man das N-Wort nicht mehr benutzen soll, weil es rassistisch ist.

Political Correctness ist der Gottseibeiuns der Rechten. Ohnehin ist diese Bezeichnung von Anfang an auch als Kampfbegriff verwendet worden, um einen Wert wie Anstand im alltäglichen Miteinander zu diskreditieren. Poli-

4 – Der Wandel: Reaktionäre Reaktion

tische Korrektheit bedeutet, sich der Wirkung und der Geschichte seiner Worte bewusst zu sein und danach zu handeln. Es geht weniger darum, was man angeblich noch sagen darf und was nicht, sondern um ein Bewusstsein für die Veränderung der Gesellschaft. Es stimmt zwar, dass das N-Wort über Jahrzehnte bedenkenlos verwendet wurde, aber es stimmt eben auch, dass es die ganze Zeit schon diskriminierend und rassistisch war. Politische Korrektheit ist deshalb für Rechte und auch für konservativere Gemüter so zentral, weil sich ein Eingriff in die Sprache für die meisten Menschen wie ein Eingriff ins Leben anfühlt, Argumente hin oder her. Die verschiedenen Gerechtigkeitsbewegungen haben damit begonnen, die Sprache des Alltags mit großer Sensibilität auf Diskriminierendes zu untersuchen. Da die Normalität des 20. Jahrhunderts Diskrimierung war, werden sie schnell und oft fündig und scheuen sich nicht, das lautstark zu erklären. Ab und an mit leichter bis mittlerer Übertreibung. Dieser gesellschaftliche Verhandlungsprozess dringt nun in das Leben der Menschen ein. Durch soziale Medien ist die Sprache des Alltags auch noch verschriftlicht und konserviert worden. Hingeworfene Worte verpuffen schnell, aber ein geschriebener Kommentar auf Facebook bleibt. Plötzlich entsteht dadurch bei seit Jahrzehnten gewohnten Formulierungen viel mehr Angriffsfläche, die zusätzlich auch viel mehr unterschiedliche Menschen sehen. Irgendjemand widerspricht dann der frauenfeindlichen Zote, dem antiziganistischen Kommentar, dem rassistischen Schimpfwort. Auf diese Weise entsteht bei manchen der Eindruck, die eigene Sprache werde stärker und häufiger kontrolliert als zuvor. Obwohl man diesen Wandel als Teil einer gerechteren Welt sehen kann, wird er von vielen Rechten (und Konservativen) als Teil der Verschiebung nach links betrachtet.

Es gab keinen radikalen Linksruck nach rechter Lesart, bei dem Angela Merkel plötzlich gemeinsame Sache mit der Antifa macht. Aber es gab und gibt die langsame, ungleichzeitige, machtvolle Liberalisierung und teilweise Entdiskriminierung der Gesellschaft. Dabei werden Ressentiment und Menschenfeindlichkeit zunächst sichtbarer, dann werden betroffene Gruppen mithilfe des Internets lauter und organisieren sich besser. Schließlich wird der Druck so groß, dass die Politik ihn bemerkt und sich positioniert oder sogar handelt. Solche Prozesse sind zäh und verlaufen nicht linear, sind aber höchstens temporär aufzuhalten oder zurückzudrehen. Der Rechtsruck ist auch eine Reaktion der Reaktionären darauf. Und je klarer ihnen wird, dass sich Frauen nicht per Fingerschnipsen beherrschen und Schwarze nicht widerspruchslos demütigen lassen, desto schriller und aggressiver werden sie. Aber das 21. Jahrhundert lässt sich nicht mehr zurück in die Tube drücken.

5 – DIE VERSTÄRKUNG: FALSCHE DEFENSIVE VON POLITIK UND REDAKTIONELLEN MEDIEN

Politik und Medien haben den Rechtsruck unabsichtlich verstärkt. Dabei haben sich zwei gesellschaftliche Mechanismen abgewechselt und befeuert: Die Sensationalisierung, mit der Aufmerksamkeit für rechte Aussagen und

Politik ins Unermessliche gesteigert wurde. Und die Normalisierung, die rechte und rechtsextreme Positionen behandelt hat, als handele es sich um legitime diskutierbare Meinungen.

Die Normalisierung ist das wichtigste Instrument, mit dem Debatten nach rechts verschoben werden, und die Voraussetzung, damit auch bürgerliche Konservative mit einer gewissen Rechtsoffenheit beginnen, Rechtsextreme zu wählen. Dazu kommt es, wenn politische Akteure in Analysen und Forderungen die zuvor geltenden Grenzen des Anstands überschreiten und die Leitmedien dies als »schonungslose Wahrheit« oder »Klartext« preisen: Das wird man doch noch sagen dürfen! Da aber ein Teil der demokratischen konservativen Politik glaubt, zur Abwehr rechter Parteien deren Positionen zum Teil übernehmen zu müssen, kann sich daraus eine selbstverstärkende Dynamik entfalten. Zur Normalisierung gehört auch der Medienmechanismus der »falschen Ausgewogenheit«. Ein sehr grober Witz der amerikanischen Linken illustriert das:

Sagt ein Nazi: »Tötet alle Juden!«

Sagt ein Demokrat: »Nein!«

Sagt der Journalist: »Okay, das waren die Extrempositionen, jetzt versuchen wir, eine ausgewogene Mitte zu finden.«

Die journalistische Suche nach Ausgewogenheit wird von Rechten regelmäßig ausgenutzt, um Menschenfeindlichkeit als diskutable Meinung darzustellen. Aber zwischen einer menschenfeindlichen Haltung und einer nicht menschenfeindlichen Meinung gibt es schlicht keine sinnvolle Mittelposition. Wenn man sie trotzdem politisch oder medial konstruiert, trägt man zur Normalisierung des Extremismus bei. In den USA wird sichtbar, wie groß der Einfluss rechter Massenmedien auch im Netzzeitalter einhundert Jahre nach Hugenberg werden kann. Fox News, ein als Nachrichtensender gestarteter Propagandakanal von Rupert Murdoch, hat bei der Präsidentschaftswahl eine zentrale Rolle gespielt. Ohne Facebook wäre Trump vielleicht Präsident geworden, ohne Fox News definitiv nicht. Ähnliches lässt sich für die Kronen-Zeitung in Österreich sagen, ohne die die rechtsextreme FPÖ 2017 kaum Teil der Regierungskoalition geworden wäre. Der Brexit ist neben politischem Versagen, insbesondere von Ex-Premier David Cameron, vor allem das Ergebnis einer aggressiven Kampagne verschiedener Boulevardmedien. Darunter maßgeblich auch die Sun, die wiederum zu Murdochs Medienimperium gehört. Der ehemalige Premierminister von Murdochs Heimatland Australien, Kevin Rudd, nannte den Unternehmer einmal »den Krebs der australischen Demokratie«. Diesen Titel hat er sich redlich verdient, nicht nur auf den fünften Kontinent bezogen.

Ohne die Unterstützung einflussreicher Massenmedien haben Rechte deutlich geringere Chancen, eine Demokratie zu kapern. Klassische Medien lassen sich durch Rechte und Rechtsextreme regelrecht »hacken«. Das Spiel der rechten Politik ist ein Spiel der Aufmerksamkeit, denn jede Aufmerksamkeit nutzt ihnen. Auch und gerade die Abwehr durch klassische Medien. Wenn ein Medium, das bei Rechten als »Lügenpresse« gilt, sich über eine Aussage empört, wirkt das in rechten Sphären als Bestätigung, auf dem richtigen Weg zu sein.

In Zeiten des großen wirtschaftlichen Drucks wird ein guter Teil der Aufmerksamkeit über soziale Medien generiert. Deshalb haben sich klassische Medien nach und nach in eine Spirale der Sensationalisierung ziehen lassen: Spektakulär klickt besser, verkauft mehr Abonnements und bringt höhere Einschaltquoten. Der amerikanische Linguist George Lakoff fasst die Situation in den USA so zusammen: »Trump hat eine Situation geschaffen, in der seine Botschaften durch Journalisten verbreitet und verstärkt werden, wenn sie einfach nur ihren Job machen. Medien sind [unwillentlich] Teil seiner Kommunikationsstrategie.« Diese Strategien der Rechten und Rechtsextremen haben mit den sozialen Medien eine neue, hochwirksame Dimension bekommen.

6 – DER TURBO: RECHTE GEGENÖFFENTLICHKEIT

Die Entstehung der sozialen Medien war aus rechter Sicht ein Glücksfall. Schon lange existierte in Deutschland wie in den meisten westlichen Ländern eine rechte Gegenöffentlichkeit. Aber sie bestand in der Nachwendezeit aus weniger bekannten Verlagen mit vergleichsweise überschaubarem Publikum, oft im Umfeld rechter Parteien, gelegentlich aufgelockert durch einen V-Mann des Verfassungsschutzes. Schnittstellen in die massenmediale Öffentlichkeit bildeten vor allem einzelne Publizisten, Grenzgänger zwischen Konservatismus und rechtem Weltbild. Die Wirkung von eindeutig rechtsextremen Medien in die nicht rechte Öffentlichkeit war eher gering. Drastisch geändert hat sich das mit den sozialen Medien. Dazu zähle ich hier, weit gefasst, große Plattformen wie Facebook, YouTube, Instagram und Twitter, Messenger und Mischformen wie Snapchat, WhatsApp, Telegram, dazu Blogs, Internetforen aller Art, Mailinglisten und auch die Kommentarspalten redaktioneller Medien. Für alle Gegenöffentlichkeiten relevant ist, dass man soziale Medien fast ohne finanziellen Aufwand, nur mithilfe von Know-how und etwas Zeit bespielen kann – und anonym.

Rechte und Rechtsextreme haben bisher eindeutig besser verstanden, wie soziale Medien funktionieren. Sie haben besser erspürt, wie Kommunikation massenwirksam wird. Denn soziale Medien sind Gefühlsmaschinen, die dafür optimiert sind, das Publikum wieder und wieder zu berühren. Das gilt im Guten wie im Schlechten, auch Empörung, Wut, Angst und Hassgefühle können geweckt, verstärkt und verbreitet werden. Zentral für rechte Social-Media-Kommunikation aber ist die Art, wie diese negativen Gefühle geweckt werden.

Aus linker, liberaler Sicht vielleicht überraschend, aber viele der erfolgreichen Inhalte in der rechten Gegenöffentlichkeit basieren auf Empathie. Allerdings wird an dieses Mitfühlungsvermögen sehr selektiv appelliert, meist in Form einer Täter-Opfer-Inszenierung. Mitleid mit einem (vermeintlichen) Opfer wird überführt in Wut auf tatsächliche oder vermutete Täter und Verantwortliche dahinter. Das Täter-Opfer-Schema wird allen politischen Fragen übergestülpt. Dabei sind die Opfer meist selbstähnlich, die Täter meist Repräsentationen der verschiedenen Feinde von Rechten: Muslime, Schwarze, Juden, sexuelle und geschlechtliche Minderheiten, Feministinnen, Nichtrechte jeder Schattierung, ergänzt um Eliten aller Art. Die andauernde Täterbeschwörung ist Teil der ständigen Bedrohung, die in rechten Gegenöffentlichkeiten in allen Formen und Farben verfügbar ist. Die Wirksamkeit und Viralität besteht im Appell an den Überlebensinstinkt. Das ist das Geheimnis der großen Effektivität rechter Kommunikation, sie gaukelt permanent existenzielle Gefahr vor. Das soll einerseits das Publikum aktivieren und es andererseits in die Alarmbereitschaft angesichts einer bevorstehenden oder laufenden Attacke versetzen.

Damit wird ein tieferer Zweck verfolgt, der den Realitätsschock des Rechtsrucks noch gefährlicher werden lässt. Das Gefühl, angegriffen zu werden, setzt Menschen unter einen Verteidigungsdruck. Notwehr aber ist die meistakzeptierte, am wenigsten hinterfragte Legitimation für Gewalt. Fast alle rechten Erzählungen sind deshalb Notwehrerzählungen. Viele von Rechten verwendete Begriffe in sozialen Medien korrespondieren damit: »Migrationswaffe« (damit ist gemeint, dass höhere Mächte Europäer mithilfe von Migrantenmassen angreifen wollen), die oft heraufbeschworenen Bürgerkriegsszenarien, die Abwandlung von »Refugees« in »Rapefugees«, also Vergewaltiger, die »unsere« weißen Frauen vergewaltigen, die häufige Bezeichnung von Nichtweißen als »Invasoren«. Sogar in den Massenmedien leichtfertig verwendete Worte wie »Flüchtlingswelle« können einen Klang der Überwältigung entfalten, gegen den man sich wehren muss.

Diese Opferpose ist eines der wichtigsten Muster rechter

Kommunikation in sozialen Medien, mit einer alten Tradition, die schon bei den Nationalsozialisten zum Repertoire gehörte. Da dieser Mechanismus irrational funktioniert, werden sogar Brand- und Mordanschläge auf nicht weiße Frauen und Kinder zur »Selbstverteidigung« umgedeutet. Schließlich würden diese daran mitarbeiten, »die weiße Rasse« abzuschaffen. Der rechtsextreme Massenmörder von Christchurch schreibt in seinem Manifest, dass er nichts anderes mache, als endlich gegen die »Invasoren« zurückzuschlagen. Rechte fühlen sich selbst dann noch als Opfer, wenn sie soeben zum Großkaiser ernannt wurden (vgl. Trump), denn sie begreifen die schiere Existenz andersartiger und andersmeinender Menschen als Bedrohung. Das macht rechtes Denken und Fühlen so gefährlich, die kollektive Opferpose ist die massenpsychologische Vorbereitung der Gewalt gegen Unschuldige.

An die Opferpose grenzt unmittelbar die Verkehrung von Opfer und Täter: »Die Deutschen werden den Juden Auschwitz nie verzeihen«, diese ewigen Worte des israelischen Psychoanalytikers Zvi Rex charakterisieren eindringlich die Mechanik der Täter-Opfer-Umkehr. Rechte und Rechtsextreme nutzen ihre Opferpose, um sich von jeder Schuld freizusprechen. Es gibt einen Scherz, der diese Haltung erklärt: Nach einer Schlägerei wird ein Kontrahent auf der Polizeiwache nach dem Hergang befragt: »Es fing damit an, dass er zurückschlug!« In sozialen Medien funktioniert die Täter-Opfer-Umkehr kaum subtiler, meist über die Begründung, das eigentliche Opfer zu sein und sich nur zu wehren.

Sarkasmus und zynischer Spott gehören ebenso in den Werkzeugkasten der rechten Gegenöffentlichkeit. Diese beiden Formen des Humors sind selbstredend nicht per se rechts. Sie sind in rechten Sphären aber allgegenwärtig. So kann man zum einen hasserfüllte und strafbare Kommunikation sprachlich verkleiden. Zum anderen funktionieren sarkastische Schlüsselbegriffe als Zeichen der sozialen Zugehörigkeit. Deutschsprachige Rechte nennen Flüchtlinge oft »Goldstücke«. Das basiert auf absichtlichem Missverstehen des SPD-Kanzlerkandidaten Martin Schulz, der 2017 gesagt hatte: »Was die Flüchtlinge uns bringen, ist wertvoller als Gold. Es ist der unbeirrbare Glaube an den Traum von Europa!« Daraus wurde in rechten Kreisen zunächst »Flüchtlinge sind wertvoller als Gold« und dann »Goldstücke«. Ähnlich sarkastisch werden die Worte »Kulturbereicherer« (Flüchtlinge) oder »Südschweden« (Nichtweiße) verwendet. In den Debatten der rechten Gegenöffentlichkeit werden immer wieder neue Begriffe entwickelt, die durch ironische Gegenteilsverwendung eine Abwertung transportieren. Rechter Sarkasmus funktioniert als sozialer Kitt und zur Erkennung der eigenen Gruppe auch dort, wo man nur textlich kommunizieren kann.

Zwei soziale Phänomene aber sind weit mehr als bloße Instrumente rechter Kommunikation: der digitale Tribalismus und die Verschwörungstheorie. Der Kulturwissenschaftler Michael Seemann hat in deutschsprachigen sozialen Medien zu Gruppenbildung durch Kommunikation geforscht und sagt: »Digitaler Tribalismus bildet den Kern des Erfolges von [rechten netzaffinen] Bewegungen.« In der rechten Gegenöffentlichkeit wirken tribale Effekte: Die Bewertung einer Information geschieht nicht anhand des Wahrheitsgehalts oder der Sinnhaftigkeit – sondern *nur* dadurch, ob die Information zu den Zielen des eigenen »Stammes« (hier: soziale Gruppe) passt.

Digitaler Tribalismus ist die Antwort auf die Frage, warum so viele Rechte in sozialen Medien noch das Absurdeste teilen: zum Beispiel, dass Hillary Clinton einen Kinderpornoring im Keller einer Washingtoner Pizzeria betreibt. Es kommt ihnen nicht darauf an, ob eine Nachricht wahr ist, sondern nur, ob sie sich damit als Teil ihres digitalen Stammes präsentieren können. Zwei Signale sind dafür maßgeblich: die Stützung der eigenen Weltsicht und die Reizung der Gegner. Es ist egal, ob es wahr ist, man teilt es auf Facebook, wenn es die »Clinton-Fans« oder die »Gutmenschen« bloß ordentlich aufregt. Fake News als sozialer Kitt und Polarisierung zugleich. Dabei verschwimmen Realität und Interpretation manchmal vollkommen. Das ist vielen Rechten bewusst, aber egal. In Diskussionsversuchen habe ich oft Variationen dieses prototypischen Dialogs erlebt:

»X hat Y gemacht!«

»Aber ... das stimmt nicht, hier ist ein Link zum Gegenbeweis.«

»In diesem Fall ist es vielleicht nicht wahr. Aber es könnte wahr sein!«

»Es könnte aber wahr sein« ist die Aufkündigung jedes Anspruchs an die Wahrhaftigkeit von Kommunikation. Jede Interaktion in sozialen Medien gerinnt zur sozialen Pose. Es geht nicht mehr um Erkenntnis oder Information, sondern um kollektive Selbsterregung, die Bestätigung des eigenen

Weltbildes und sozialen Zusammenhalt – die Grundfunktionen des digitalen Tribalismus.

»Es könnte wahr sein« ist auch der Brückenschlag zwischen digitalem Tribalismus und Verschwörungstheorien. Deren Kraft ist lange bekannt, schon die Nazis arbeiteten in ihrer Propaganda mit dem »Gerücht über den Juden«, wie Adorno den Antisemitismus nannte. Überhaupt existiert eine starke, nicht übersehbare Verbindung zum Judenhass, alle Verschwörungstheorien können antisemitisch gewendet werden. Denn stets geht es um eine kleine Gruppe mächtiger, reicher, verschlagener »Strippenzieher« hinter den Kulissen. Entmenschlichungserzählungen sind wiederkehrend Teil vieler Verschwörungstheorien, weshalb sie gerade bei Rechten so beliebt sind: Sie malen einen geheimen, unmenschlichen Feind, gegen den man ohne Gnade und mit allen Mitteln kämpfen muss. Eine weltweite Verschwörung von Echsenmenschen etwa, Aliens, die vor Jahrtausenden auf die Erde kamen und seitdem die normalen Menschen unterjochen.

Verschwörungstheorien erlauben, in der rechten Kommunikation Fakten, Argumente und Handlungen ohne Rücksicht auf Kausalität miteinander zu verknüpfen. Die wichtigste deutschsprachige Verschwörungstheorie der Rechten ist die sogenannte »Umvolkung«, eine Abwandlung des »Großen Austauschs«. Sie besagt, dass Angela Merkel mit Kapital von George Soros die »Migrationswaffe« auf Deutschland anwendet, also muslimische Flüchtlinge ins Land holt, um das »deutsche Volk« zu ersetzen. Es ergibt sich in den Köpfen der Verschwörungstheoretiker eine Parallelrealität der Umvolkung, in der Gewalt nichts anderes ist als Notwehr gegen einen Staat, der demokratisch tut, aber in Wahrheit unter einer »Kanzler-Diktatorin« (AfD-Chef Alexander Gauland) leidet. Michael Butter, der an der Universität Tübingen lehrt, hat in seinem Buch »Nichts ist, wie es scheint« aufgezeigt, dass Verschwörungstheorien eine wichtige Funktion für die Identität der Verbreitenden haben. Das erklärt auch, warum Verschwörungstheoretiker fast immun sind gegen Versuche, sie zu widerlegen: Sie fühlen sich in ihrer Persönlichkeit angegriffen, da spielen echte oder vermeintlich echte Fakten keine Rolle. Rechte Gegenöffentlichkeit und Verschwörungstheorie sind in vielerlei Hinsicht ein Erfolgsteam, weil sich digitale rechte Stämme so gegen Fakten, Argumente und sogar die sichtbare Realität selbst immunisieren können.

7 – DIE MANIPULATION: TROLLFABRIKEN

Auftritt Wladimir Putin, ehemaliger KGB-Offizier, dessen schönstes Zitat ist: »Es gibt keine ehemaligen KGB-Männer.« Putin stützt nachweislich die Mehrheit der rechten Bewegungen in Europa und seine Nähe zu Trump oder besser: Trumps Nähe zu Putin ist bekannt. Die Verbindung zu den rechten Parteien und Bewegungen folgt einerseits einer ideologischen Ähnlichkeit, denn auch Putins Russland schwelgt in teilweise rassistischen und extrem patriarchalen Weltbildern. Die Putin-Verehrung von AfD-Funktionären, der FPÖ, dem italienischen Faschisten Salvini und der französischen Rechtsextremen Marine Le Pen wiederum ist nicht nur machtpolitisch begründet. Es ist eine nostalgische Verklärung, in der der böse

Westen für die gesellschaftliche Liberalisierung steht, während bei Putin Männer noch Männer, Frauen noch Frauen und Muslime noch zu bekämpfen oder wenigstens auszugrenzen sind. Putins Russland steht für ein rechtes Phantasma der »Reinheit«, auch wenn Putin selbst Machterhalt wahrscheinlich ungleich wichtiger ist als rechte Volksträumereien. Das ist auch der wichtigste Zweck, den Russlands Präsident verfolgt: die Schwächung der weltpolitischen Gegner, vor allem USA und EU. Putins strategische Unterstützung für Rechte ist eine wirksame Attacke auf liberale Demokratien, die deren Ablenkung, Verwirrung und Selbstbeschäftigung zum Ziel hat. Sogar die großen Brexit-Kampagnen wurden ziemlich sicher mit russischem Geld finanziert.

Ein Teil des Rechtsrucks in Europa ist die Folge russischer Propaganda und Unterstützung zum Zweck der Schwächung des Gegners EU. Zu den konkreten Instrumenten zählen auch die Trollfabriken, die die hier beschriebenen Instrumente gezielt in sozialen Medien anwenden. Eine davon, die »Internet Research Agency« in St. Petersburg, ist durch die Recherchen westlicher Medien und einiger Whistleblower bekannt geworden. Dort sitzen Hunderte meist junge Leute und produzieren bezahlt neun Stunden am Tag Blogbeiträge, Facebook-Postings, Tweets, Instagram-Stories und jede Menge Meme, also kurze, oft unterhaltsame Wort-Bild-Kombinationen mit dem Ziel der Weiterverbreitung. Wie in einem Callcenter gibt es je nach sprachlichem Vermögen und kultureller Kenntnis der Mitarbeiter internationale Zuständigkeiten für Deutschland, Frankreich, Italien, Großbritannien und die USA. Ergänzt werden die Trollfabriken durch offizielle, staatlich bezahlte

Propagandamedien wie RT (Russia Today), Sputnik, Redfish oder Ruptly. In digital vernetzten Zeiten, wo öffentliche Debatten in sozialen Medien ausgetragen werden, kann es eine Gesellschaft strukturell schwächen, wenn viele Menschen erbittert streiten, ob die EU nun eine jüdische oder eine muslimische Weltverschwörung ist.

EINE LÖSUNG?

Wenn man mit Demokraten spricht, die den Rechtsruck nicht leugnen, kommt unweigerlich die Frage auf, wie man ihm begegnet. Die Antworten sind zahlreich und widersprechen sich nicht selten. Für die meisten Varianten gibt es durchaus sinnvoll klingende Argumente.

»Nicht ausgrenzen, sonst werden die Rechten trotzig und damit stärker!«

»Doch ausgrenzen, sonst fühlen sie sich sicher und werden stärker!«

»Mit Rechten reden und sie mit klugen Argumenten überzeugen!«

»Niemals mit Rechten reden, sie sind nicht zu überzeugen!«

»Den Rechten die Themen wegschnappen und demokratisch besetzen!«

»Die Themen der Rechten ignorieren!«

Eine Lösung?

Die Wahrheit ist, dass es nicht eine einzelne Gegenstrategie gibt, an die sich bloß die restliche Gesellschaft halten muss, damit der Rechtsruck gestoppt werden kann. Zwar wird in Debatten selten ausdrücklich behauptet, dass eine Alleinlösung existiert, aber die Kritik der verschiedenen Gegner untereinander beruht häufig implizit auf dieser Annahme, so wie einige der oben angeführten Aufrufe.

Eine Vielfalt der Strategien gegen rechts erscheint alternativlos, weil es – irgendwie kontraintuitiv – eine überraschend große Vielfalt unter den Rechten und Rechtsextremen gibt. Lediglich der ideologische Kern »patriarchaler Rassismus« ist eine halbwegs verlässliche Konstante. Unter Rechtsoffenen ist nicht einmal mehr diese gegeben, da findet sich als Gemeinsamkeit nur noch die Bereitschaft, den rechten Markenkern als politische Haltung zu akzeptieren. Ansonsten gibt es eindeutige Nationalsozialisten, die gleichzeitig den Holocaust leugnen und ihn wiederholen wollen. Es gibt rechte Israelfreunde (bzw. solche, die sich dafür halten), die glauben, einen Verbündeten gegen eine islamistische Bedrohung gefunden zu haben. Es gibt rechte Zentristen, die sich für die Mitte halten, aber rechtsextreme Positionen vertreten. Es gibt linksnationalistische Antisemiten, die als Querfront bezeichnet werden müssen, als Brücke zwischen Rechten und Linken. Es gibt schwule Rassisten, rechte Frauenrechtlerinnen, christlich-fundamentalistische Fanatiker, Rechtsesoteriker, rechtsradikale Tierfreunde, rechtssozialistische Zinskritiker, rechtslibertäre Sozialdarwinisten, nationalistische »Ethnopluralisten«, braungrüne Naturschützerinnen, schwarzbraune Lebensschützer, blaubraune Grenzschützerinnen und so weiter und so fort. Und weil es sich um Menschen handelt, existieren sie in allen möglichen Intensitäten und Mischungsverhältnissen, und das auch noch phasenweise unterschiedlich. Klarheit, Logik, Geradlinigkeit sind im rechten Spektrum noch weniger zwingend als im linken. <u>Entscheidend ist, dass jeweils rund um den harten rechtsextremen Kern eine Blase mit Rechtsoffenen besteht.</u> Leute, die nicht vollkommen überzeugt sind, aber eine gewisse Offenheit gegenüber Extremisten mitbringen, selbst wenn sie sich nicht so sehen.

Während die Diskussion mit überzeugten Hartrechten oder Nazis sinnlos ist, schädlich sein kann und für viele, zum Beispiel nicht weiße, nicht binär geschlechtliche oder jüdische Menschen sehr gefährlich ist – kann eine klug geführte Debatte bei *Rechtsoffenen* durchaus wirksam sein. Leider ist nicht ganz klar, was in diesem Zusammenhang »klug« bedeutet. Ein Anfang wäre, nicht krampfhaft »mit Rechten zu reden«, sondern gegen rechts zu reden. Meine nicht repräsentative Einschätzung aus Gesprächen, Chats und Diskussionen mit mehr als einhundert rechtsoffenen und rechtsbizarren Menschen ist, dass vielleicht bei der Hälfte der Fälle ein gewisses Einsichtspotenzial vorhanden sein könnte. Besonders bei denjenigen Rechtsoffenen, die sich in rechte Communitys begeben haben, weil sie bestimmte Meinungen haben, mit denen sie überall anecken – außer im rechten Spektrum. Rechte sind ohnehin an alle möglichen Formen des Irrwitzes gewöhnt, wodurch man in diesen Sphären schnell (vermeintlich) offenherzige Verbündete findet. Wenn man deren Rassismus oder Antisemitismus akzeptiert.

Es gibt eine Vielzahl von Strategien gegen die zunehmende Macht rechter Parteien und Bewegungen. Welche

Eine Lösung?

wirksam sind und welche kontraproduktiv oder gar »selbst rechts«, scheint mir weniger eindeutig als von links erhofft. In Deutschland wird bei reaktionären Äußerungen von CSU-Politikern zum Zweck der Wähleransprache oft erbost aufgeschrien: »Das stärkt doch nur die Rechtsextremen, am Ende wählen die Leute immer das Original!« Aber so einfach ist das nicht. Die Normalisierung rechtsextremer Positionen ist wie beschrieben eines der größten Probleme, aber eine Stimme für den reaktionärsten Demokraten ist besser als eine für den freundlichsten Rechtsextremen. Und es gibt nach meiner Erfahrung Leute, die mit ihrer Wählerstimme auf solche Äußerungen reagieren. Das bedeutet: Die reaktionäre Äußerung eines CSU-Politikers kann falsch, anmaßend und verabscheuungswürdig sein – und zugleich wirksam gegen den parlamentarischen Rechtsruck. Da aber die Debatte dadurch trotzdem nach rechts verschoben wird, ist die Gemengelage komplizierter, als man es aus liberaler Sicht gern hätte. Die oft von Demokraten als schädlich bezeichnete Polarisierung ist in Wahrheit Teil der Lösung. Denn es gibt eine schlechte und eine gute Form der Polarisierung. Die schlechte ist diejenige, bei der einer der Pole außerhalb des demokratischen Spektrums steht (oder beide). <u>Die gute Polarisierung ist diejenige, die die Debatten zwar weitestmöglich aufspreizt, bei der aber alle Pole noch innerhalb der liberalen Demokratie stattfinden.</u> Bei einer guten Polarisierung ist es legitim, hoch emotionale, konfrontative, sogar verächtliche Töne in der Debatte abzubilden, wenn sie sich auf politische Positionen beziehen und nicht auf Menschengruppen. Das Konzept der zwei Polarisierungen hat der deutsche Philosoph Jürgen Habermas umrissen.

In einem Interview mit der Zeitschrift Blätter für deutsche und internationale Politik sagt er im November 2016: »Die politische Polarisierung müsste sich wieder zwischen den etablierten Parteien um sachliche Gegensätze kristallisieren.« Für Deutschland lässt sich daraus ohne große Verrenkungen schließen, dass die unausweichliche gegenseitige Annäherung innerhalb der Großen Koalition aus Konservativen und Sozialdemokraten einen Schub für die AfD bedeutet hat. Umgekehrt wäre die Vermeidung einer Großen Koalition ein essenzieller Schritt hin zu einer stärkeren, aber demokratischen Polarisierung. Mindestens ebenso wichtig ist aber die politische Agenda. Die Themenfelder Migration und Integration helfen Rechten und Rechtsextremen, weil sie dort durch ihre Radikalität konkurrenzlos den Gegenpol zu allen demokratischen Parteien darstellen. Bei emotional geführten Großdebatten um Mieten, Sozialsystem oder Einhegung des Kapitalismus wäre das anders.

Ein beliebter linker Fehlschluss ist, dass nur alle politischen Kräfte linker werden müssten, um den Rechtsruck zu beenden. Das entspricht dem Glauben, die Stärke der Rechten sei nur eine Schwäche der Linken, das linke Versagen habe den rechten Erfolg erst möglich gemacht. Das halte ich nicht nur für gefährlich falsch, sondern auch für eine zu angenehme Deutung des Realitätsschocks Rechtsruck. Die Wahrheit ist, dass mehr Menschen rechte oder rechtsoffene Einstellungen haben, als linke und liberale Eliten und Bürger hoffen. Deshalb ist auch die konsequente aggressive Gegenwehr ein so wichtiger Teil des Kampfes gegen rechts – aber eben nicht der einzige.

Es gehört zur Überzeugung der meisten aktiven Linken,

Eine Lösung?

dass sie etwas bewirken können. Daraus wird schnell das Trugbild, dass *alles*, was gesellschaftlich geschieht, in linker Politik begründet liegt. Wenn's gut läuft, hat die Linke richtig gehandelt, wenn's schlecht läuft, hat sie falsch gehandelt. Es ist Selbstberuhigung, wenn die Linke sich einredet, die Verantwortung am Rechtsruck zu tragen – auf diese Weise versichert man sich gegenseitig, dass man durch die Änderung des eigenen Verhaltens den Rechtsruck aufhalten könne. Es spricht mehr dagegen als dafür.

Daniel Ziblatt, Harvard-Professor für Politik und Staatswissenschaften, schrieb 2017 das Buch »Conservative Parties and the Birth of Democracy«, konservative Parteien und die Geburt der Demokratie. Er erkannte darin ein historisches Muster: Dort, wo die konservativen Parteien den rechten Verlockungen des Populismus widerstanden, kamen Rechte und Rechtsextreme selten an die Macht. Dort aber, wo Konservative mit Rechten zusammenarbeiteten, war die Demokratie in ernsthafter Gefahr. Wenn Ziblatts These stimmt, wäre das eine schwer verdauliche Botschaft samt erneutem Realitätsschock für Linke und Liberale: Ihr eigenes Handeln wäre dann zur Bekämpfung des Rechtsrucks weniger wichtig als die Existenz aufrechter Konservativer.

Müssen wir also resignieren? Vielleicht nicht – wenn wir den Blick weiten. Denn in Europa gibt es ein Land, das viele Voraussetzungen für einen massiven Rechtsruck mitbringt, das sich aber – zumindest bisher – als *immun gegen rechts* herausgestellt hat: Portugal.

Auch über Spanien wurde lange Ähnliches gesagt, bis die Immunität im April 2019 mit der Wahl der rechtsextremen Partei VOX ins spanische Parlament schlagartig schwand.

Aber die Gefahr, dass die folgenden Einsichten irgendwann veraltet sein werden, nehme ich in Kauf. Wenn sonst wenig vorhanden ist, darf man sich auch an portugiesischen Strohhalmen festhalten.

Die Finanzkrise 2008 trifft Portugal heftig. Der sozialdemokratische Premierminister bittet die EU schließlich um Hilfe. Das eingeforderte Sparprogramm aber wird vom Parlament abgelehnt. 2011 kommt es zu Neuwahlen, aus denen eine rechtskonservative Regierung hervorgeht. Die macht sich sogleich daran, die Forderungen der EU zu erfüllen und das Land in Grund und Boden zu sparen. Arbeitnehmerrechte werden abgebaut, Sozialleistungen gekürzt, das Defizit im Budget soll mit aller Macht abgebaut werden. Das Land folgt jahrelang dem Spardiktat der EU, maßgeblich geprägt durch Angela Merkel und Wolfgang Schäuble. In der Folge schrumpft in Portugal die Wirtschaft, Armut und Arbeitslosigkeit nehmen stark zu, 2013 beträgt Letztere fast 18 Prozent. Die Jugendarbeitslosigkeit erreicht sogar Werte über 40 Prozent, weshalb die Jugend Portugal verlässt. Das wirtschaftlich ohnehin fragile Land droht ins Nichts zu stürzen. Die Demokratie ist in Portugal noch vergleichsweise jung, erst Mitte der 1970er-Jahre ist die Militärdiktatur abgeschafft worden.

Bei den Wahlen 2015 aber werden die Rechtskonservativen abgestraft und der charismatische, aber bodenständige Sozialdemokrat António Costa gewinnt. Der ehemalige Lissabonner Bürgermeister eint die zuvor zerstrittenen linken Parteien und kann eine stabile Minderheitsregierung bilden. Gegen die nachdrücklichen Warnungen der EU kündigt Costa den Sparkurs auf, erhöht Pensionen und Löhne, führt zuvor gekürzte Urlaubstage wieder ein. Er legt ein umfangreiches Investitions- und Infrastrukturprogramm für das ganze Land auf und nimmt Steuererhöhungen der Konservativen für die breite Bevölkerung einfach zurück. Steuern, die eher Wohlhabende betreffen, erhöht er dagegen, etwa Erbschafts-, Vermögens- und Immobiliensteuern. Ebenso stoppt er die Privatisierungen, mit denen die konservative Vorgängerregierung den EU-Vorgaben folgte. Wolfgang Schäuble, der schwarze Ritter der »Schwarzen Null«, ist persönlich besorgt: »Portugal macht einen schweren Fehler, wenn sie sich nicht mehr an das halten, wozu sie sich verpflichtet haben.«

Am Ende der ersten Amtszeit von Costa steht Portugal glänzend da. Die ernsthaft soziale, investitionsfreudige Politik des sozialdemokratischen Premiers hat nicht den Fehler begangen, zugleich wirtschaftsfeindlich zu sein. Das hat zu einem Boom geführt, Portugal ist zum Musterschüler der EU geworden. 2017 ist das höchste Wirtschaftswachstum im 21. Jahrhundert zu verzeichnen, der so wichtige Tourismus stellt durch gezielte Förderungen, Steuererleichterungen und Investitionen einen Rekord nach dem anderen auf. Die Arbeitslosigkeit fällt auf 6,7 Prozent, die Jugendarbeitslosigkeit ist halbiert, das Haushaltsdefizit beträgt nur noch 2 Prozent – weil gerade *nicht* gespart, sondern entschieden investiert wurde. Die digitale Infrastruktur ist 2018 mit fast 30 Prozent an Glasfaser angeschlossenen Haushalten mehr als zehnmal (!) so gut ausgebaut wie in Deutschland (2,3 Prozent). Lissabon hat Berlin als europäische Start-up-Hauptstadt abgelöst, die größte Internetkonferenz Europas zieht 2017 von Dublin nach Lissabon und schließt 2018 einen Zehn-Jahres-Vertrag mit der Stadt. Die junge digitale

Wirtschaft profitiert von einem umfangreichen Investitions- und Unterstützungsprogramm. Portugal ist Anfang 2019 das einzige größere Land der EU, in dem es keine ernst zu nehmende rechtsextreme Partei gibt. Das von Rechten in diesem Zusammenhang angebrachte Argument, es gebe dort auch nur 0,1 Prozent Muslime, verpufft: In Polen leben 0,08 Prozent und in Ungarn 0,03 Prozent Muslime, beides sind Länder mit rechtsextremen Regierungen.

Es gibt ein politisches Mittel, das zumindest manchmal gegen den Rechtsruck wirkt, wenn es durch eine gute Polarisierung ergänzt wird: die Schaffung einer einfachen und nachvollziehbaren Zukunftserzählung, die nicht auf gesellschaftlicher Ausgrenzung basiert. Eine Politik, bei der Fortschritt im sozialen und gesellschaftlichen Sinn nicht bloß ein Wort auf dem Wahlplakat ist, sondern im Alltag erlebbar. Wo sich die liberale Demokratie nicht nur so nennt, sondern auch so anfühlt, als würde sie den Weg in eine mitbestimmte Zukunft weisen. Der Wandel durch Digitalisierung und Globalisierung ist anstrengend genug, da ist das gleichzeitige Erlebnis einer bröckelnden Infrastruktur zu viel. Das Gefühl, dass ein Land im Alltag *funktioniert* – vom Rechtsstaat über das Sozial- und Gesundheitssystem bis zum öffentlichen Nahverkehr –, ist ein kaum überschätzbarer Wert, der in bewegten Zeiten viel Halt geben kann. Das ist, anders als man in Deutschland oft glaubt, keine vorrangig ökonomische Funktion. Es geht vielmehr um eine Vision, mit der Angst um die eigene Zukunft und Sorge um die des Landes in Schach gehalten werden können. Die Gegenwart muss nicht golden glänzen, aber ein klarer Weg zur Verbesserung erkennbar sein. Im Spiegel-Interview Anfang 2019 sagt Armin Nassehi: »Der Firnis der Zivilisation ist dünn.« Ja. Der weltweite Rechtsruck hat gezeigt, dass in liberalen Demokratien ständig das Gefühl einer selbst gestaltbaren, besseren Zukunft vermittelt werden muss. Weil es zu viele Menschen gibt, die Menschenfeindlichkeit als akzeptabel betrachten und entsprechend wählen, wenn sie ein bestimmtes Frustrationslevel überschritten haben.

5 CHINA

DIE CHINESISCHE WELTMASCHINE

Wie Chinas Gegenwart
auch unsere
Zukunft verändert

Im November 2018 wird auf der chinesischen Twitter-Alternative Weibo ein Lebenslauf geteilt. Detailliert wird die Person auf fünfzehn Seiten beschrieben. Ihr »reichhaltiger, breiter und farbenfroher Erfahrungsschatz« zum Beispiel. Aber auch der vorbildliche Umgang mit Zurückweisungen und schwierigen Situationen. Unter der Überschrift »Ich kann Niederlagen aushalten« steht: »Wenn ich gerüffelt werde, bekomme ich meine Laune schnell wieder in den Griff und widme mich aktiv meinen Studien.« Zusätzlich enthält der Lebenslauf eine Weltkarte der bereisten Orte und führt zehntausend gelesene Bücher an, auf Chinesisch und auf Englisch.

Es handelt sich um den Lebenslauf eines fünfjährigen Jungen. »Tiger Parents« werden die chinesischen Eltern genannt, die noch etwas hochtouriger drehen als das westliche Äquivalent Helikoptereltern. Umfangreiche Lebensläufe für kleinste Kinder dienen als Munition im Kampf um die begehrten Plätze in Elite-Kindergärten. Schon die Existenz dieses Wortes, *Elite-Kindergarten*, mag manchem merkwürdig erscheinen (mir zum Beispiel). Die Behauptung eines »reichhaltigen Erfahrungsschatzes« bei Fünfjährigen dürfte die Irritation nicht verringern. Aber anhand dieser anekdotischen Begebenheit lässt sich einiges über China und seinen Weg in die Zukunft sagen. Über den Ehrgeiz, die Zielstrebigkeit und auch die Gnadenlosigkeit des Fortschritts. Das gilt nicht unbedingt für alle gesellschaftlichen Bereiche des Landes, China ist viel komplexer und vielfältiger, als es in der medialen Berichterstattung im Westen scheint, schon weil in China mehr Menschen leben als in Südamerika, den USA, der EU und Japan zusammen. Die großstädtischen, elitennahen, aufstiegsorientierten Teile der Gesellschaft allerdings sind ihrem Streben nach Erfolg und Geltung ähnlich gleichförmig wie das Bildungsbürgertum in Mitteleuropa.

Ein chinesisches Leben in diesen Zirkeln entscheidet sich im 21. Jahrhundert auch anhand der Kindergartenwahl. Ein guter Kindergarten erhöht die Chance auf eine gute Grundschule, eine gute Grundschule erhöht die Chance auf eine gute weiterführende Schule, eine gute weiterführende Schule erhöht die Chance auf eine gute Ausbildung, eine gute Ausbildung erhöht die Chance auf einen guten Job, ein guter Job erhöht die Chance auf Ansehen, Geld und Teilhabe. Die Eltern des Fünfjährigen wollten auf Nummer sicher gehen. Bis zum 31. Dezember 2015 galten in China die Maßgaben der Ein-Kind-Politik, ein zweites Kind bedeutete große Nachteile. Jahrzehntelanger Zwang zum Einzelkind in einer Gesellschaft, in der die Familie großen Stellenwert hat, hinterlässt tiefe Spuren. Eine davon ist eine Anzahl von Eltern, die um beinahe jeden Preis das Optimum für das eine, einzige Kind herausholen wollen. Eine sanfte Tendenz zur Übertreibung mag auch dazugehören: Wenn ein fünfjähriges Kind zehntausend Bücher gelesen haben soll, hätte es bei einer durchschnittlichen Lesezeit von viereinhalb Stunden je Buch unmittelbar nach seiner Geburt beginnen müssen und wäre dann pünktlich zum fünften Geburtstag fertig. Wenn es keine Schlaf- oder sonstigen Pausen gemacht hätte.

Die Generation von Einzelkindern, die Chinas Gegenwart prägt, ist erwachsen geworden mit einem zutiefst kapitalistischen, meritokratischen Wohlstandsversprechen: Arbeite hart, dann wirst du reich oder zumindest wohlhabend. Und bisher löst China dieses Versprechen für überraschend viele Menschen ein. Die chinesische Ökonomie ist heute eine historisch einzigartige Erfolgsgeschichte, in der Spitze wie in der Breite. Die Zeitschrift Forbes verzeichnet 2018 für China 373 Milliardäre. Nur in den USA gibt es mit 585 Personen mehr Super-Superreiche. Zugleich konnten sich Hunderte Millionen Menschen aus der extremen Armut befreien. Mitte des 20. Jahrhunderts galt China als »Land der Hungersnöte«, noch 1981 lebten laut Weltbank 88,3 Prozent der Bevölkerung in extremer Armut. Im gleichen Jahr ging durch die westliche Presse, dass 26 Millionen Chinesen vom Hungertod bedroht seien. 2018 ist die Zahl der extrem Armen unter ein Prozent gefallen.

Das heißt nicht unbedingt, dass die chinesischen Wanderarbeiter, von deren billiger Arbeitskraft das Land nach wie vor abhängt, sämtlich zu Wohlstand gekommen sind. Aber es gibt eine rapide wachsende Mittelschicht in China, weit über 100 Millionen Personen stark. Für das Wachstum hat sich durch die Ein-Kind-Politik eine überraschende Stütze ergeben. Lange war Sparsamkeit eine große Tugend der Chinesen, nachvollziehbar in einem traditionell von bitterer Armut bedrohten Land. Die heute unter vierzigjährigen Einzelkinder aber sind in einem kollektiven Konsumrausch verfallen, der wiederum die Binnennachfrage stark anheizt. In gewisser Weise hat sich das Land selbst reichkonsumiert. Vor allem jedoch ist China durch seine schiere Größe, die unerbittlich verfolgten Strategien und fleißige Beharrlichkeit zum wichtigsten Wachstumsmotor der Weltökonomie geworden, wenn auch die Volkswirtschaft der Vereinigten Staaten größer ist. Noch.

CHINAS ÖKONOMISCHE TRANSFORMATION

Chinas wirtschaftliche Stärke und das enorme Wachstum sind seit Jahrzehnten bekannt, in vielen Bereichen ist das Land längst der wichtigste oder zweitwichtigste Markt der Welt: Automobile, Großmaschinen, Smartphones. Deswegen stellen sich internationale Konzerne immer eindeutiger auf die Bedürfnisse der chinesischen Welt ein. Autos, die Chinesen nicht gefallen könnten, werden gar nicht erst gebaut, auch nicht von deutschen Autokonzernen. Ähnliches gilt auch für Apples iPhone, für Smartphones generell. Die schiere Größe des Marktes bewirkt, dass durchglobalisierte Produkte überhaupt nur dann zum Erfolg werden können, wenn sie in China gut ankommen. Bis in die Kulturwirtschaft hinein: Hollywood kann es sich kaum mehr leisten, einen teuren Film zu produzieren, der nicht auch beim chinesischen Publikum Erfolg hat.

Weniger bekannt sind im Westen die unglaubliche Geschwindigkeit und die Intensität der Digitalisierung des Landes. 2020 hat China mehr Smartphone-Nutzer als die EU und die USA zusammengenommen Einwohner. Noch eindrucksvoller ist, wie das mobile Internet die chinesische Gesellschaft in kürzester Zeit verwandelt hat. 2011 kam ein WhatsApp-Klon namens WeChat auf den Markt, der inzwischen sein Vorbild weit hinter sich gelassen hat. WeChat ist zur Plattform geworden, mit der von der Taxibestellung über digitale Behördengänge bis zum Immobilienkauf alles Mögliche erledigt werden kann. Bei vielen Chinesen hat das Smartphone die Geldbörse vollständig ersetzt. Anfang 2020 hat WeChat mehr als 1,2 Milliarden monatlich aktive Nutzer. Das entspricht etwa der Nutzerschaft von Instagram. Die digitalen Umwälzungen in China, viel umfassender und größer als in der westlichen Welt, lassen sich vielleicht am besten an einer besonderen Funktion der Plattform erkennen.

WeChat bietet seit 2014 die Möglichkeit, die chinesische Tradition der Roten Umschläge auch digital fortzuführen. Dabei wird eine glückbringende symbolische Geldsumme in einen virtuellen roten Briefumschlag gesteckt und an Familienmitglieder, Freunde und Bekannte verschickt. Dieser Vorgang ist also nichts anderes als eine digitale Finanztransaktion. Paypal, das Unternehmen, das in der westlichen Welt als Verkörperung des digitalen Geldes gilt, hat im gesamten Jahr 2018 rund zehn Milliarden digitale Finanztransaktionen abgewickelt. Mit WeChat dagegen wurden allein über die Feiertage des Chinesischen Neujahrs Anfang Februar 2019 mehr als 100 Milliarden digitale Finanztransaktionen in Form Roter Umschläge durchgeführt. Faktisch ist ab 2014 in China in wenigen Jahren die Bezahlung per Smartphone oder Smartwatch zum gesellschaftlichen Standard geworden. Fahrende Suppenküchen auf chinesischen Straßen abseits der Innenstädte mögen keine Lizenz besitzen, aber Bargeld nehmen sie kaum mehr. Selbst Straßenmusikanten legen keinen Instrumentenkoffer als Sammelbüchse auf den Bürgersteig, sondern machen ihren Account von WeChat oder Alipay öffentlich, den beiden beherrschenden Bezahlanbietern.

Schon Mitte 2017 überholt die digitale Bezahlung in China die mit Papiergeld. Der Vergleich mit den Vereinigten Staaten ist besonders bemerkenswert. In den USA wurden 2018 knapp unter 200 Milliarden Dollar via Smartphone bezahlt. Im selben Jahr betrug die Summe der mobilen Überweisungen in China über 20 Billionen Dollar, ja, Billionen, kein Schreibfehler. Das ist mehr als das Einhundertfache des US-Wertes und pro Kopf rund fünfundzwanzigmal mehr. Für Europa sind die Zahlen wegen der unterschiedlichen Anbieter und Methoden nicht einfach zu berechnen, aber eine spezialisierte Beratung schätzt das Jahresvolumen des gesamten Kontinents für 2018 auf unter 200 Millionen Dollar. Das wäre ein Hunderttausendstel des Wertes in China. Anders ausgedrückt wird in China in fünf Minuten so viel Geld per Smartphone transferiert wie in Europa im Jahr. 2020 fällt der Vergleich noch ungünstiger aus.

Die Entwicklungen klaffen fast überall monumental auseinander, was das westliche Publikum abseits von ein paar Fachleuten bisher kaum bemerkt. Das liegt neben der digitalen Abschottung Chinas an der Sprachbarriere, in

Europa beherrschen wohl eine Idee mehr Leute Englisch als eine der zehn großen chinesischen Sprachen. Im 20. Jahrhundert entstand die kulturelle und ökonomische Fixierung auf die USA: das amerikanische Jahrhundert. Dass inzwischen anderswo der Takt der Welt schlagen könnte, ahnen manche, und trotzdem geht der erste Blick aus Europa über den Atlantik. Das wäre gut, wenn es nicht zu oft der einzige wäre.

Amazon gilt im Westen als Handelstitan, der mit aggressiven und effizienten Methoden ganze Märkte aufrollt. Die chinesische Entsprechung heißt Alibaba, ein Koloss mit über einer halben Milliarde Nutzer. Amazon gibt 2017 mit dem hauseigenen Rabatttag namens Prime Day einen neuen Umsatzrekord bekannt, erstmals hat man an einem einzelnen Tag, innerhalb 24 Stunden, Waren für über eine Milliarde Dollar verkauft. Im selben Jahr veranstaltet Alibaba den Singles Day, ebenfalls mit attraktiven Preisnachlässen. Während Amazon einen Tag braucht, erreicht Alibaba den Umsatz von einer Milliarde Dollar innerhalb der ersten zwei Minuten. Am Ende des Tages sind es über 25 Milliarden Dollar. Das entspricht etwa den jährlichen Staatseinnahmen von Kamerun, Syrien und Bulgarien zusammengenommen.

Je tiefer man sich in die Statistiken des chinesischen Digitalalltags wühlt, desto spektakulärer werden nicht nur die Größenordnungen, sondern auch der Vorsprung vor den USA und heftiger noch vor Europa. Deutschland muss man sich innerhalb des digital ohnehin langsamen Kontinents als Vernetzungsschlusslicht vorstellen, vom mobilen Bezahlen über die digitale Infrastruktur bis zur Verwendung sozialer Medien. Sogar bei den sogenannten Influencern, den Internetstars, die gegen Bezahlung Produkte in sozialen Medien empfehlen, hat China den Rest der Welt überflügelt. In China heißen sie Wanghong, wörtlich übersetzt »Netz-Erfolge«, einer Umfrage nach der Traumberuf von 54 Prozent der chinesischen Jugend. 2017 verkaufte die Mode-Influencerin Becky Li innerhalb von gut vier Minuten einhundert Autos der Marke Mini Cooper für 45 000 Dollar pro Stück. Via WeChat.

In der Vorstellung der meisten Europäer und Amerikaner ist Kalifornien der Ort, wo das virtuelle Herz des Planeten schlägt, die Heimat von Google, Facebook, Apple, Twitter und vielen anderen führenden Tech-Konzernen. Unsere digitale Gegenwart mag im Silicon Valley entstehen – die digitale Zukunft wird in China hergestellt. Damit sind nicht die quadratkilometergroßen Montagefabriken für Smartphones gemeint, sondern die Plattformen und Digitalkonzerne, die das Netz der Zukunft bestimmen werden. Auch in Europa. Der unerhörte Siegeszug der chinesischen Plattformen hat längst großen Einfluss auf die Strategien der westlichen Netzunternehmen. Mark Zuckerbergs Planungen für WhatsApp und den Facebook-Messenger sind eng an die erfolgreichen Funktionen von WeChat angelehnt. Die Foto- und Videofilter, mit denen man seine Selfies modifizieren kann, wurden in den USA von SnapChat bekannt gemacht und üben eine für Ältere manchmal schwer nachvollziehbare Magie auf Jugendliche aus. Technologieführer in diesem Bereich aber ist SenseTime aus China, das wertvollste Künstliche-Intelligenz-Start-up der Welt, das im April 2018 eine Finanzspritze von insgesamt 1,2 Milliarden Dollar bekam. Der chinesische Hyperfortschritt strahlt in die Welt: Anfang 2018 war die weltweit erfolgreichste iPhone-App die chinesische Video- und Musikanwendung Tiktok, die Mitte 2020 rund eine Milliarde aktive Nutzer hat und damit größer ist als Twitter und rund dreimal so groß wie Snapchat. Den erfolgreichsten TikTok-Account außerhalb Chinas hatten die deutschen Zwillinge Lisa und Lena mit über 30 Millionen Followern. Sie löschten ihn im April 2019 aus Sicherheitsbedenken: Tiktok wird vor allem von Kindern benutzt und hatte häufiger Probleme mit Pädophilen.

Es ist im Internet schwierig geworden, sich dem chinesischen Erfolg zu entziehen. Auf Investoren wirkt das geradezu hypnotisch, sie drängen ihre Tech-Unternehmen, *chinesischer* zu werden. Wie seit der Jahrtausendwende die Welt dem Silicon Valley nacheiferte, was Geschäftsmodelle, Trends und Gestaltung angeht, so ist inzwischen oft das digitale China der Leitstern. Eine digitale Hegemonie entsteht, und sie wird Folgen haben, vergleichbar mit den kalifornischen Einflüssen auf unsere heutige Netzwelt.

Mit den Erfolgsrezepten und den dazugehörigen Technologien geht auch eine digitale Ideologie einher. Eine spezifisch chinesische Digitalideologie, die frei ist von den meisten Errungenschaften der europäischen Aufklärung oder des amerikanischen Liberalismus. Nicht, dass die digitale Ideologie des Silicon Valley uneingeschränkt segensreich gewesen wäre – bekannterweise. Aber Digitalität in China zeichnet sich aus durch eine eindeutig anders gelagerte Auffassung von Privatsphäre, Datenschutz, Meinungsfreiheit und anderen grundrechtlichen »Hemmnissen«. In die digital-chinesische Ideologie ist eine ökonomische und gesellschaftliche *Effizienzradikalität* eingebaut, gegen die die kalifornischen Digitalkonzerne wie eine französische Gewerkschafterversammlung wirken. Ein bedrückendes Beispiel ist eine App namens »Versager-Karte«, die in Echtzeit anzeigt, wer in der Umgebung dem Staat Geld schuldet. Die säumigen Zahler werden über ihr Smartphone zwangsgeortet und mit Profilfoto und Namen geoutet, samt dem Grund für die Schulden. Die App ist Teil der WeChat-Plattform und lässt ein akustisches Signal ertönen, wenn sich einer der »Versager« nähert. Die Nutzer der App sind angehalten, sozialen Druck aufzubauen. Die Straße selbst wird per Smartphone zum unentrinnbaren Pranger, die digital-soziale Automatisierung der öffentlichen Demütigung.

Das ist selbst für China ein extremes Beispiel, aber es zeigt, wie wenig westliche Gepflogenheiten für chinesische App-Anbieter relevant sind. Woher sollten sie das auch sein? Die digital-chinesische Ideologie wird mit dem Erfolg in die Welt getragen. Die Konzerne müssen das nicht einmal absichtsvoll planen, die Haltung ist vielmehr in ihrer unternehmerischen DNA verankert, ebenso wie sich in den Plattformen von Google, Facebook und Apple die berühmte kalifornische Ideologie spiegelt. Was darunter zu verstehen ist, beschreiben die Wissenschaftler Richard Barbrook und Andy Cameron schon 1996 in ihrem Essay »Californian Ideology«: die »Verschmelzung der kulturellen Boheme aus San Francisco« mit den »High-Tech-Industrien des Silicon Valley«, eine Art Neoliberalismus für Hippies.

Manchmal geschieht die Übertragung in andere Länder recht platt, wie bei Mobike, dem weltgrößten Anbieter für

Bike-Sharing. Das Unternehmen hat rund zehn Millionen Fahrräder in Städten auf der ganzen Welt verteilt. Sie lassen sich bei Sichtkontakt per App mieten und im ganzen Stadtgebiet wieder abstellen. Bei der Einführung in Europa Anfang 2018 erlässt Mobike ein umfangreiches Regelwerk für die Nutzer, das vom Social-Credit-System in China inspiriert zu sein scheint. Punkteabzüge für falsch abgestellte Mietfahrräder, Pluspunkte für vorbildliches Verhalten. Zugleich erstellt Mobike Profile der Nutzer, etwa anhand der Bewegung. Nicht nur mit dem Fahrrad, sondern auch mit dem Smartphone, auf dem die App installiert ist. Aber so offensichtlich und damit einschätzbar ist der Einfluss der chinesischen Netzanschauung nicht immer. Mittelfristig dürften die subtilen, indirekten, technisch geprägten Einflüsse wirksamer sein.

Da in China weder Anbieter noch Nutzer viel Wert auf Datenschutz europäischer Bauart legen, ist ein umfangreicher Datenvorsprung entstanden. Bei den deutsch-chinesischen Regierungskonsultationen im Sommer 2018 sagt Ministerpräsident Li: »Wir haben große Mengen Daten, und Sie brauchen das.« Man kann das als höfliche Drohung interpretieren, aber es stimmt. Die schiere Menge an Daten kann, auf die richtige Weise ausgewertet, großen Wert entfalten. Mit den umfassenden Verhaltensdaten, die in China in jeder Sekunde erhoben werden, können neue Kundenbedürfnisse, neue Produkte und neue Vermarktungsstrategien identifiziert und prognostiziert werden. Welches Feature in sozialen Netzwerken nutzen wohlhabende junge Frauen am liebsten? Welche Sätze auf dem Display lassen Gamer am ehesten auf einen Link klicken? Unter welchen

Umständen wird von wem welches Produkt zu welchem Preis gekauft? Die Antworten stecken in den Daten, und weil in Europa solche Daten nur eingeschränkt zu erheben und auszuwerten sind, hat Li recht.

Dieser unterschwellige, aber wirksame chinesische Einfluss auf die digitale Zukunft Europas und der restlichen Welt wird sich deutlich verstärken, wenn die angestrebte Führerschaft Chinas im Feld der Künstlichen Intelligenz (KI) zur vollen Blüte kommt. Und das wird sie. Obwohl in den westlichen Industriestaaten behauptet wird, man setze jetzt aber so richtig auf Künstliche Intelligenz, findet der Wettbewerb um die Spitze bisher nur zwischen amerikanischen Unternehmen und der chinesischen Maschine statt, die aus dem Staat, gigantischen Geldquellen und einigen Dutzend Unternehmen besteht. Plus weit über einer Milliarde Menschen in Form des größten Binnenmarkts der Welt. Weil der Kampf vor allem ein ökonomischer ist, kann man den Unterschied zwischen China und zum Beispiel Deutschland in einen finanziellen Maßstab setzen.

Im Herbst 2018 gibt die deutsche Bundesregierung bekannt, dass sie im Rahmen ihrer KI-Strategie in den sieben Jahren von 2019 bis 2025 drei Milliarden Euro Fördergelder bereitstellen wird. Das hört sich nach gar nicht wenig Geld an. Der Vergleich offenbart die Wahrheit. Im Norden Chinas gibt es eine Hafenstadt namens Tianjin, in Europa weitgehend unbekannt, die mit rund 13 Millionen Einwohnern gerade mal auf Platz 23 der größten Metropolregionen in China ist. Tianjin gibt ebenfalls 2018 bekannt, dass die Stadtverwaltung gemeinsam mit finanzstarken Investoren einen Fonds für Künstliche Intelligenz aufsetzt. Die Ziele der deutschen Bundesregierung und von Tianjin hören sich nahezu identisch an, man möchte zur »führenden KI-Region« werden. Die Hafenstadt Tianjin investiert dafür rund 12 Milliarden Euro innerhalb von drei Jahren, viermal mehr als Deutschland in halb so kurzer Zeit. Und das ist eine von buchstäblich Hunderten KI-Förderungsmaßnahmen, die mit großen und größten Summen gestützt werden.

Zugleich spielt China jeden technischen Vorteil seines autoritären Systems aus, zum Beispiel bei der Geschwindigkeit und Gnadenlosigkeit, mit der politische Konzepte umgesetzt werden. Im Juli 2017 veröffentlicht der chinesische Staatsrat den »Plan zur Entwicklung der Künstlichen Intelligenz einer Neuen Generation«. Darin skizziert China die Strategie, um bis 2030 zum Weltzentrum der Künstlichen Intelligenz zu werden. Die Grundlage dieses Plans ist eine umfassende Bildungsoffensive. Ein Jahr später, im Juli 2018, wird in einhundert Schulen testweise Unterricht für »Künstliche Intelligenz« eingeführt, in Oberschulen, Grundschulen, sogar in Vorschulen. In sozialen Medien im Westen werden staunend Fotos der brandneuen Schulbücher verbreitet, mit denen Kinder an KI herangeführt werden, bevor sie lesen können. In Deutschland gibt es nicht einmal verlässliche bundesweite Zahlen darüber, in welchen Schulen WLAN angeboten wird. Für einzelne Bundesländer aber gibt es Statistiken, und sie sind, wie man befürchtet. 2016 hatten in Schleswig-Holstein 29,7 Prozent der Schulen einen »ausreichend schnellen Internetanschluss«. 2017 gaben nur sechs Prozent der niedersächsischen Schulen an, dass ihre Verbindung allen Klassen gleichzeitig erlaube, ins Netz zu gehen. Während also in China in einem Jahr ein Schulfach Künstliche Intelligenz samt Lehrmittel und Lehrkräften ins Leben gerufen wird, braucht Deutschland fast ein Jahrzehnt, um digitale Schulfördermaßnahmen zu konzeptionieren, zu beschließen und mit der Umsetzung zu beginnen. Von Inhalten oder gar digitaler Didaktik spricht dabei noch niemand. Demokratische Langsamkeit ist nichts grundsätzlich Schlechtes, weil damit auch ein Beharrungsvermögen der Rechtsstaatlichkeit einhergehen kann. Aber ein heimlicher neidischer Blick Richtung China in Sachen Geschwindigkeit und Entschlossenheit mag erlaubt sein.

DAS CHINESISCHE JAHRHUNDERT BEGINNT

Wenn man seinen Effizienzneid nach einigen Sekunden oder Wochen in den Griff bekommt und hinter die Kulissen schaut, wird der Umfang des Wandels überhaupt erst offenbar. Der digital getriebene Erfolg Chinas ist Anlass und Essenz eines chinesischen Realitätsschocks der westlichen Welt. Eine zuvor fundamentale und beinahe konkurrenzlose Gleichung hieß: Demokratie plus Marktwirtschaft gleich Wohlstand. Im 20. Jahrhundert waren die freiesten Länder der Welt zugleich die mit der bestfunktionierenden Ökonomie, ob kleine Länder wie die Schweiz und Neuseeland, mittlere wie Deutschland und Frankreich oder große wie die USA. Eine wechselseitige Korrelation wurde wie selbstverständlich angenommen zwischen ökonomischem und gesellschaftlichem Liberalismus, zwischen Demokratie und Wohlstand der Bevölkerung, mit der halben Ausnahme des Ölreichtums. Der Liberalismus im westlich-demokratischen Sinn war auch ein ökonomisches Erfolgsversprechen. Grundrechtlich geschützte Freiheit und unternehmerischer Aufstieg schienen miteinander verbunden und unauflösbar verwoben. Jetzt hat China ein immens erfolgreiches Gegenmodell entwickelt: Autoritäre Herrschaft plus Digitalkapitalismus gleich Wohlstand. Es lockt Antidemokraten weltweit.

Die Attraktivität der liberalen Demokratie nimmt dadurch im Vergleich ab. Ein chinesisches Modell könnte zum Exportschlager werden, die Kombination aus Diktatur und Aufschwung, ermöglicht durch eine radikal digitale Wirtschaftsorientierung ohne Rücksicht auf Grundrechtsverluste. China exportiert seine im eigenen Land gestählten Zensur-, Überwachungs- und Kontrolltechnologien bereits seit geraumer Zeit. Etwa in den Nahen Osten, wo die Herrschenden die Dynamik des arabischen Frühlings auch eine Dekade später noch fürchten. Die amerikanische Sicherheitsexpertin Kara Frederick sagt im Interview mit einer Nachrichtenseite: »Es ist kein Geheimnis, dass Peking seinen autoritären Werkzeugkasten an interessierte Länder liefert [...] ein Austausch von Erfolgsstrategien für illiberale Regimes.« Sie spricht von einem »digital ermöglichten Autoritarismus«. China ist auch ein Land, in dem Hunderttausende, wenn nicht eine Million chinesische Uiguren in Umerziehungslager gezwungen werden, weil sie muslimischen Glaubens sind: eine Diktatur.

Unsere westliche Gewissheit, dass die liberale Demokratie auch die präferierte Variante der Menschen in unterdrückten Ländern sei, weil sie die Bevölkerungen freier und reicher mache – sie ist zerstoben. Die chinesische Kommunistische Partei hat die hypermoderne Variante von Brot und Spiele entwickelt, nämlich Boom und Bits. Den explosiv gestiegenen Wohlstand spürt man buchstäblich an jeder Häuserecke. In drei Jahren von 2011 bis 2014 hat China mehr Beton verbaut als die USA im gesamten 20. Jahrhundert. Durch die chinesische Bevölkerung weht ein Fortschrittsoptimismus, der die amerikanische und europäische Zukunftsfreude der 1950er-Jahre matt wirken lässt. Wenn es noch eines Beweises bedurft hätte, dass vielen Menschen die Einschränkung der Freiheit eher akzeptabel erscheint, wenn das Smartphone toll genug ist – China hat ihn erbracht. Und das in einer Zeit, in der liberale Demokratien zwischen den USA und Europa ohnehin unter Beschuss sind, von innen durch Rechte und Rechtsextreme und von außen durch Putin, Orbán und Konsorten, also auch Rechte und Rechtsextreme.

Wir begreifen bisher kaum die Wucht dieses Paradigmenwechsels. Im ausgehenden 20. Jahrhundert waren die USA die vorherrschende Hegemonialmacht der Welt, China arbeitet offensiv darauf hin, im digitalen 21. Jahrhundert eine vergleichbare Rolle einzunehmen. Die amerikanische Weltepoche endete, vielleicht muss man das so bitter konstatieren, mit dem 11. September 2001. Die Selbstverständlichkeit einer unbezwingbaren Nation zerfiel im terroristischen Massenmord zu Staub. Zu den Folgen gehört nicht nur eine Abkehr von Freiheitsrechten, sondern auch Selbstzweifel an der viel beschworenen Rolle als Schutzmacht des

Westens. Spätestens mit Donald Trump, dem Freund der Autoritären und Diktatoren, von Putin über Erdoğan bis Kim, ist Amerika unzuverlässig geworden. Die EU ist nicht oder noch nicht aktive Weltmacht, und so füllt China die Lücke. Die »Neue Seidenstraße« ist offiziell ein billionenschweres Infrastrukturprojekt, das China und Asien mit Europa und Afrika verbinden soll. Tatsächlich dient sie zugleich der Mehrung des Wohlstands wie der Ausdehnung des chinesischen Machtbereichs.

Zum Beispiel in Afrika, mit einer Entschlossenheit, die afrikanische Intellektuelle schon vom »Kolonialismus 2.0« sprechen lässt. Es stimmt aber auch, dass über sechzig Prozent der Afrikaner das chinesische Engagement positiv oder sehr positiv sehen, wie das unabhängige Forschungsinstitut Afrobarometer herausfand. Im September 2018 kündigt China an, sechzig Milliarden Dollar in Afrika zu investieren, zusätzlich zu den weit über 100 Milliarden Dollar, die sich die Staaten seit der Jahrtausendwende ohnehin bei China geliehen haben. Inzwischen ergeben sich daraus rund 15 Prozent der Auslandsschulden des Kontinents. Afrika ist, auch wenn das in Europa seltener so gesehen wird, ein extrem chancenreicher Wachstumsmarkt, und China handelt danach. Wie im 20. Jahrhundert mit den Vereinigten Staaten, so folgt auch hier dem ökonomischen Investment eine enger werdende Verbindung auf vielen anderen Ebenen. Kenia führt ab 2020 Chinesischunterricht ein. In der Grundschule.

Der kenianische Juraprofessor Makau Mutua sieht in China »die größte Gefahr für die Unabhängigkeit Kenias«. Er führt an, wie chinesische Konzerne mit staatlicher Unterstützung in anderen Teilen der Welt agierten: Großprojekte wie Flughäfen werden in den schönsten Farben ausgemalt, die Finanzierung mit chinesischen Krediten garantiert, die großen Auftragshappen gehen an chinesische Firmen, und schließlich steht das Land da, mit überdimensionierten Infrastrukturen, die bei Weitem nicht das Geld einspielen, mit dem ursprünglich gerechnet wurde. In der Folge können die Kredite nicht mehr bedient werden. In Ecuador hat China einen Riesenstaudamm samt Wasserkraftwerk namens Coca Codo Sinclair als angebliche Lösung des Energieproblems auf den Weg gebracht. Leider ist der Damm unmittelbar neben einem aktiven Vulkan gelegen und in einem Erdbebengebiet. Zwei Jahre nach der Fertigstellung ist die Staumauer von Tausenden Rissen überzogen, Sand und Asche verstopfen regelmäßig das Reservoir. Alle Bedenken von Experten waren beiseitegewischt worden. Inzwischen ist auch bekannt, weshalb. Ein ehemaliger Vizepräsident, der frühere Energieminister und jede Menge anderer hoher und höchster Funktionäre sind wegen Bestechlichkeit hinter Gittern gelandet. Der Damm hat samt Kraftwerk und umgebenden Infrastrukturen fast zwanzig Milliarden Dollar gekostet, rentiert sich aber kaum. China möchte seine Kredite trotzdem zurückhaben, und weil die Regierung beim Vertragsabschluss etwas leichtfertig verhandelt hat, muss Ecuador jetzt absurde 80 Prozent seines geförderten Öls zum Spottpreis an China liefern. Um die Quoten zu erfüllen, müssen sogar Quellen im zu schützenden Regenwald angezapft werden.

Die Macht, mit der China in die Welt drängt, wird in den stark selbstbezogenen Kontinenten Europa und Nordamerika selten öffentlich wahrgenommen, wie auch die explosive Entwicklung im Digitalen. Kein Land der Welt hat zunächst die Globalisierung, dann die Digitalisierung und nun die Künstliche Intelligenz derart aggressiv und erfolgreich vorangetrieben. Ab und zu wird eine kommende chinesische Wirtschaftskrise beschworen, und die Wahrscheinlichkeit dafür ist nicht gering. Aber an der Überlegenheit des Landes wird das wohl wenig ändern. Im Gegenteil könnte eine chinesische Krise, so merkwürdig das klingt, den Rest der Welt mittelfristig härter treffen als China selbst. Die Corona-Pandemie hat zugleich die Verletzlichkeit und die Stärke des chinesischen, autoritären Systems bewiesen. Dass sich das Virus ausbreiten konnte, lag maßgeblich an der anfänglichen Vertuschung durch die Behörden. Dass China die Pandemie deutlich besser in den Griff bekam als die meisten anderen Staaten, lag maßgeblich an der chinesischen Bereitschaft zu Maßnahmen, die in liberalen Demokratien völlig undenkbar wären. Auch wirtschaftliche Herausforderungen dürften künftig besser bewältigt werden können, denn die chinesischen Unternehmen sind extrem vernetzt, sie können sich sehr viel schneller auf die Veränderungen der Lage einstellen als zum Beispiel die eher plumpen Industrieriesen in Europa. Das Internet und das autoritäre China sind in gewisser Weise ein so überraschendes wie radikales Erfolgsgespann. Die digitale Vernetzung spielt auch bei Chinas Hegemonialbestrebungen eine zentrale Rolle, eine wesentlich größere, als es in Debatten den Anschein hat. Man kann China und Chinas Einfluss auf die Welt kaum verstehen, wenn man das Internet nicht berücksichtigt.

DIE KYBERNETISCHE GESELLSCHAFT

China hat seiner 1978 begonnenen Reformpolitik in den 1990er-Jahren einen Turbo verpasst, nämlich die Privatwirtschaft als »wichtige Ergänzung« zur Sozialistischen Marktwirtschaft, wie das chinesische System offiziell heißt. Faktisch hat das Land eine neue Gesellschaftsordnung geschaffen. Manchmal wird sie »Staatskapitalismus« genannt, aber das trifft es nur noch eingeschränkt. Besonders im Digitalen wird deutlich, dass es sich nicht bloß um eine eigene Spielart der politisch geführten Marktwirtschaft handelt. Der unternehmerische Teil ist nur ein Aspekt einer viel umfassenderen Weltphilosophie, die Grundlage ist für ein soziales, politisches, kulturelles und lebensweltliches System. China arbeitet an einer *kybernetischen Gesellschaft*. Deren Verständnis ist die Voraussetzung, um die Tragweite des chinesischen Großplans zu begreifen.

Kybernetik wird manchmal als »Kunst des Steuerns« bezeichnet, es handelt sich um die Wissenschaft der Kontrolle über Maschinen oder soziale Gebilde anhand von Regelkreisen. Man versucht dabei, mithilfe von Messwerten alle möglichen Prozesse zu optimieren. Die simpelste Annäherung findet sich heute in vielen Haushalten, der Regelkreis aus Thermometer, Thermostat und Heizung. Das Thermometer misst, wie warm es ist, und übermittelt den Wert an das Thermostat. Dort hat jemand die gewünschte Temperatur willkürlich festgelegt, der Ist-Wert wird mit dem Soll-Wert verglichen, und auf Grundlage dieser Berechnung ergreift das Thermostat geeignete Maßnahmen, etwa indem es die Heizung höher regelt. Eigentlich handelt es sich um eine Form der messwertbasierten Automatisierung. Ihren Ursprung hat die Kybernetik, wie sollte es anders sein, im Zweiten Weltkrieg, konkret in den Arbeiten des amerikanischen Mathematikers Norbert Wiener. Wiener arbeitete unter anderem an automatisierten Waffensystemen, die die Flugzeuge der Nazis besser abschießen lernen sollten.

Die aus dem Englischen herübergeschwappte Vorsilbe »cyber«, heute meist synonym mit »digital vernetzt« verwendet, stammt vom Wort Kybernetik. Spätestens seit den 1960er-Jahren glauben Fachleute, dass sich die Wissenschaft der messbasierten Regelkreis-Steuerung auch auf gesellschaftliche Prozesse übertragen ließe. Zwischenzeitlich hatte sich im Westen (und auch im Ostblock) eine ganze politische Schule herausgebildet, die in der Kybernetik eine produktive Gesellschaftssteuerung sah. Ein fernes Echo davon findet sich heute noch in den übrig gebliebenen Verkehrsleitsystemen der 1960er- und 1970er-Jahre, als die autogerechte Stadt nach automatisierter Ampelregulierung verlangte.

Die Basis der heutigen kybernetischen Ideologien ist, die Gesellschaft ständig zu vermessen, mithilfe der erzeugten Daten Muster zu erkennen und auf dieser Grundlage Verhalten zu steuern. Das hört sich nicht zufällig nach Überwachung an, vielmehr ist die möglichst umfassende Vermessung geradezu Voraussetzung für eine anständige Kybernetik. Deshalb ist die sprichwörtliche chinesische Überwachungsgesellschaft keinesfalls »nur« eine politische, wie im Westen oft fälschlich vermutet wird. Es geht eben nicht nur darum, politischen Widerstand im Keim zu ersticken. Das ist aus Sicht der Machthabenden nur ein Aspekt.

Es geht um eine umfassende Gesellschaftskontrolle bis in jeden Winkel der Bevölkerung hinein. Dirk Helbing, Mitbegründer der Sektion Physik sozio-ökonomischer Systeme der Deutschen Physikalischen Gesellschaft, fragt für eine Studie von 2016: »Könnte ein [...] wohlwollender Diktator mit Big Data die beste aller Welten schaffen?« Er antwortet auch selbst: »Überraschenderweise müssen wir diese Frage verneinen.« Der Grund lässt sich so zusammenfassen: Das westliche Verständnis einer freien, offenen Gesellschaft scheint auf den ersten Blick gänzlich unvereinbar mit einer kybernetischen Steuerung. Auf den zweiten und dritten auch, denn Verhaltenssteuerung und Manipulation sind zu nah beieinander, um in liberalen Demokratien als Gesellschaftssystem zu taugen.

Ohnehin muss man bei allen bisherigen Versuchen – auch dem chinesischen – eher von Vulgär-Kybernetik sprechen, weil die Rückkopplungssysteme meist von einem sehr unterkomplexen Bild des Menschen ausgehen. Selbst die fortschrittlichste Messtechnologie kann nur ein modelliertes und ungenügendes Abbild der Wirklichkeit liefern. Der Mensch und sein Verhalten sind auch im 21. Jahrhundert viel weniger messtauglich als in den Visionen der Technokraten. Leider hält dieser Umstand sie selten davon ab, es trotzdem zu versuchen. Die jüngere Geschichte der Digitalisierung hat aus Sicht der Kybernetik drei sehr entscheidende Fortschritte mit sich gebracht:

- Erstens bedeutet die Allgegenwart von Sensoren und Prozessoren, dass man heute messen und bestimmen kann, was früher unmessbar war. Von der Geschwindigkeit von Fußgängern über die Gesichtserkennung bis hin zu den Vitaldaten all derer, die sich eine Smartwatch umbinden.
- Zweitens hat die selbstverständliche Smartphone-Vernetzung ermöglicht, die so gewonnenen Daten zentral zu sammeln, auszuwerten und anhand der Ergebnisse Maßnahmen zu ergreifen.
- Und drittens hat sich ein großer Teil gesellschaftlicher Aktivitäten und Interaktionen in die digitale Sphäre verschoben, von der Partnersuche über die Arbeit bis zu allen möglichen Formen von Kommunikation, Freizeitgestaltung und Lebensorganisation.

Diese drei Entwicklungen bringen mit sich, dass der digitale Teil des Lebens in kybernetische Messkreisläufe hineingepresst werden kann. Genau das plant die chinesische Regierung. Sie legt die Grundlage für eine Gesellschaft, in der jedes Verhalten – und sogar Gedanken – gemessen und ausgewertet werden können, um danach gesteuert zu werden. Eine kybernetische Gesellschaft muss man sich als Überwachungs- und Kontrollgesellschaft zugleich vorstellen, die sich in Echtzeit wie ein regulatives Fangnetz über die Menschen und ihr Leben legt. Jedes Verhalten bekommt einen Messwert, jeder Messwert wird übertragen, jede Übertragung bewertet, jede Bewertung wirkt zurück auf die Möglichkeiten des Einzelnen.

Sogar in die Köpfe hinein. Ende 2018 findet in China

ein Bildungsexperiment statt: Zehntausend Schüler zwischen zehn und siebzehn Jahren tragen drei Wochen lang ein Headset namens »Focus EDU« der amerikanischen Firma BrainCo. Das von Harvard-Wissenschaftlern entwickelte Gerät, ein mit Sensoren versehenes Stirnband, misst elektroenzephalografisch die Aufmerksamkeit der Träger. Auf dem Screen sehen die Lehrkräfte jederzeit, ob und wie sehr ein Schüler konzentriert ist, und können entsprechende Sanktionen verhängen. Das ist die digitale Realität einer Gesellschaft, in der die Führung überzeugt ist, alles messen und auf dieser Grundlage optimieren zu können. Dem einzigen noch stets sicheren Zufluchtsort widmete Walter von der Vogelweide im 13. Jahrhundert den Vers »Die Gedanken sind frei«. Die Frage ist: Wie lange noch.

Seit 2017 wird das chinesische Social-Credit-System schrittweise eingeführt, bis 2021 soll es flächendeckend realisiert werden. Es beruht auf solchen vulgär-kybernetischen Einsichten. Dabei bekommt jeder Teilnehmer anfangs einen Punktestand zugewiesen. Digital messbare Handlungen bringen entweder Punktabzüge oder Punktgewinne. Unterhalb eines bestimmten Wertes kann man zum Beispiel keine Flugzeugtickets mehr kaufen oder nicht mit dem Hochgeschwindigkeitszug fahren. Bis zu 23 Millionen Mal sollen im Jahr 2018 solche Sanktionen in China verhängt worden sein. Eigentlich gibt es mehrere unterschiedliche Systeme, die in verschiedenen Regionen des Landes zunächst getestet werden, bevor sie, so der Plan der Regierung, verpflichtend werden.

Die Berichte in westlichen Medien sind nicht selten

übertrieben oder legen ihren Schwerpunkt auf diejenigen Aspekte des Systems, die oberflächlich betrachtet am empörendsten erscheinen – für eine europäische oder amerikanische Bevölkerung. Die Chinesen selbst sind deutlich weniger kritisch, auch wenn ein repressiver Staat gerade solche Kritik schwieriger macht. Genia Kostka, Professorin für Chinastudien an der Freien Universität Berlin, befragte mehr als zweitausend Chinesen nach ihrer Haltung zum Social-Credit-System. 80 Prozent der Befragten sahen es positiv, ein Wert, der laut Kostka zu groß sei, um ihn allein mit dem autoritären System zu erklären. Die chinesische Korrespondentin der Zeit in Beijing, Xifan Yang, erklärt die positive Wahrnehmung des Social-Credit-Systems aus der jüngeren Geschichte des Landes: »Die Mehrheit der Chinesen sehnt sich tatsächlich nach Transparenz, klaren Regeln und einem zivilen Umgang. Ist es nicht besser, so fragen sich viele, in einer gut funktionierenden Diktatur zu leben als in einer schlecht funktionierenden?«

Der kapitalistische Turbo Chinas hat die auch im Westen bekannten Begleiteffekte der Marktwirtschaft hervorgebracht und die bereits vorhandenen verstärkt: Steuertricksereien, Warenbetrug und eine horrende Korruption. Das zivilgesellschaftliche Verantwortungsbewusstsein der Chinesen ist über mehr als drei Jahrzehnte Aufschwung nicht im gleichen Maß mitgewachsen. Zur staatlichen Willkür, die oft von korrupten Beamten ausgenutzt wird, kommt die Erfahrung extremer Ungleichheit hinzu. Der Glaube der chinesischen Bevölkerung an das Social-Credit-System entspringt der Hoffnung auf eine gewisse Fairness und Nachvollziehbarkeit, das System wird nämlich als Lösung tatsächlicher, gravierender Alltagsschwierigkeiten und nicht als eigenes Problem betrachtet.

Der Hintergrund des Social-Credit-Systems und dessen Auswirkungen sind insbesondere für Europa bedeutsam. Denn im Westen projizieren wir den Horror der Verhaltensmessung hauptsächlich auf die autoritär-kommunistische Einparteienherrschaft in China. Das passt uns gut in den Kram, weil ein solches System hier nicht droht. Deshalb können wir aus der sicheren Distanz mit wohligem Grusel und selbstgewisser Überheblichkeit auf China herabblicken. Früher hieß es, man esse Hunde in China, heute schüttelt man sich zu den Berichten über das Social-Credit-System. Nein, diese Chinesen! Ohne Zweifel mündet die Vision einer chinesischen kybernetischen Gesellschaft via Social-Credit-System in einer radikalen Überwachungsdystopie. Aber der maßgebliche Baustein dieser Entwicklung ist nicht der autoritäre Kommunismus, sondern die Digitalisierung. Die kybernetische Gesellschaft in China wird in bisher beispielloser Intensität vorangetrieben, aber die Basis für diese ideologischen Entwicklungen ist die digitale Messbarkeit von menschlichem Verhalten. Und genau das geschieht auch in den westlichen Industriestaaten, aus wirtschaftlichem oder sicherheitsbezogenem Interesse. In zwei Provinzen in Kanada gibt es seit einigen Jahren ein System namens RTD (Risk-driven Tracking Database). Dafür werden Daten von Polizei, von Gesundheitsbehörden, dem Jugendamt und anderen Stellen zusammengeführt, inklusive der Vermutung über psychische Erkrankungen, Drogenmissbrauch und »unsozialem Verhalten«. So werden Gefährdungsszenarien für ganze Nachbarschaften, aber auch für einzelne Familien und Personen berechnet. Darauf basiert zum Beispiel die direkte Ansprache gefährdeter Personen. Noch versuchen die Behörden, RTD irgendwie mit Datenschutz und Privatsphäre in Einklang zu bringen. Was aber eine autoritäre Regierung in Kanada mit der Datenbank anfangen würde, möchte man lieber nicht wissen.

Die diesbezüglich größte Gefahr für die liberalen Demokratien des 21. Jahrhunderts liegt darin zu glauben, dass unsere politischen Systeme uns davor schützen, mit den Social-Credit-Systemen vergleichbare Strukturen aufzubauen. Das exakte Gegenteil ist der Fall. Und das liegt nicht oder nicht nur an den Digitalkonzernen aus Kalifornien – sondern an der Kontrollwut westlicher Politik. Ständige Verschärfungen der staatlichen Überwachung zum Beispiel, dauerhaft ausgeweitete Befugnisse für Exekutivbehörden, aber auch eine zunehmende Ausrichtung von Politik und Gesellschaft ausschließlich am Markt. Die Öffentlichkeit wird dadurch auch in Europa zu einem immer intensiver kontrollierten Raum. Und auch hier scheint die Bevölkerung begeistert von eben dieser Kontrolle. Eine repräsentative Umfrage im Frühjahr 2018 in Berlin ergibt, dass 75 Prozent der Berliner sich *mehr* Videoüberwachung wünschen, vergleichbare Zahlen gibt es aus Frankreich, Österreich, Italien, Belgien und den Niederlanden. Und immer ist die Hoffnung der Bevölkerung fast deckungsgleich mit derjenigen der Chinesen: Möge die Technologie die sozialen Probleme auf magische Weise lösen!

Dabei ist die verbreitete Vorstellung von den Kameras an öffentlichen Plätzen oder in Bahnhöfen stark veraltet.

Längst muss man Technologien wie Gesichtserkennung, Profilbildung und die automatisierte Nachverfolgbarkeit einzelner Personen dabei mitdenken. 2018 wurde eine chinesische Technologie vorgestellt, die Individuen nicht mehr am Gesicht, sondern am Gangmuster erkennt. Die Art zu gehen ist ähnlich einzigartig wie ein Fingerabdruck. Und der Gang lässt sich kaum unter einer Kapuze oder hinter einer Sonnenbrille verbergen. In Europa ist Großbritannien das gelobte Land der Videoüberwachung, jeder Winkel der urbanen Öffentlichkeit wird dort ausgefilmt. Mit welchem Druck die Kontrolle des öffentlichen Raumes auch in demokratischen Ländern in Europa voranschreitet, zeigt ein Vorfall in London aus dem Januar 2019. Die britische Polizei testet ein weithin erkennbares Gesichtserkennungssystem auf einem Gehweg in der Innenstadt, mit dem gesuchte Kriminelle aufgespürt werden sollen. Wer aber sein Gesicht vor den Kameras verbergen will, wird von den Polizisten als verdächtig kontrolliert. Einem widerspenstigen Mann wird eine Strafzahlung von 90 Pfund verpasst. So sieht der Druck, sich in der Öffentlichkeit identifizierbar zu machen, im Westen aus.

Die Niederlande dagegen sind führend, was das sogenannte »Predictive Policing« angeht, also die digitale Vorhersage von Verbrechen. Die Polizei nutzt CAS, das »Crime Anticipation System«, das eine Stadt in Planquadrate von 125 mal 125 Meter unterteilt. Wenn sich aus der Datenauswertung eine verdächtig erscheinende Situation ergibt, wird die Polizei losgeschickt, um Verbrechen zu verhindern, noch bevor sie verübt werden. Die Technologie berechnet anhand der Daten bereits geschehener Verbrechen, unter anderem mithilfe von Kamerabildern, Mobilfunkdaten und Nummernschildüberwachung, wann und wo die Wahrscheinlichkeit für ein demnächst verübtes Verbrechen über ein gewisses Maß steigt. In Boston werden für dieses Prinzip auch die Bewegungen von Menschenansammlungen algorithmisch ausgewertet, weil sich daraus die Chance für beginnende Straßenschlägereien oder sogar Unruhen errechnen lässt.

Das mag sich für unbescholtene, arglose Bürger zukunftsgewandt und effizient anhören, aber genau mit dieser Haltung gehen ja auch Chinesen an ihr Social-Credit-System heran: Sie betonen die Vorteile und glauben, dass die Nachteile nur wenige betreffen, sie selbst aber kaum. Dass die europäischen Staaten in Sachen Überwachung und Bewertung der Öffentlichkeit noch nicht so weit und so radikal arbeiten wie China, liegt eher an der schlechteren Technologie, dem Widerstand der Zivilgesellschaft und dem gesellschaftsliberalen Teil der Politik als an den fehlenden Wünschen der Behörden. Die Schwächung der Grundrechte folgt etwas langsamer auch im Westen den technischen Möglichkeiten: In China wird alles gemacht, was technisch möglich ist, in Europa wird über alles nachgedacht, was technisch möglich ist. Im Zuge des NSA-Skandals der flächendeckenden Überwachung ist offenbar geworden, dass die westlichen Öffentlichkeiten sich deutlich weniger für Grund- und Bürgerrechte interessieren als gedacht.

Das Vorbild des chinesischen Social-Credit-Systems war ausgerechnet die deutsche Schufa, die Schutzvereinigung für allgemeine Kreditsicherung, die mit ihren Vorgängerorganisationen seit 1927 praktisch die gesamte Bevölkerung in Sachen Kreditwürdigkeit bewertet. In allen westlichen Industrieländern gibt es Äquivalente dazu, weil Vertrauen für geschäftliche Beziehungen eine Voraussetzung ist. Profilbildung findet längst auch im Westen statt, weniger zentralisiert und weniger autoritär, dafür operiert sie eher klandestin. Ein halbes Dutzend Profile von Ermittlungsbehörden, Technologiekonzernen, Banken, Steuerbehörden und Werbeunternehmen hat heute in Europa Einfluss auf das Leben fast jedes Menschen. In Deutschland ist es mit einem zu schlechten Schufa-Score schwierig oder unmöglich geworden, einen Mobilfunkvertrag abzuschließen, eine privat vermietete Wohnung zu bekommen oder eine Kreditkarte, die man wiederum für viele Internetkäufe braucht. Das entspricht in keiner Weise den illiberalen Einschränkungen in China. Aber Verhaltensdaten werden weltweit verwendet, um Verhalten zu messen, zu analysieren, vorherzusagen und schlussendlich zu beeinflussen.

In fast allen westlichen Industrieländern hat die politische Schule des Nudging Einzug gehalten. Der spätere Nobelpreisträger Richard Thaler hat Anfang des Jahrtausends dieses gesellschaftliche Steuerungskonzept bekannt gemacht. Es handelt sich etwas vereinfacht um die Idee, dass man Menschen dazu bringen könne, das Richtige zu tun, wenn es zugleich das Einfachste oder Angenehmste ist. Was in China der Social-Credit-Score erledigen soll, versucht man im Westen mit Nudging. Die clevere Inszenierung von Entscheidungsmöglichkeiten beeinflusst stark, wofür sich die Menschen entscheiden, im Digitalen ebenso wie in der Kohlenstoffwelt. Entscheidungen sind anstrengend, irgendwann gibt man auf und ergibt sich dem Diktat der Bequemlichkeit. Längst ist bewiesen, dass die meisten Menschen sich bei neuen Geräten und Software für die Voreinstellungen entscheiden, oder besser: sich nicht entscheiden, und dann kommt eben das zur Geltung, was voreingestellt ist. Darin liegt die Gefahr des Nudging: Man kann in zwei, drei, vielleicht auch zehn Punkten gegen den Strom schwimmen – aber nicht in hundert. Wenn sich Nudging paart mit einer Datenauswertungsmaschinerie, dann wird die Freiheit immer stärker eingeschränkt. Weil die Energie und die Zeit fehlen, um sich dagegen in jedem Detail des Alltags zu wehren. Nudging plus Datenanalyse ist eine Art von gesellschaftlicher Manipulation, die mit der zunehmenden Komplexität des Alltags immer leichter durchsetzbar erscheint. Wer über den Grundzustand, über die Voreinstellungen bestimmt, bestimmt das Verhalten der Masse. In den USA, Großbritannien, Frankreich, Skandinavien, Deutschland gibt es dezidierte Nudging-Projekte, auch die EU selbst forscht daran.

Mittelfristig verändert das die Gesellschaft, ob mit oder ohne Social Score. Eine Reihe großer Unternehmen zum Beispiel untersucht die Social-Media-Profile von Jobbewerbern auf Anzeichen, ob es sich um »soziale Störer« handeln könnte. Potenzielle Querulanten werden aussortiert, ohne die Mitteilung, warum das geschehen ist. Um solche und ähnliche Verfahrensweisen wird wenig Aufhebens gemacht, in einigen Ländern handelt es sich auch um eine rechtliche Grau- bis Dunkelgrau-Zone. Aber die Abwesenheit eines Social Score macht die zielgerichtete Bewertung persönlicher Verhaltensdaten kaum weniger schwierig.

Wer sich mokiert über Chinas gruseliges Social-Credit-System, sollte zumindest wissen, dass die westlichen Gesellschaften langsamer voranschreiten und weniger autoritär vorgehen – aber auf einem nicht unähnlichen Weg sind. Unser Vorteil in Europa ist, dass wir uns noch entscheiden können, ob aus der digitalen Gesellschaft auch eine kybernetische wird.

6

KÜNSTLICHE INTELLIGENZ

WIR NANNTEN ES ARBEIT

Wie Künstliche Intelligenz und Plattformen verändern, was wir unter Arbeit verstehen

Im März 2016 hat eine Künstliche Intelligenz wieder mal einen großen Auftritt im Kampf gegen den Menschen. Begonnen hat es beim Schach, mit Deep Blue, dem Supercomputer von IBM. Dann kam irgendwann »Watson«, der eine amerikanische Quizshow gewann. Und nun tritt AlphaGo an, die Künstliche Intelligenz der Google-Tochter Deep Mind. Go, das uralte chinesische Brettspiel, ist von den Regeln her zwar simpler als Schach, hat aber exponentiell mehr Zugmöglichkeiten. Es ließ sich deshalb lange Zeit kaum maschinell vorausberechnen und galt auch unter Experten als kaum bewältigbar für Computer.

AlphaGo schlägt den damaligen Go-Weltmeister 4 zu 1. Irgendwie hat man sich ja daran gewöhnt, dass Computer Menschen in einer Disziplin nach der anderen schlagen, aber dieses Mal scheint etwas anders zu sein. Das Team hinter AlphaGo hat die KI basierend auf den Daten von über 30 Millionen Spielzügen entwickelt, die meist aus Partien von Go-Meistern stammen. Die lernende Software destilliert ihre Erkenntnisse aus den effektivsten, klügsten, besten menschlichen Erfahrungen und überflügelt dadurch den amtierenden Weltmeister. Wie komplex die Technologie ist, lässt ein wenig bekanntes Detail erahnen:

Deep Mind beschäftigt einen Go-Meister, um dem Software-Team zu erklären, weshalb der Computer einen Zug gemacht haben könnte. Aber Go ist ein Spiel mit eindeutigen und vergleichsweise leicht in Maschinensprache übersetzbaren Regeln. Dessen Beherrschung ist daher nicht so aussagekräftig, was die Fähigkeiten der Künstlichen Intelligenz in lebensnäheren Bereichen angeht. Wichtiger und aussagefähiger ist die Entwicklung von Deep Mind nach 2016.

Am 19. Oktober 2017 veröffentlicht das AlphaGo-Team einen Artikel in der führenden Wissenschaftszeitschrift der Welt, Nature. Es handelt sich um einen Wendepunkt – in Sachen Künstliche Intelligenz ohnehin, aber auch für die Zukunft der Arbeit und wahrscheinlich sogar für die Zukunft der Gesellschaft. Die Veröffentlichung ist explosiv, weil sie zwei unterschiedliche Künstliche Intelligenzen gegenüberstellt. Nach AlphaGo begann Deep Mind, eine neue Software namens AlphaGo Zero zu entwickeln. Da die Forschung in diesem Bereich, durch Milliardenbeträge und Billionenhoffnungen getrieben, rasch voranschreitet, konnten einige brandneue Erkenntnisse umgesetzt werden. Während AlphaGo menschliche Erfahrungsdaten nutzt, um die Klugheit der besten Go-Spieler zu einem Konzentrat zu verdichten, arbeitet AlphaGo Zero, wie der Name schon andeutet, ohne menschlich produzierte Daten. Die Gesamtzahl der ausgewerteten Partien von Go-Meistern ist null. Stattdessen verfolgt AlphaGo Zero einen anderen Ansatz: Die Künstliche Intelligenz spielt gegen sich selbst. Sie ist darauf programmiert, aus den Spielen mit sich selbst zu lernen statt aus den menschengeführten Partien. Schließlich lässt das Forschungsteam AlphaGo Zero gegen AlphaGo antreten.

AlphaGo Zero gewinnt hundert zu null.

MORGENDÄMMERUNG DER KÜNSTLICHEN INTELLIGENZ

Dieser vernichtende Sieg markiert den Realitätsschock der Künstlichen Intelligenz: der Moment, in dem uns bewusst werden musste, dass unsere Erfahrung, unsere Intelligenz, und auch unser Wissen viel begrenzter sind, als wir dachten oder hofften. »Ich weiß, dass ich nichts über Go weiß«, hätte Sokrates im Oktober 2017 zugeben müssen. Für die Bewältigung der Herausforderungen, die ein Go-Spiel mit sich bringt, hat der Mensch offenbar in den rund 4300 Jahren der Existenz dieses Spiels nicht die wirksamsten Lösungen gefunden. Der Hundert-zu-null-Sieg des Maschinenwissens über das Menschenwissen zeigt, dass wir dazu neigen, unsere Kenntnisse und Fähigkeiten falsch einzuschätzen oder zu überschätzen. Dabei steht die Welt noch ganz am Anfang der Veränderungen, die Technologie mithilfe von Künstlicher Intelligenz und Robotik hervorrufen wird.

Die menschliche Erfahrung ist weniger wert als erhofft. Für Laien mag ein Spiel wie Go eben nur ein weiteres Spiel sein, aber der Sieg rührt am Selbstverständnis der Intelligenz des Menschen. Etwas vereinfacht: Go hat zu viele mögliche Spielzüge, um sie sinnvoll vorausberechnen zu können. Wo man aber nicht alles berechnen kann, erschien uns bislang die Strategie am klügsten, die auf einer kreativen Anwendung von Erfahrung und Intuition beruht. Aber nun ist uns die Maschine überlegen. Im Grunde hat sie eine eigene Variante der Kreativität und Intuition entwickelt, die über unser Verständnis von »Berechnung« (engl.: compute) weit hinausgeht. AlphaGo Zero hat, wie es ein Teammitglied ausdrückt, die »Beschränkungen der menschlichen Erkenntnis« hinter sich gelassen, Go-Experten sprechen von Zügen und Strategien, die sie noch nie zuvor gesehen haben. Eine neue Welt hat sich offenbart, obwohl der Mensch glaubte, das von ihm selbst erfundene Spiel zu kennen.

Obwohl die Philosophie uns seit Jahrtausenden mahnt, unser Weltverständnis nicht zu überschätzen, lässt die Künstliche Intelligenz erahnen, was uns alles verborgen blieb und noch bleibt. Um auch einen anderen viel zitierten Griechen zu bemühen: Die Maschinen sind soeben dabei, aus der Höhle des Platon zu kriechen, in der wir noch verdammt sind zu hocken, während wir die Schattenspiele der Wirklichkeit an der Höhlenwand beobachten.

Der Faktor, der die Zukunft der Arbeit am stärksten prägt, ist die Digitalisierung. Und der Faktor, der die Digitalisierung in den kommenden Jahren am stärksten prägt, ist Künstliche Intelligenz. Um aber die Verbindung zwischen KI und der Zukunft der Arbeit zu begreifen, muss man sich der Maschinenintelligenz zunächst gesellschaftlich annähern. Zum Beispiel durch die Analyse der öffentlichen Diskussion darüber. Die Debatte um Technologien ist ein entscheidendes Moment in ihrer späteren Wirkung auf die Gesellschaft. Daraus ergeben sich Erwartungen und Regulierungen, und auch auf Investitionsentscheidungen haben öffentliche Debatten großen Einfluss. Ob in einer Branche eine bestimmte Form der Automatisierung eingeführt wird oder nicht, hängt nicht nur von Kennzahlen und Innovationen ab, sondern auch von der Stimmung gegenüber einer spezifischen Technologie. Start-ups, die neue Ansätze in den Markt bringen und deren Erfolg als Gradmesser des Wandels betrachtet wird, unterliegen Moden und Trends, die letztlich durch Debatten entstehen. Man muss sich die Mehrheit der Risikoinvestoren als eine Art geldbewehrte Schafherde vorstellen, in der sich die einzelnen Mitglieder schwer damit tun, gegen die Richtung der Gruppe zu laufen.

Künstliche Intelligenz wird in der öffentlichen Diskussion gleichzeitig überschätzt und unterschätzt. Das mag sich widersinnig anhören, ist es aber nicht, wenn man bedenkt, dass die wenigsten wissen, was Künstliche Intelligenz (KI) genau ist. Der Begriff ist nicht wissenschaftlich präzise definiert und schon gar nicht geschützt. Das hat interessante Folgen: Anfang 2019 untersucht eine Londoner Investmentfirma 2830 Start-ups in Europa, die behaupten, dass KI Teil ihrer Geschäftsmodelle sei. Die Firma findet heraus, dass 40 Prozent davon nichts mit Künstlicher Intelligenz zu tun haben. Es hört sich aber im Moment noch nach Erfolg und Zukunft an. Davon waren offensichtlich auch die Investoren zu überzeugen. Start-ups, die angeben, mit KI zu arbeiten, bekommen 2018 im Schnitt 15 Prozent größere Investitionen von Risikokapitalgebern.

Für den Hausgebrauch reicht eine simple Definition von Künstlicher Intelligenz: <u>KI lässt sich im Alltag synonym zu »lernende Mustererkennung« verwenden</u>. Einerseits erkennt KI also Muster in großen Datensätzen aller Art, die dem Menschen oft verborgen bleiben. Andererseits wird KI dabei über die Zeit besser. Die meisten Laienfragen zur Funktionsweise von KI lassen sich so klären. Wenn man sich tiefer mit KI beschäftigt, wird die Definitionsproblematik nicht unbedingt kleiner. Auf Fachkonferenzen zu Künstlicher Intelligenz in den 1990er-Jahren finden sich Vorträge zu einer Bildersuche im Netz oder der Sortierung von Nachrichten nach sozialen Kriterien. Was damals als KI-Themen besprochen wird, lösen einige Jahre später Googles Bildersuche und Facebooks Newsfeed. Das ist durchaus typisch für das Feld der Künstlichen Intelligenz: Die Ziele, die einmal erreicht worden sind, werden schlagartig normalisiert und verlieren den Glanz, der KI umgibt. Während 2011 Watsons Sieg in der Quizshow noch weltweit für Schlagzeilen sorgte, ist man heute im Wohnzimmer enttäuscht, wenn Amazons Alexa irgendeine Antwort aus dem Fundus des Wikipedia-Wissens nicht sofort parat hat. Nichts ist gewöhnlicher als die KI-Sensation von gestern.

KI ist, ohne dass wir es bemerkt hätten, in unseren Alltag eingedrungen. Fragt man Passanten in einem beliebigen Einkaufszentrum in Europa, wann sie zuletzt ein Produkt mit Künstlicher Intelligenz benutzt haben, wird man meist irritierte Blicke ernten: »Noch nie, ich arbeite doch nicht bei Google.« Die wenigsten dürften hier mit »gestern« oder »vorhin« antworten, das wäre aber realistisch. Im Dezember 2018 sagt der »Chief AI Scientist« von Facebook, das Social Network bestehe »ohne Künstliche Intelligenz nur aus Staub«. Wer wie über 300 Millionen Europäer Facebook nutzt, verwendet ein KI-Produkt. Auch Spracherkennung ist ohne Künstliche Intelligenz kaum denkbar, auf dem Smartphone wie bei Smart Speakern. Anfang 2019 gibt Amazon bekannt, dass über 100 Millionen Amazon Echos verkauft wurden, so heißen die Geräte, die meist nur »Alexa« genannt werden, nach der persönlichen Assistentin darin. Die meisten Europäer haben am Tag mehrfach Kontakt mit Produkten, in denen KI steckt.

ABER ... WANN KOMMT KÜNSTLICHE INTELLIGENZ?

Wenn wir über den Einfluss Künstlicher Intelligenz auf die Ökonomie und die Arbeit sprechen, denken wir an die Zukunft, egal ob in drei, zehn oder fünfundzwanzig Jahren. Danach wird oft die *demnächst* heraufziehende Gefahr beschworen. Anders ließe sich der Generalpessimismus auch gar nicht in Einklang bringen mit der gegenwärtigen Faktenlage, denn im Moment wirkt die Digitalisierung in den meisten Ländern als Jobmotor. Die wichtigste Unternehmensberatung der Welt, McKinsey, veröffentlicht im Sommer 2018 eine Studie, nach der bis zu 30 Prozent der Arbeitnehmer weltweit ersetzt werden könnten, 800 Millionen Menschen. Der chinesische KI-Guru Kai-Fu Lee sagt im Januar 2019, dass innerhalb der nächsten fünfzehn Jahre 40 Prozent der Jobs wegfallen. Es entstünden zwar auch Jobs, aber diese seien hoch qualifiziert und kaum von den eben entlassenen geringer gebildeten Arbeitnehmern zu erledigen. Sowohl Lee als auch McKinsey haben ihre eigenen Agenden. Zukunftswarnungen sind oft die beste Werbung für ein Produkt. Wenn eine Unternehmensberatung vor Jobverlusten warnt, klingt das in Konzernohren eher wie ein Einsparungsversprechen.

Aber durch die Unkenntnis in Bevölkerung, Medien und Politik werden Warnungen vor Massenarbeitslosigkeit für bare Münze genommen. Das ist gefährlich, weil düstere Zukunftsprognosen den Blick auf den längst im Gang befindlichen Wandel versperren. KI kommt nicht irgendwann, sondern ist schon da, die Auswirkungen speziell auf die Arbeit sind bereits erkennbar. Künstliche Intelligenz und Robotik müssen primär als neue, aggressive Formen der Automatisierung betrachtet werden. Und sie wirken auf die Arbeit zunächst wie die meisten Automatisierungswellen zuvor.

Der wichtigste Effekt der Künstlichen Intelligenz auf die Arbeit ist *nicht* Arbeitslosigkeit, sondern die Verstärkung altbekannter Effekte des Kapitalismus. Wir schauen auf den Horizont und halten ängstlich Ausschau nach einem kommenden Tsunami, aber stehen längst bis zur Hüfte im Wasser. Die ständige Mahnung vor den Veränderungen, die sich in zehn oder zwanzig Jahren durch KI ergeben könnten, hält uns davon ab, uns mit den Problemen der Gegenwart auseinanderzusetzen. Seit Jahrzehnten lässt sich in den meisten Industrieländern eine Aufspreizung erkennen, zwischen wenigen hoch bezahlten Jobs und immer mehr schlecht bezahlten. Etwa seit der Jahrtausendwende hat sich zum Beispiel in den USA die Produktivität entkoppelt von der Zahl der Arbeitnehmer. Das ist wahrscheinlich eine Folge der Automatisierung der Industrie und der Globalisierung, insbesondere der örtlichen Verlagerung ganzer Branchen nach Asien.

Vergleichbare Entwicklungen gibt es in europäischen Ländern, wenn die Wirtschaft zwar wächst, aber das Medianeinkommen damit kaum Schritt hält. In Deutschland oder Frankreich überdeckt die Arbeitslosenquote die Diskussion darüber, dass in einigen beschäftigungsintensiven Branchen die Löhne nicht im Verhältnis zur wachsenden Produktivität steigen. Auch hier lässt sich die Globalisierung als eine Ursache ausmachen. Eine andere sind die Lehren des Neoliberalismus, die seit den 1980ern zunächst Konservative und dann auch Sozialdemokraten wie Tony Blair oder Gerhard Schröder maßgeblich beeinflussten.

Nicht nur die Zahl der Arbeitsplätze, sondern auch die Höhe der Entlohnung scheint sich in einigen Branchen von der Produktivität abgekoppelt zu haben. In manchen Berufen ist ein regelrechter Absturz erkennbar. Ein anekdotisches, aber plastisches Beispiel: Ein westdeutscher Juraprofessor verdiente 1963 im Durchschnitt so viel, dass er sich fast jeden Monat einen fabrikneuen VW Käfer kaufen konnte (elf Stück im Jahr, um etwas präziser zu sein). Es gab eine Zeit, da hatte man es als Professorin *geschafft*, auch finanziell. Das ist in Deutschland nicht mehr zwingend so. Eine Juniorprofessorin verdient netto genug, um sich *einen* VW Käfer im Jahr zu kaufen. Wenn sie sonst kein Geld ausgibt. In sozialen Netzwerken raunen sich amerikanische Millennials zu, dass man vor fünfzig Jahren vom Gehalt eines Fabrikarbeiters mit dreißig ein Haus kaufen konnte. Sie selbst hingegen starten als Universitätsabsolventen oft mit einem sechsstelligen Schuldenberg in die Berufswelt.

In diese Realität der Arbeitswelt drängelt sich die große Macht der Künstlichen Intelligenz, die nicht als Killerroboter daherkommt oder als allwissendes Superhirn in einer Halle des Arbeitgebers, die eines Tages eröffnet wird. Vielmehr wird eine neue Version einer längst im Betrieb bekannten Software eingeführt, und dann eine weitere und noch eine, ein fließender Übergang. Immer mehr Funktionen und Arbeitsprozesse werden zunächst durch KI ergänzt, dann erweitert und später vielleicht auch geschluckt. Andere Neuerungen bemerkt man gar nicht, weil sie abseits des Geschehens stattfinden, in das Angestellte Einblick haben. Dadurch wird die beschriebene Aufspreizung weiter vorangetrieben. Das Unternehmen wächst, neue Leute werden für ein neues Projekt eingestellt. Darunter ein paar Spezialisten für KI, die fast jedes Gehalt bekommen. Und sehr viel mehr Leute, die nicht mehr so gut ausgebildet sein müssen wie zuvor.

Dieser Effekt ist, mit etwas anderem Hintergrund, bei einem deutsch-chinesischen Vorzeigeunternehmen der Robotik zu beobachten, bei Kuka. Im Juli 2016 preist man ein Projekt an, bei dem Roboter in eine Werkstätte für geistig behinderte Menschen geliefert werden. So soll die Fertigung für einen regionalen Automobilzulieferer unterstützt werden. Damit offenbart sich eine zu selten thematisierte Konsequenz der Robotik und der Künstlichen Intelligenz: Was früher gut ausgebildetes und deshalb teures Personal erforderte, kann inzwischen mit weniger gut oder fachlich gar nicht ausgebildeten Mitarbeitern bewerkstelligt werden. Ein schon länger beobachtbares, aber oft übersehenes Problem, die Überqualifikation vieler Arbeitnehmer, wird sich weiter verschärfen. Die Regel der neuen Automatisierung durch KI und Robotik heißt: Je klüger die Maschine, desto weniger gut ausgebildet muss die Person sein, die an oder mit ihr arbeitet – und desto geringer die Personalkosten. Das ist der vielleicht wichtigste gesellschaftliche Effekt der Künstlichen Intelligenz auf die Arbeitswelt. Er verstärkt sich überall dort, wo Menschen nicht nur mit Maschinen arbeiten, sondern mit Maschinen konkurrieren müssen.

Folgerichtig finden sich die bittersten Auswüchse in westlichen Industrieländern dort, wo Menschen algorithmisch organisiert für wenig Geld arbeiten: Paketboten werden rund um den Globus ausgebeutet, und zwar schon heute oft mithilfe Künstlicher Intelligenz. Obwohl oder gerade weil der Erfolg der digitalen Handelsplattformen auch ein großes Wachstum der Logistikbranche gebracht hat. Das Fließband des frühen 21. Jahrhunderts ist die algorithmisch gesteuerte Dienstleistung, wie sie bei Paketboten die Regel ist. Deshalb lohnt die nähere Betrachtung der Hintergründe, und das bedeutet in der westlichen Welt, das System Amazon genauer zu untersuchen. Ohne zu vergessen, dass Amazon hier nur ein Beispiel für Digitalisierung auf dem Rücken der ökonomisch Schwachen ist. Die meisten anderen Konzerne dieser Branche verhalten sich kaum besser.

EFFIZIENZ UND DIGITALE EFFIZIENZRADIKALITÄT

Der Handelskonzern ist Vorreiter einer datenperfektionierten Logistik und unterhält seit 2005 eigene Fracht-Infrastrukturen. Inzwischen betrachtet sich Amazon selbst auch als Transportunternehmen, wie im Jahresbericht 2017 des Konzerns zu lesen ist. Amazon-Chef Jeff Bezos ist eine Art Effizienz-Midas, Amazon macht alles, was es berührt, auf gnadenlose Weise algorithmisch effizienter. Knapp 28 Milliarden Dollar betrugen die Versandkosten des Konzerns im Jahr 2018. Diese Summe, vor allem Arbeitskosten, möchte der Konzern mithilfe Künstlicher Intelligenz deutlich reduzieren. Dafür wird das Prinzip Amazon, die *Effizienzradikalität*, vom Warenhandel auf die Auslieferung selbst übertragen.

Aus diesem Grund sieht man weltweit seit 2017 immer mehr Lieferwagen samt Paketboten, die »im Auftrag von Amazon« unterwegs sind. Auch die Auslieferungen innerhalb einer Stunde, die Amazon in vielen Städten anbietet, führt der Konzern in Eigenregie durch. Andere Anbieter wären dazu kaum in der Lage, eine so leistungsfähige Maschinerie funktioniert nur bei perfektem Dateneinsatz. So gibt Amazon den Takt der Logistikbranche vor: Wer teurer ist als die eigenen Lieferstrukturen, wird ersetzt. Bei fünf Milliarden Paketen, die das Unternehmen im Jahr 2017 verschickt, ergibt das für die anderen Marktteilnehmer einen massiven Druck zur Kostenreduktion. Dieser wird, wenig überraschend, in aller Regel an die schwächsten Glieder der Kette weitergegeben: Paketboten. Um den Einfluss Künstlicher Intelligenz auf deren Arbeit zu begreifen, muss man tiefer in die Ökonomie der Logistik einsteigen.

Die Strategieberater der Wirtschaftsprüfungsgesellschaft Price Waterhouse Coopers durchleuchten 2018 den Logistikmarkt und identifizieren zwei Schlüsselfaktoren für die Profitabilität: Erstens die »route density«, also wie viele Pakete bei einer Fahrt eines Lieferwagens ausgeliefert werden können. Und zweitens die »drop size«, wie viele Pakete bei einem einzelnen Stopp ausgeliefert werden können. Diese beiden Messgrößen entscheiden darüber, ob ein Logistikunternehmen floriert oder eingeht. Das mag sich für Laien nach keiner besonders schwierigen Aufgabe anhören, in Wahrheit aber verbirgt sich dahinter komplexe Arithmetik. Zu den großen ungelösten Rätseln der Mathematik gehört das *Problem des Handlungsreisenden*, das passenderweise auch Botenproblem genannt wird: In welcher Reihenfolge muss ein Bote die Lieferorte besuchen, damit der Anfangspunkt der Endpunkt ist, kein Punkt zweimal besucht wird und die Strecke möglichst kurz bleibt? In hemdsärmeligen Annäherungen lässt sich das für innerstädtische Touren mit nicht allzu vielen Haltepunkten bereits heute sagen. Aber das gilt nicht mehr, wenn man die riesigen, komplexen Logistikmaschinerien betrachtet. Dann ergibt sich ebenso riesiges Einsparpotenzial: Wer die Gleichung am besten löst, gewinnt.

Hier kommt die Künstliche Intelligenz von Amazon ins Spiel, und zwar auf mehrere Arten. Die erste bezieht sich auf die Vorhersage: Wo wird wann was bestellt? Je präziser diese Prognosen werden, umso besser kann man sich vorbereiten, indem man die jeweiligen Waren in das nächstgelegene Lager schickt, *bevor* sie bestellt werden. Das mag sich anhören wie Wahrsagerei, funktioniert aber tatsächlich, eben mithilfe der lernenden Mustererkennung, die auf Prognostik spezialisiert ist. Es läuft etwa auf Fragen hinaus wie »Wie viele Wollsocken werden an besonders kalten Tagen in Hannover bestellt?«. Anders lässt sich die »Same-Day-Delivery«, die Bestellung und Lieferung noch am selben Tag, kaum kostendeckend anbieten. Aber genau das erwarten Kunden inzwischen immer häufiger, auch hier erhöht Amazon den Druck auf den gesamten Markt, ähnliche Methoden anzuwenden.

Noch wirkmächtiger kann Künstliche Intelligenz bei der Gestaltung der Warenströme vom Produzenten bis zum Kunden sein, zum Beispiel bei den Lieferrouten. Hier kommen inzwischen sehr viel mehr unterschiedliche Daten zusammen als nur die reine Strecke. UPS hat zum Beispiel bereits in den 1970ern entdeckt, dass die größte Unfallgefahr für die Lieferwagen vom Linksabbiegen ausgeht. Gleichzeitig ist das Linksabbiegen mit längeren Wartezeiten verbunden, weil man den Gegenverkehr erst passieren lassen muss. Deshalb biegen die LKW des Unternehmens in den USA bis heute fast niemals links ab.

Die genaue Berechnung der Touren ist eine Wissenschaft für sich. Durch die schiere Menge der Pakete ist sie nichts weniger als eine Milliardenwissenschaft, bei der weltweit langsam Künstliche Intelligenz die Steuerung übernimmt. Das hängt auch damit zusammen, dass bereits Daten gesammelt werden für die Umstellung auf selbstfahrende

Fahrzeuge. Auch hier werden Paketboten nicht alle gleichzeitig arbeitslos werden, sondern konkurrieren noch offener mit der Maschine; ersetzt wird, wer teurer ist.

Die Route, die ein Paketbote nehmen muss, wird manchmal minutenaktuell neu berechnet. Ein Stau kann darüber entscheiden, ob eine Tour Geld bringt oder Verluste einfährt. Dabei gibt eine Software dem Boten vor, wann er was, wie und wo auszuliefern hat. Der Vorgesetzte der meisten Paketboten von Amazon ist schon heute eine Künstliche Intelligenz, und er ist genauso unerbittlich, wie man befürchtet.

Bei Amazon selbst sind vergleichsweise wenige Paketboten angestellt, stattdessen arbeitet man hauptsächlich mit Subunternehmern. Amazon gibt zwar eine Reihe von Bedingungen für die Kooperationspartner vor, darunter auch einen von Land zu Land angepassten Mindeststundensatz. Aber am Ende zählt, ob ein Subunternehmen ausreichend viele Pakete je Zeiteinheit ausgeliefert hat. Sonst kommen keine neuen Aufträge mehr, Amazon entscheidet manchmal von Tag zu Tag, welche Logistikunternehmen es beauftragt. Ein Insider berichtet 2017 aus Schottland, dass sich Paketboten gezwungen sehen, während der Fahrt in Plastikflaschen zu urinieren. Pausen seien ohnehin unmöglich, und das bei einer Arbeitszeit von sieben Uhr morgens bis zehn Uhr abends. Die Fahrten samt Auslieferungen werden von Amazon in Echtzeit überwacht, schon damit die Effizienz gemessen und im Zweifel verbessert werden kann: mit KI. Der Trick, den Logistik-Subunternehmer zur Kostenreduktion angeblich verwenden, ist der gleiche wie in vielen anderen Branchen: Überstunden sind notwendig, um die Arbeit zu schaffen, werden aber nicht oder nicht angemessen bezahlt.

Mit »Flex« hat Amazon sogar eine eigene Plattform geschaffen, auf der man als Selbstständiger ungefähr so Pakete ausliefern kann wie man als Fahrer bei Uber Taxifahrten durchführt. Arbeit im Plattform-Kapitalismus kann zur Dumpinghölle werden, weil die Regulierung in vielen Ländern immer noch auf die Gegebenheiten des 20. Jahrhunderts zugeschnitten ist. Und so richtig es ist, dass sich Arbeit und Jobmodelle flexibilisieren, so wichtig es ist, dass Mischmodelle aus Selbstständigkeit und Festanstellung entstehen – so stimmt es doch auch, dass die gegenwärtige Situation gefährlich zulasten der Arbeitnehmer verschoben ist. New York City hat deshalb im Dezember 2018 einen zwingenden Mindestlohn für Uber-Fahrer eingeführt. Die Effizienzradikalität der Plattform nutzt die Graubereiche zwischen Abhängigkeit und Selbstständigkeit gnadenlos aus. Der Plattform-Kapitalismus erhöht ohne die richtige Regulierung den Selbstausbeutungsdruck der Arbeitenden brachial. Die Effizienzmaschine Digitalisierung hat die Ressource Arbeit aufs Korn genommen, und das Instrument der Wahl heißt Künstliche Intelligenz.

Was Amazon von Arbeitnehmerrechten hält, kann man anhand eines Lehrvideos für amerikanische Führungskräfte erahnen, das im Herbst 2018 geleakt wird. Darin rät das Unternehmen den Chefs dazu, in der Diskussion mit Arbeitern Gewerkschaften als »lügende Ratten« zu bezeichnen. In den Lagerhäusern ist Amazons Gebaren gegenüber Angestellten sogar noch einmal harscher als gegenüber Paketboten. Im Dezember 2018 wollen Arbeiter in New York ihre Kollegen überreden, sich gewerkschaftlich zu organisieren, und wenden sich dabei auch an die Öffentlichkeit: »Sie sprechen mit dir, als wärst du ein Roboter [...] Sie kümmern sich nur um ihre Zahlen.« Die Arbeiter beklagen sich vor allem über Zwölf-Stunden-Schichten mit viel zu wenigen Pausen, kaum erfüllbare Leistungsvorgaben und nicht bezahltes Warten auf die Sicherheitskontrollen. Im April 2019 werden Dokumente geleakt, nach denen Amazon ein KI-gestütztes System zur Überwachung der Lagerarbeiter verwendet. Damit wird ihre »Produktivität« berechnet, und wenn die unter einen bestimmten Wert sinkt, schlägt die KI die betreffende Person zur Entlassung vor. Amazon gibt zu, an einem Standort zwischen August 2018 und September 2018 rund 300 Mitarbeitern deshalb gekündigt zu haben.

Man muss diese Entwicklungen, den Druck auf die Paketboten ebenso wie auf die Lagerarbeiter, im Kontext der Digitalisierung und Automatisierung betrachten. Arbeiter bei Amazon kämpfen stets gegen den Leistungsdruck der Maschine an. Amazon unterhält weltweit die größte Robotikflotte der Logistik. Der Konzern arbeitet an Lieferdrohnen, seit 2018 sind fahrende Lieferroboter für Städte im Einsatz. Im März 2018 kauft der Konzern das Start-up Kiva, das sich auf automatisch operierende Logistikroboter für Lagersysteme spezialisiert hat. Inzwischen heißt die Abteilung Amazon Robotics und arbeitet daran, die Lagerhallen der Welt zu roboterisieren. Menschen haben einen Platz, solange sie günstiger sind als Maschinen.

Amazon kann solchen Druck auf die Paketboten und Lagerarbeiter ausüben, weil sie durch Maschinen ersetzbar sind. Künstliche Intelligenz und Robotik führen kurz- und mittelfristig dazu, dass immer mehr Menschen mit Maschinen konkurrieren müssen. Die eigene Arbeitskraft gerät in einen nicht zu gewinnenden Wettstreit mit der Produktivität der Maschine, lange bevor die menschliche Aufgabe vollständig durch Maschinen übernommen werden kann. Das ist die Wahrheit, die heute schon absehbar ist und durch die schnelle Fortentwicklung von KI und Robotik immer mehr Branchen und Jobs betrifft. Die Automatisierung macht die Massen nicht arbeitslos, sondern ärmer, jedenfalls die weniger gut Ausgebildeten. Weil sie immer leichter ersetzbar werden. Während wir uns gegenseitig erschrecken mit allen möglichen Statistiken, welche Branchen in zehn Jahren durchautomatisiert sein werden, entsteht schon jetzt ein Automatisierungsprekariat – in Echtzeit.

MASCHINENKONKURRENZ UND DAS VERSTECKTE PROBLEM ÜBERQUALIFIKATION

Die Konkurrenz Mensch gegen Maschine breitet sich aus, je mehr verschiedene Aufgaben KI und Roboter übernehmen können. Dieses schnelle Wachstum trifft weltweit auf Gesellschaften, in denen immer mehr Menschen überqualifiziert sind. Der Soziologe als Taxifahrer ist dabei nur eine aus dem 20. Jahrhundert übrig gebliebene Anekdote. Überqualifikation ist ein unterschätztes Problem, das kaum anhand klassischer Arbeitsmarktstatistiken zu erkennen ist. In Deutschland ist 2014 nach einer Untersuchung des Instituts für Arbeitsmarkt- und Berufsforschung rund jeder sechste Arbeitnehmer überqualifiziert, über sieben Millionen Menschen. In Österreich wird dieser Wert regelmäßiger beobachtet, dort ist zwischen 1994 und 2015 die Quote der Überqualifizierten von zwölf auf fast zwanzig Prozent geklettert. In Großbritannien ist die Situation noch ärger, insbesondere bei Leuten, deren Universitätsabschluss weniger als fünf Jahre alt ist. Zwischen 2001 und 2013 stieg bei ihnen der Anteil der Überqualifizierten von 37 auf 47 Prozent. Auch bei länger am Arbeitsmarkt befindlichen Universitätsabsolventen wuchs diese Zahl, nämlich von 27 auf 34 Prozent. Eine Studie von 2013 kam zu dem Ergebnis, dass in den USA fast die Hälfte der Arbeitnehmer mit akademischen Abschlüssen für ihren Job überqualifiziert sei.

Die Interpretation dieser selten öffentlich besprochenen Zahlen ist einigermaßen eindeutig. Neben einer Minderheit, die einfach weniger anspruchsvoll arbeiten möchte, gibt es eine Mehrheit von Arbeitnehmern, deren Potenzial immer weniger ausgeschöpft wird. Und die in der Folge weniger verdienen, als sie könnten. Die Zeiträume dieser spätestens seit den 1990er-Jahren erkennbaren Entwicklung offenbaren, dass es sich um schon länger bestehende Effekte des Kapitalismus handeln muss. Vor diesem Hintergrund drängt Künstliche Intelligenz mit Macht in die Unternehmen, und sie kann von Jahr zu Jahr mehr und umfangreichere Arbeiten übernehmen. Dafür muss man nicht einmal die naheliegenden Bereiche der Automatisierung betrachten wie selbstfahrende Autos.

Die Künstliche Intelligenz greift auch heftig in die Wissensarbeit ein. Auch wenn dort die Verdrängungseffekte bisher kaum erkennbar sind, so verursachen sie doch bereits ein gewisses Stirnrunzeln bei Wissenschaftlern. Zum Beispiel bei Mohammed AlQuraishi, promovierter Genetiker, Systembiologe und Machine-Learning-Spezialist (Machine Learning ist eine Disziplin der Künstlichen Intelligenz). AlQuraishi widmet sich seit zehn Jahren einer höchst relevanten Zukunftsforschung, nämlich der Proteinfaltungsvorhersage-Modellierung. Das Wort ist so sperrig wie ein defekter Wäscheständer in der Abstellkammer, aber es entscheidet faktisch über Leben und Tod. Diese Methodik wird vor allem in der Pharmaforschung verwendet. Um neue medizinische Wirkstoffe zu entwickeln, werden heute nur noch selten Chemikalien in Reagenzgläser geschüttet, stattdessen werden die meisten Versuche virtuell am Rechner durchgeführt. Proteine, Eiweiße, die Hauptbestandteil allen Lebens sind, können dabei besonders komplex sein. Das liegt an der sogenannten Proteinfaltung. Die Bestandteile eines Proteins, die Aminosäuren, bilden eine bestimmte dreidimensionale Struktur. Von dieser Struktur hängt maßgeblich ab, wie genau das Protein wirkt, ob es als Medikament gegen Krebs funktioniert oder zum sofortigen Tod führt. Deshalb ist ein Wettbewerb darum entstanden, den genauen Aufbau von Proteinstrukturen vorherzusagen, um besser deren Wirkungen abschätzen zu können. Die internationale Wissenschaftscommunity führt diesen Wettbewerb auch tatsächlich durch, er heißt CASP und findet zweijährlich in Kalifornien statt. Im Dezember 2018 nimmt dabei neben Mohammed AlQuraishi erstmals ein besonderer Gegner teil: AlphaFold – die Schwester-KI von AlphaGo. Sie gewinnt den Wettbewerb mit einem nie da gewesenen Vorsprung, der die Forschergemeinde nachhaltig beeindruckt. AlQuraishi wird bekannt, weil er einen langen Blogartikel schreibt, in dem er eingesteht: Ja, die Künstliche Intelligenz hat mein Lebenswerk überrundet, und ich fühle mich deshalb nutzlos. Mit herzwärmender Selbstbeobachtung beschreibt er seinen Weg von der Melancholie über die trotzige Resignation bis zur positiven Akzeptanz dieser Tatsache. Im Interview sagt er: »Früher dachten viele Leute, es gebe eine Art Hierarchie unter den Jobs – intellektuelle Berufe würden die letzten sein, die ersetzt werden, und mechanische Jobs die ersten. Aber das ist inzwischen völlig unklar.« Es klingt besonnen und verunsichert zugleich.

Die Anforderungen an Berufe ändern sich stärker als je zuvor. Selbstständige sind solche Veränderungswellen eher gewohnt, aber gerade in den Welten der klassischen Festanstellung, noch immer die Normalität der Industrieländer, ergeben sich umfassende Herausforderungen. Ein sinnvolles Zusammenspiel der Arbeit zwischen Mensch und Maschine ist schon lange Alltag. Die richtige Art der Kooperation zwischen intelligenten Maschinen und Menschen muss dagegen erst entwickelt werden. Das frühe 21. Jahrhundert ist eine ungünstige Zeit für Menschen, denen Planbarkeit wichtig ist, und die beruflichen Sphären, in denen das gilt, werden immer umfassender.

DER WANDEL IN DER CHEFETAGE

Ein besonderer, für Laien vielleicht überraschender Anwendungsbereich der KI verdient nähere Betrachtung, weil er das Zeug hat, in wenigen Jahren nicht nur die Arbeit, sondern ganze Unternehmensstrukturen zu verändern: »Decision Making«, die Entscheidungsfindung mithilfe Künstlicher Intelligenz. Dieser Wandel betrifft bisher eher die Chefetagen, aber weil es meist um strategische Entscheidungen geht, wirkt er sich auf das ganze Unternehmen aus. In und um Unternehmen herum werden immer mehr Daten erhoben, von der Performance der Zulieferer über die eigenen Arbeitsprozesse bis zum Kundenverhalten. Die Auswertung dieser Daten heißt Business Intelligence, ein Ansatz, den längst fast alle europäischen Konzerne nutzen. Dabei werden die Daten so vorbereitet, dass die Verantwortlichen sinnvolle Entscheidungen treffen können. Brauchen wir ein neues Modell und wie teuer sollte es sein? Müssen wir mehr Märkte in Asien erobern? Warum funktioniert die neue Werbekampagne nicht und wie können wir sie verbessern?

Das kann auf Basis der eigenen aktuellen Daten, der Daten aus der Vergangenheit, der verfügbaren Daten von Konkurrenten und Märkten geschehen sowie je nach Branche auch mithilfe von ganz allgemeinen Daten von Wetterprognosen bis zur Einschätzung der politischen Lage in weniger stabilen Ländern. Der kaufmännischen Fantasie sind hier kaum Grenzen gesetzt, weil das digital verfügbare

Weltwissen inzwischen auch qualifizierte Vorhersagen über die türkische Erdbeerernte in drei Jahren umfasst. Das hört sich an wie ein Witz, aber die Türkei ist mit über 300000 Tonnen Jahresproduktion das zweitwichtigste Erdbeeranbauland der Welt. Leicht nachvollziehbar, dass die politische Lage, der Schädlingsbefall oder die Wetter- und Klimaentwicklung in der Region großen Einfluss auf Erntemenge und Preise haben können. Wer die Welt flächendeckend mit einer brandneuen Erdbeermarmelade beglücken möchte, muss also sehr viele, sehr unterschiedliche Daten in seine Überlegungen einbeziehen. Eigentlich zu viele für einzelne Menschen. Aber bisher gab es tapfere Konzernlenker, die durch eine Mischung aus datengetriebener Erkenntnis, Expertengutachten und Bauchgefühl trotzdem strategische Entscheidungen trafen.

Auf dieser schon existierenden Datengrundlage setzt das Decision Making auf. Die intelligente Software errechnet dabei, welche Entscheidung die größten Erfolgschancen haben wird. Das kann auch mithilfe von Simulationen geschehen, bei denen verschiedene Szenarien durchgerechnet und nach Chancen und Risikopotenzial bewertet werden. Je nach Variante und Einsatzfeld schlägt die KI eine oder mehrere Entscheidungen vor oder trifft sie gleich selbst. Meine Prognose ist, dass es in wenigen Jahren in den Chefetagen großer Konzerne selbstverständlich ist, umfassendes Decision Making einzusetzen, und zwar auf ähnliche Weise, wie heute die Ratschläge von Strategieberatungen behandelt werden. Die nämlich werden bei großen Entscheidungen vorher angefordert, und dadurch entsteht ein gewisser Druck. Wenn eine hoch bezahlte Beratung ein

Papier erstellt, in dem dringend dazu geraten wird, nicht auf Erdbeer-, sondern auf Himbeermarmelade zu setzen, können sich die Verantwortlichen dagegen entscheiden. Sie müssen es aber gut begründen und gehen ein größeres Risiko ein. Auch für den eigenen Job. Je klüger die Daten künftig analysiert werden, desto schwieriger und riskanter wird es, sich dagegen zu entscheiden. Dieser Weg wird in den Führungsebenen längst beschritten, aber zunehmend finden verschiedene Formen des Decision Making Eingang in den Arbeitsalltag normaler Angestellter.

Die Investitionsentscheidungen bestimmter Fondsgesellschaften treffen Künstliche Intelligenzen selbsttätig, ohne Menschen vorher auch nur zu informieren. Ähnlich transformieren sich bestimmte Bereiche der Werbung, wo die Aussteuerung und sogar die Motive von Werbekampagnen im Netz nicht mehr menschlich definiert werden. Die KI bekommt ein Budget und ein Ziel, probiert im vorgegebenen Rahmen herum, zum Beispiel durch die Kombination verschiedener Text- und Bildmotive einer Onlineanzeige, und lernt sehr schnell, was am besten funktioniert. Künstliche Intelligenz saugt Entscheidungen auf wie ein schwarzes Loch Masse. Immer mit dem Versprechen, die klügeren, effizienteren Entscheidungen zu treffen.

Die Auswirkungen dieser Veränderungen, die manchmal nur mit einem Software-Update in der Firma einhergehen, können kaum überschätzt werden. Ständige kleine Schritte summieren sich zu einer großen Verschiebung. Künstliche Intelligenzen beginnen, Entscheidungen quer durch die Wirtschaftswelt an sich zu reißen. Bisher sind dabei aber kaum »Checks and Balances« eingebaut, Sollbruchstellen und überprüfbare Nachvollziehbarkeit. Ein gefährlicher Makel kristallisiert sich langsam heraus. Die Antwort auf die simple Frage »*Warum* wird so entschieden?« wird überraschend häufig ausgeblendet. Das hat manchmal einen konkreten Grund: Die Antwort kann außerordentlich komplex sein. Einige KI-Anwendungen beziehen über 100 000 Faktoren in die Berechnung einer einzigen Entscheidung ein, da ist eine eingängige Begründung schwer in zwei Sätze zu fassen. Gefährlich kann das werden, weil Software prinzipiell fehlbar ist. Erst recht KI, denn dahinter verbirgt sich eine Komplexität der Datenverarbeitung, die selbst bei vollständiger Transparenz kaum oder gar nicht mehr nachvollziehbar ist. Je mehr Entscheidungen Künstliche Intelligenz trifft, desto schwieriger wird es, den Sinn dahinter zu erkennen.

Wir steuern auf eine digitale Gesellschaft zu, in der selbst Experten ganz alltägliche Zusammenhänge ihrer eigenen Arbeit nicht mehr durchdringen. Angenommen, man fragt die Person, die für den entsprechenden Teil der Facebook-Software verantwortlich ist, warum ein Inhalt im Nachrichtenstrom angezeigt wird und der andere nicht, dann ist deren einzig ehrliche Antwort: Ich weiß es nicht, das hat die KI so anhand von Nutzungsdaten entschieden. Leicht sind Situationen vorstellbar, in denen Einzelentscheidungen von Unternehmen oder Institutionen gesellschaftsverändernd wirken können. Bei der Versicherung, die nicht mehr genau sagen kann, warum sie einen Kunden annimmt und den anderen nicht. Oder weshalb ein Kreditnehmer als Risiko betrachtet wird und der andere nicht. Diskriminierung per Software kann neue und noch schwerer entdeckbare Formen annehmen. Und doch wird KI immer mehr Entscheidungen in der Arbeitswelt der Zukunft treffen und damit tiefer in das eindringen, was wir heute Arbeit nennen.

KREATIVITÄT UND EMPATHIE

Ein häufig gehörter Ratschlag für die Vorbereitung auf die Zeit der Künstlichen Intelligenz ist, dass kreative Arbeiten vor der Automatisierung sicher seien, denn: »Maschinen sind nicht kreativ!« Leute, die so sprechen, überschätzen meist den Wert von Kreativität im Alltag eines durchschnittlichen europäischen und speziell deutschen Konzerns. »Da kommt unsere Kreative« – das ist aus dem Mund eines Abteilungsleiters nicht immer ein reines Kompliment. Im Gegenteil sind die stark hierarchisch geprägten Strukturen in den Großkonzernen des 20. Jahrhunderts geradezu ein Garant dafür, dass real angewandte Kreativität als Unruheherd und die Ordnung störend betrachtet wird. Nüchtern besehen ist sie das auch. Kreativität hat, insbesondere im ökonomischen Kontext, oft eine zerstörerische Komponente. Jeder durch Kreativität angestoßene Wandel bedeutet in größeren Unternehmen eine potenzielle Machtverschiebung. Davon sind insbesondere Leute unbegeistert, die unter Arbeit verstehen, Macht im Unternehmen zu sammeln und zu bewahren. Echte Kreativität gerät auch schnell in Konflikt mit seit Jahrzehnten bewährten Systemen von ISO 9001 bis zur Agenda mit siebzehn Tagesordnungspunkten. Im Intranet nervt der eine kreative Typ aus Abteilung 5B auch nur. Karriereförderlich sind in den klassischen Strukturen, in denen die fest angestellte Mehrheit noch immer steckt, viel eher Plansoll-Erfüllung, Disziplin und hierarchische Härte. Jedenfalls häufiger als alles, was man außerhalb der Marketingabteilung als »kreativ« einordnen würde.

Aber Unternehmensstrukturen können sich ändern, sogar in Deutschland, das wäre theoretisch also eine Hoffnung. Aber eben nur theoretisch. In der Praxis erobert Künstliche Intelligenz viele Bereiche der kreativen Schöpfung. Dadurch wird der Ansatz weniger wahrscheinlich, mithilfe eines besonders kreativen Jobprofils den Ansturm der intelligenten Maschinen abzuwehren. Ende März 2019 hat Warner Music, eines der drei größten Musiklabels der Welt, erstmals einen Plattenvertrag mit einem Algorithmus abgeschlossen. Dieser stammt von der kleinen deutschen Firma Endel, die sich als »cross-platform audio ecosystem« bezeichnet. Solche Bezeichnungen, elegant an der Grenze zur Lächerlichkeit entlangtänzelnd, helfen Start-ups dabei, Geldgeber zu überzeugen. Endel produziert einen individuell auf die Person zugeschnittenen Klangteppich, der Konzentration und Wohlbefinden verbessern soll. Für Warner Music soll Endel stimmungsbasierte Soundalben kreieren. Für das erste Jahr sind zwanzig verschiedene Alben geplant. Im Netz sprießen Plattformen aus dem digitalen Boden, die von Künstlicher Intelligenz ersonnene Musik anbieten. KI schreiben und verfeinern inzwischen sogar Drehbücher; das Niveau ist noch ausbaufähig, aber Machine Learning bedeutet ja gerade, dass Maschinen stetig besser werden. Kreativität ist – für die vielen – beim besten Willen kein

Ausweg aus dem drohenden Dilemma, mit Maschinen in Konkurrenz treten zu müssen.

Auch die im selben Atemzug manchmal genannte Empathie erscheint nur mäßig gut als Vorsprung vor den Maschinen geeignet. Zum einen ist Empathie kaum eine Fähigkeit, die für sich genommen einen Beruf ausmacht. Der Kapitalismus des frühen 21. Jahrhunderts erscheint mir nicht gerade wie ein Siegeszug der Empathiebegabten. Und zum anderen machen auch hier die Maschinen Fortschritte, so unglaublich es sich anhört. Seit 2016 arbeitet die Firma X2AI an einer KI namens Tess. Tess ist ein Chatbot, also eine Künstliche Intelligenz, die mit Menschen sinnvoll chatten kann. Tess ist eine künstliche Psychologin. Das Start-up soll dreizehn Millionen zahlende Kunden haben und preist auf seiner Seite eindrucksvolle, von unabhängigen Experten überprüfte Erfolge an.

Tess schafft offenbar, dass sich Menschen durch Interaktion mit ihr besser fühlen. Man kann das bei aller Skepsis als Erfolg betrachten, denn Tess kommt zum Einsatz, lange bevor jemand überhaupt einen Termin bei einem Psychotherapeuten bekommt. Tess ist immer verfügbar, und das im Smartphone, das alle mit sich herumtragen. Wenn die Leute sich nach dem, nun ja, Gespräch mit Tess besser fühlen, ist das ein Erfolg. Und ein Hinweis darauf, dass selbst Empathie und Einfühlungsvermögen in Zukunft keine rein menschenexklusiven Fähigkeiten mehr sein werden.

VERFLÜSSIGUNG

Für die Arbeit der Zukunft bedeutet das, dass quer durch alle Bereiche der Arbeit Künstliche Intelligenz eingesetzt werden wird. Viele Experimente werden anfangs katastrophal scheitern. Es ist eine Art Naturgesetz der Digitalisierung, dass auf jede geldgestützte Euphorie Ernüchterung folgt. Den Trend wird das nicht aufhalten. KI muss als nächste Stufe der Digitalisierung betrachtet werden, und sie wird mit der gleichen Unerbittlichkeit flächendeckend eingeführt werden wie in den 1990ern PCs auf den Büroschreibtischen.

Künstliche Intelligenz verändert damit sowohl die Art zu arbeiten wie auch die Kenntnisse und Fähigkeiten, die man für einen Beruf mitbringen muss. Faktisch gerinnen viele Tätigkeiten, die heute noch gut ausgebildeten Spezialisten vorbehalten sind, zu Maschinenbetreuungsjobs. Tieferes Know-how der Materie ist dabei nicht schädlich, aber auch nicht unersetzlich. Der Übergang dürfte eher schleichend als plötzlich vor sich gehen – darin liegt eine Chance für diejenigen, die bereit sind zur Weiterentwicklung. Das flächendeckende Gelingen der digitalen Transformation aus ökonomischer Sicht wird maßgeblich von Bildung und Weiterbildung abhängen. Aber die steigende Zahl der Überqualifizierten lässt mich daran zweifeln, ob Bildung auch die sozialen Härten abfedern wird. Die Anzahl der einfachen Tätigkeiten wird zwar nicht zwingend abnehmen, aber die Menge der Menschen nimmt zu, die einfache

Tätigkeiten ausführen müssen, um zu überleben. Dadurch entsteht auch in den Bereichen mehr Konkurrenz, wo Maschinen nicht oder besser noch nicht konkurrieren können.

Die Transformation der Arbeit in Unternehmen durch vernetzte Technologie und speziell durch Künstliche Intelligenz wird begünstigt durch einen Fortschritt, der schon im ausgehenden 20. Jahrhundert begann: Verflüssigung. Darunter kann man drei Veränderungen der Arbeit fassen, die direkt oder indirekt durch die Digitalisierung vorangetrieben werden:

- die Beschleunigung und damit der Druck zur schnelleren Reaktion in fast allen Bereichen
- die Verflachung der Hierarchien und die Vernetzung der Kommunikation über klassische Rangordnungen hinweg
- und nicht zuletzt, sondern zuerst der immer stärkere Wunsch zur Flexibilität durch die Arbeitenden selbst

Die zunehmende Geschwindigkeit ist einer der wirkmächtigsten Treiber des Wandels. Wie relevant Geschwindigkeit für die Wirkung sein kann, lässt sich einfach nachvollziehen, indem man das gleiche Metallkügelchen von zehn Gramm Gewicht zweimal aufzufangen versucht. Einmal, wenn es von Hand zugeworfen wird. Und einmal, wenn es mithilfe eines Gewehrs beschleunigt wird. Die digitale Beschleunigung führt zu einer Reihe von Prozessen, die in Echtzeit bearbeitet werden müssen. Viele Kollaborationsinstrumente funktionieren zum Beispiel erst dann sinnvoll, wenn die Teilnehmer in angemessenen Zeiträumen aufeinander reagieren. Für die Arbeit des 20. Jahrhunderts war relevant, am selben Ort zu sein. Für die Arbeit des 21. Jahrhunderts wird es wichtiger, zur gleichen Zeit zu arbeiten, damit dialogische Kommunikation möglich wird. Ein deutscher Trendforscher erklärt 2010 gar: »Echtzeit ist nicht schnell genug! Ihre Aufgabe: Schneller als Echtzeit!« Das hört sich damals an wie klassischer Bullshit: Klingt interessant, hat aber den Nährwert von Styropor, Ausrufezeichen! So hört es sich auch zehn Jahre später noch an, aber ehrlicherweise muss man zugeben, dass Amazons Künstliche Intelligenz mit der Kaufprognose für die Auslieferungslager zumindest in diese Richtung geht. Der Handelskonzern plante eine Zeit lang sogar, unbestellte Waren zu verschicken, von der die KI vermutet, der Kunde könnte sie behalten wollen.

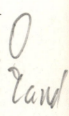
Quality Land

Aber durch die Geschwindigkeit wird zugleich der zweite Aspekt des Wandels der Arbeit vorangetrieben, nämlich die Verflachung der Hierarchien. Das Musterunternehmen des 20. Jahrhunderts wurde mit quasimilitärischer, pyramidenförmiger Hierarchie geführt, allen Wohlfühlslogans zum Trotz. Das Musterunternehmen des 21. Jahrhunderts erscheint eher wie ein Netzwerk mit sanftem Anstieg zur Mitte hin. Von solchen Strukturmetaphern darf man sich nicht täuschen lassen, auch in tollen neuen Netzwerkunternehmen kann der Moment kommen, in dem die Chefin den Mitarbeiter entlässt. Und Amazon taugt sehr gut als Gegenbeispiel. Aber schon bei Google oder Facebook zeigt sich, dass sich gerade die besten Mitarbeiter nur eingeschränkt in Hierarchien mit klassischen Befehlsketten einfügen lassen wollen. Das mittlere Gehalt bei Facebook liegt bei 240 000 Dollar im Jahr (2017), das lässt erahnen, wie wertvoll die Mitarbeiter aus Sicht des Unternehmens sind.

Die allermeisten Unternehmen werden auch weiterhin nicht demokratisch organisiert sein. Aber der Arbeitsalltag wird kooperativer, und daraus folgt zwingend eine fortschreitende Verflachung der klassischen Hierarchien. Immer mehr unterschiedliche, aber wichtige Daten strömen in die Unternehmen, und je länger es braucht, um darauf sinnvoll zu reagieren, desto schlechter. Schnelles Handeln bei Marktveränderungen oder im Kommunikationsalltag bedeutet, Verantwortung aus der Chefetage in die zuständigen Abteilungen zu delegieren. Wenn ein Unternehmen in kritischer Situation in sozialen Medien sprechfähig sein möchte, taugt ein vom Vorstand vierteljährlich abgenommener »Redaktionsplan für Twitter« nichts. Eine netzwerkartige Verteilung der Verantwortung hört sich einfach und naheliegend an, widerspricht aber vielen heutigen Unternehmensstrukturen, wo keinesfalls die penibel festgelegte Kommunikationshierarchie verletzt werden darf.

Diejenigen, die dieses Prinzip der hierarchischen Kontrolle durchbrechen wollen und werden, sind die Arbeitenden selbst. Die digitale Vernetzung ist ihr Schwert, die Verflüssigung der Arbeit ihr Schild und der gesellschaftliche Wandel das noch immer ferne Ziel. Ende des 20. Jahrhunderts wurde Flexibilität im Sinne des Soziologen Richard Sennett (»Der flexible Mensch«) als schädlich und von Unternehmen geradezu bösartig erzwungen dargestellt. Ein Schreckgespenst namens Flexibler Kapitalismus schien Arbeitende nur noch als ständig verfügbare Verschiebemasse zu betrachten. Heute ist Flexibilität eine

Anforderung *an* die Unternehmen. In den reicheren Industrieländern ist auf dem Arbeitsmarkt der besser Ausgebildeten sogar ein regelrechter Verkäufermarkt entstanden: Es gibt sehr viel mehr offene Stellen als Bewerber. Gerade diejenigen Bewerber aber, um deren Zuschlag die meisten Unternehmen ringen, vertreten immer selbstbewusster ihre Forderungen. Dabei ganz vorn sind eine ganze Reihe flexibler Arbeitsweisen. Einige darunter sind von der digitalen Bohème in die Welt der Festangestellten hineingesickert. Home Office zum Beispiel, das in den Niederlanden seit 2015 ein gesetzlich geregelter Rechtsanspruch von Arbeitnehmern ist. In mehreren skandinavischen Ländern gelten vergleichbare Regelungen, wodurch sich die Quote derjenigen, die wenigstens ab und zu von zu Hause oder unterwegs arbeiten, in wenigen Jahren fast verdreifacht hat. In Dänemark, Schweden und den Niederlanden liegt sie zwischen 30 und fast 40 Prozent. Auch der Wunsch nach einer Phasenflexibilität der Arbeit wird intensiver: Sabbatjahr oder Viertage-Woche werden eingefordert, andernfalls unterschreibt man den Arbeitsvertrag nicht. Wer erst einmal vom süßen Nektar der Arbeitsflexibilität gekostet hat, möchte selten dahinter zurückfallen. Deshalb hat die Corona-Pandemie schon in den ersten Monaten eine so tief greifende Wirkung auf die Arbeitswelt gehabt. Gerade in Ländern wie Deutschland, wo sich viele Unternehmen und auch die Angestellten selbst lange eher skeptisch bis abwehrend gaben, zeigte sich: Es geht doch, wenn man nur möchte. Oder wenn es eben gehen *muss*.

Das ist auch ein Beispiel für die Wirkmacht der vernetzten Technologie, zwei Erfindungen haben Telearbeit und

Home Office überhaupt erst für durchschnittliche Bürojobs ermöglicht. Das eine ist das Mobiltelefon, das in dieser Hinsicht für einen Schub seit Mitte der 1990er-Jahre verantwortlich sein dürfte. Das andere ist – WLAN. Heute ist es schwer vorstellbar, aber noch zur Millenniumsfeier dürften die wenigsten Menschen überhaupt gewusst haben, was WLAN ist. Die Technologie hat erst im Sommer 1999 den Massenmarkt erreicht, als Steve Jobs das erste iBook vorstellt. Dieser bunte Studenten-Laptop findet so rasch Aufmerksamkeit und Verbreitung, dass schon kurze Zeit später WLAN-Chips in die meisten Mobilrechner eingebaut wurden. Es gab schon zuvor technische Möglichkeiten, um mobil ins Netz zu gehen, aber sie waren teuer und unpraktikabel. In den ersten Jahren des Jahrtausends wird WLAN der entscheidende Faktor, um außerhalb des Büros am digitalen Geschehen, etwa durch den E-Mail-Empfang, teilnehmen zu können. Gut zwanzig Jahre nach der Geburt des WLAN steht die Verflüssigung der Arbeitswelt davor, eine nächste und entscheidende Ebene zu erreichen.

NEW WORK, BILDUNG UND DIE FRAGE, WAS ARBEIT EIGENTLICH IST

Wenn man dem Philosophen Frithjof Bergmann folgt, dann ist die traditionell ausgerichtete kapitalistische Arbeitsgesellschaft des 20. Jahrhunderts bereits vor vielen Jahren an ihr Ende gelangt. Eine sympathische Sichtweise, sie scheint sich bloß noch nicht überall herumgesprochen zu haben. Bergmann hatte Ende der 1970er-Jahre Reisen durch Osteuropa unternommen, die ihn nachhaltig von der Idee eines funktionierenden kommunistischen Systems heilten. Dann sah er, wie Kapitalismus und Automatisierung die Arbeit veränderten. Er schuf New Work als Gegenkonzept für eine Gesellschaft, die durch die Automatisierung an Arbeitsplätzen vor allem industrieller Prägung immer ärmer würde. Drei Säulen beschrieb Bergmann: die klassische Erwerbsarbeit; clevere technologisch ermöglichte Formen der dezentralen Selbstversorgung; und schließlich, das zu tun, was man »wirklich, wirklich machen« möchte. Wie ich aus eigener Erfahrung nachdrücklich bestätigen kann, kann es zur Lebensaufgabe ausarten, herauszufinden, was man »wirklich, wirklich machen« möchte. Bergmann sah deshalb weltweit Zentren für New Work vor, betreute Selbsterkenntnis und Sinnfindung in Sachen Arbeit. Als hellsichtige Reaktion auf das Ende der alten Arbeit erfand Bergmann die Utopie New Work. In den heutigen Debatten wird der Begriff aber nur noch selten im ursprünglichen Sinne seines Schöpfers verwendet.

New Work wurde zunächst zum allumfassenden Stichwort für den Wandel der Arbeit durch Globalisierung und Digitalisierung. Schließlich traten die Aspekte von Sinnsuche und die Chancen der Flexibilität in den Vordergrund. Eine präzise Definition, auf die man sich im Diskurs einigen kann, gibt es aber noch nicht. Das ist kein Unglück, sondern eher programmatisch und vielleicht sogar die einzige Möglichkeit. Denn der Weg von New Work in die Mitte der Gesellschaft ist noch viel unklarer als erhofft.

Das liegt einerseits am schnellen technologischen Fortschritt, der Arbeit insgesamt neu zu definieren scheint. Und andererseits daran, dass Kapitalismus derzeit in schwer einschätzbare Sphären driftet. Die unterschiedlichen kapitalistischen Subsysteme der Welt zwischen sozialer Marktwirtschaft, radikaler Marktorientierung und Staatskapitalismus stehen an einem Scheideweg. Einerseits durch den spektakulären Erfolg des digitalen Plattform-Kapitalismus, andererseits durch den nicht weniger sensationellen Misserfolg bei der fast weltweit wachsenden sozialen Ungerechtigkeit. Das verbreitete Misstrauen dem Freihandel gegenüber, von der TTIP-Ablehnung in Europa bis zu Trumps Handelskrieg mit China, deute ich als Symptome einer Krise des globalen Wirtschaftssystems insgesamt.

Der Kapitalismus steht sicher nicht unmittelbar vor dem Untergang, aber der Druck wächst von vielen Seiten. Die Frage, ob ewiges Wachstum mit der Erhaltung des Planeten überhaupt vereinbar sei, wird häufiger und lauter gestellt. Die Skepsis, ob die Unwucht des Kapitalismus durch die Globalisierung nicht viel zu stark zugenommen hat, wird größer. Der Zweifel, ob die Krise der liberalen Demokratien nicht ganz unmittelbar mit kapitalistischen Schäden der Gesellschaft zu tun hat, nagt an immer mehr Menschen. Daraus ergeben sich Unwägbarkeiten, die schwieriger einzuschätzen sind als die Zukunft der Digitalisierung und der Arbeit. Der Wandel zur Arbeit im globalen Digitalkapitalismus folgt aber, wenn er nicht durch andere Krisen nachhaltig gestört wird, den beschriebenen Leitmotiven. Man kann New Work deshalb als Chiffre dafür betrachten, was die Folge der Verflüssigung ist.

Die sinnvollste Reaktion auf die Verflüssigung ist die Konzentration auf Bildung und Weiterbildung. Aber auch hier gibt es eine Dissonanz, die eine Kurskorrektur notwendig macht.

Bildung ist zwar der Schlüssel, mit dem eine Volkswirtschaft die Digitalisierung produktiv bewältigen kann. Aber es gilt längst die alte Formel nicht mehr, nach der gute Bildung auch gute Arbeit und oft Wohlstand nach sich zieht. Die digital getriebene Verflüssigung wirkt auch auf die Bildung selbst. Life Long Learning, das lebenslange Lernen, war über viele Jahre eine inhaltsarme Alliteration. Für die mit dem Internet aufgewachsenen Generationen aber fühlt es sich selbstverständlich an, immer wieder neue Instrumente, neue Geräte und neue soziale Praktiken zu erlernen. Millennials und die danach folgende Generation Z würden diese ständige Informationsaufnahmebereitschaft vielleicht nicht einmal mehr als Lernen betrachten. Arbeit und Bildung verschmelzen bis zur Ununterscheidbarkeit. Weil so schwer abschätzbar ist, welche Kenntnisse in zwanzig Jahren gebraucht werden, liegt schon heute die wichtigste Fähigkeit auf der Metaebene der Bildung: Lernen zu lernen. Das hört sich an wie eine Plattitüde, aber ist doch die sinnvollste Annäherung an eine Welt, deren Zukunft vielleicht schwieriger vorherzusagen ist als je zuvor.

Irgendwann innerhalb der nächsten Jahre werden die Hochtechnologie-Länder der Welt sich verschiedene Fragen stellen und beantworten müssen. Warum bestimmte Arbeiten ganz selbstverständlich bezahlt werden und andere ganz selbstverständlich nicht. Und was passiert, wenn die Konkurrenz zu den Maschinen langfristig zu einem Schwinden der Arbeit führen sollte. Die wichtigste Frage aber ist die uralte, was Arbeit eigentlich ist. Und was Arbeit nach einer radikalen Automatisierungwelle eigentlich *noch* ist. Ich habe darauf nur eine emotionale Antwort, die deshalb vielleicht nicht auf alle und alles passt. Arbeit ist die Suche nach produktiver Erfüllung mit der Mindestanforderung, dabei nicht zu verhungern. Dieser Idee folgend möchte ich eine Definition von New Work vorschlagen, die alle auf ihre Weise anwenden können: New Work bedeutet, dass man das Leben nicht mehr um seine Arbeit, sondern die Arbeit um sein Leben herum organisiert.

7 GESUNDHEIT

DIGITALE KÖRPERLICHKEIT

Update im
Erbkrankheiten-Report –
wie unser zweiter
Körper entsteht

Es ist eine von den E-Mails, die man wirklich niemals bekommen möchte. Absender ist ein Unternehmen für Genanalysen und der Betreff lautet »Update im Erbkrankheiten-Report«. Die E-Mail enthält die Warnung: Ein sehr brisanter Befund sei im Erbmaterial gefunden worden. Den Link mit der Auflösung solle man um Gottes willen nur klicken, wenn man die Wahrheit erfahren wolle. Kann man sich Leute vorstellen, die auf diesen Link *nicht* klicken und je wieder froh werden? Kann man sich Leute vorstellen, die auf diesen Link klicken und je wieder froh werden?

Der Mann, der diese Mail im Posteingang hat, heißt Lukas Hartmann. Seine Geschichte spielt im Jahr 2013 in Berlin und sie verrät viel über die Gesundheit der Zukunft. Lukas Hartmann trägt zu dieser Zeit einen blauen Irokesenschnitt, was ihn in besonderer Weise sympathisch macht. Er ist ein so kreativer wie fähiger Programmierer, hat einige Start-ups mit aufgebaut und ist generell interessiert an den Speerspitzen des Fortschritts. Auch an seinen eigenen. Aus diesem Grund meldete er sich im November 2010 bei 23andme an. Das amerikanische Unternehmen, gegründet von der damaligen Ehefrau eines Google-Gründers mit

Risikokapital und technischer Unterstützung von Google, analysiert anhand einer Speichelprobe das Erbgut jedes Interessenten. Mit verschiedenen Auswertungsmethoden wird die DNA untersucht, die Ergebnisse werden per Mail an die Kunden verschickt. Lukas Hartmann erfährt dadurch ein paar Wochen nach seiner Anmeldung, dass er zu 3 Prozent Neandertaler und zu 0,5 Prozent Skandinavier sei. Informationen, die ebenso interessant wie ohne den geringsten praktischen Nutzen sind. Zu diesem Zeitpunkt bietet 23andme auch Erkenntnisse über die genetische Gesundheit an. Inzwischen ist diese Form der DNA-Analyse in Deutschland und anderen europäischen Staaten entweder verboten oder nicht genehmigt.

Der Umstand, der die gegenwärtige digitale Revolution so eng mit der kommenden biologischen und gesundheitlichen Revolution verbindet, ist bereits im Namen des Unternehmens 23andme verankert. Der ist eine Anspielung auf die 23 Chromosomenpaare des Menschen, die das Erbmaterial enthalten, also die DNA. Hinter diesem englischen Kürzel verbirgt sich die Desoxyribonukleinsäure. Deren wesentliche Elemente bestehen – Biologieunterricht 8. Klasse – aus den Nukleinbasen Adenin (A), Guanin (G), Cytosin (C) und Thymin (T). Was in der digitalen Welt die Nullen und Einsen sind, sind in der Biologie die vier Buchstaben A, G, C und T, die Grundlage allen Seins und Schaffens. Es geht in beiden Welten um Daten und deren Verarbeitung. In gewisser Weise besteht das gesamte Leben aus organischen Computern, die sich mithilfe hoch komplexer Programme selbst vervielfältigen. Von der Bakterie über den Menschen bis zur Würfelqualle funktionieren alle bekannten Lebewesen mit DNA. Die Parallelen und Vergleichbarkeiten zwischen biologischen und digitalen Daten sind in vielen Details erstaunlich. Ein menschliches Spermium zum Beispiel enthält je nach Überschlagsrechnung rund 400 Megabyte Information, was eine durchschnittliche männliche Ejakulation mit 300 Millionen Samenzellen zu einer dreisekündigen Blitzdatenübertragung von 120 000 000 Gigabyte macht. Das entspricht der Datengröße von vierzig Millionen Kinofilmen in HD, die anzuschauen über neuntausend Jahre dauern würde.

Genetik ist zu einer weitgehend digitalen Wissenschaft geworden. Riesige Datensätze werden in der biologischen Welt erhoben und in die digitale Sphäre verschoben, anschließend findet dort der Großteil der Forschung statt. Wer heute an einem Virus forscht, tut das meist an digitalen Modellen des Virus. Auf diese Weise hat sich zwar die Forschungsgeschwindigkeit in vielen Fachgebieten exponentiell erhöht. Das bedeutet aber auch, dass mit der Qualität digitaler Daten, Modelle und Verarbeitungen die gesundheitliche Erkenntnis steht und fällt. In der medizinischen Forschung ist das Digitale vom Instrument zum Betriebssystem geworden.

Natürlich klickt Lukas Hartmann auf den Link. 23andme, die Google-nahe Firma mit einem halben Dutzend hochdekorierter Genetikprofessoren im Beirat, teilt ihm lapidar mit, dass er über zwei Mutationen verfüge, die mit der Gliedergürteldystrophie verbunden seien. Was wiederum bedeute, dass er, Lukas Hartmann, diese seltene Erbkrankheit habe. In dieser Sekunde beginnen für ihn Wochen der Angst und der Verzweiflung. In einer befremdlichen Mischung aus falscher Rücksicht und Arroganz hat 23andme kaum weitere Informationen über LGMD, so die englische Abkürzung der Gliedergürteldystrophie, in den aktualisierten »Erbkrankheiten-Report« geschrieben.

Wikipedia hilft Hartmann weiter. Seine Laune verschlechtert sich mit jedem Abschnitt, den er liest. Gliedergürteldystrophie ist eine Art lähmender Muskelschwund. Die Erbkrankheit bricht irgendwann aus, schreitet beständig weiter voran und geht häufig mit dem Verlust der Bewegungsfähigkeit einher. LGMD kann zum Tod führen, zum Beispiel, weil auch lebenswichtige Muskeln um die Lunge oder das Herz betroffen sind. Es gibt keine bekannte medikamentöse Behandlung oder Heilungsmethode.

Lukas Hartmann lässt sich nicht entmutigen. Die Reaktion auf eine solche Botschaft ist eine Typfrage, und Hartmann ist ein Nerd. Jemand, der alles ganz, ganz genau wissen und verstehen will, erst recht, wenn es ihn unmittelbar betrifft. 23andme bietet die Möglichkeit an, den vollständigen Datensatz des analysierten Genoms herunterzuladen. Das Erbgut besteht vor allem aus DNA-Strängen, die nichts anderes sind als biologischer Code. Hartmanns Betrachtungsweise ist die eines Programmierers: Er hat ärgerlicherweise einen Fehler im Code seines Körpers, einen Bug. Also untersucht er seine DNA, um das Problem zu finden, zu verstehen und vielleicht sogar seinen eigenen Bug beheben zu können. Er lädt sich dafür ein spezielles DNA-Leseprogramm aus dem Netz herunter. Im dazugehörigen Forum werden vor allem genetische Abweichungen im eigenen Erbgut besprochen. Bei der Auflistung »populäre Themen« ist der oberste Punkt: »rs53576 ist ein stiller

Update im Erbkrankheiten-Report

G-zu-A-Wechsel im Oxytocin-Rezeptor-Gen (OXTR)«. Zu jeder Genvariation listen die DNA-Nerds Dutzende Studien auf. Die ganze Seite funktioniert als eine Art Wikipedia für Genschnipsel, denen bestimmte Krankheiten oder Eigenschaften zugeordnet werden können.

Es gibt nicht besonders viele Menschen, die einen Code auf dem Niveau von Lukas Hartmann durchdringen können, sodass ihnen im Innenleben der Software kleinste Unregelmäßigkeiten auffallen. In gewisser Weise ist Lukas Hartmann damit der Beste, den die Nachricht von 23andme hätte treffen können. Denn er recherchiert, lernt, vollzieht nach, analysiert, vergleicht, bewaffnet mit seiner Expertise zur Codierung von Informationen. Irgendwann fällt ihm etwas auf, eine Merkwürdigkeit. Er versucht, ihr auf den Grund zu gehen, dreht und wendet die Ergebnisse hin und her, fragt nach, berechnet, überprüft, ein Genkrimi in eigener Sache. Schließlich kommt er zu dem Schluss, dass der Fehler nicht in seinem Erbgut liegen kann. Sondern in der Auswertungssoftware von 23andme. Zwar sind in den Rohdaten seiner DNA wirklich zwei Mutationen vorhanden, aber sie liegen in verschiedenen Genen. Gliedergürteldystrophie trifft diejenigen, die beide Mutationen im selben Gen haben. Hartmann sendet eine Fehlermeldung an 23andme, und einige Tage später erreicht ihn eine Bestätigung, dass er in der Tat einen Software-Fehler entdeckt habe. Sein »Erbkrankheiten-Report« werde überarbeitet, man entschuldige sich für die entstandenen Unannehmlichkeiten. In einem Ton, als sei seine neu erworbene Kaffeemaschine leider defekt. Abschließend bittet man ihn, den Kundenservice von 23andme zu bewerten.

Die bekannteste Genanalyse-Firma der Welt, geleitet von einer Biologin und Milliardärin, hat Lukas Hartmann zu einem todkranken Mann gemacht, weil Programmierer einen Fehler in die Auswertung eingebaut haben. Amerikanische Journalisten bringen diesen Fall später damit in Verbindung, dass die zuständige Behörde der USA 23andme vorübergehend die Erlaubnis entzieht, anhand des Erbguts Aussagen über die Gesundheit von Kunden zu treffen. Es lässt sich nicht mehr nachvollziehen, ob wirklich ein Zusammenhang besteht, aber der Fall Lukas Hartmann ist Vorbote des *kommenden* Realitätsschocks der Gesundheit.

DER KOMMENDE REALITÄTSSCHOCK DER GESUNDHEIT

In diesem Buch nimmt das Kapitel über die digitale Gesundheit eine Sonderstellung ein, weil der Realitätsschock der Gesundheit eindeutig in der Zukunft liegt. Jedenfalls in Deutschland. Aber auch in den meisten anderen Ländern der Welt zeichnet sich erst am Horizont ab, mit welcher Wucht die Digitalisierung den Umgang mit dem Körper verändern wird. Gentests werden zum Alltag, und sie verändern nicht nur die Gesundheitswirtschaft, sondern auch den Blick auf die Gesellschaft. Kuwait führte 2015 verpflichtende Gentests für sämtliche Einwohner ein und dehnte sie im Jahr danach aus auf alle, die ins Land einreisen wollen. Der vordergründige Zweck ist die Identifikationsmöglichkeit. Aber die Informationen, die man aus dem Erbgut eines

Menschen herauslesen kann, werden beinahe wöchentlich umfangreicher und präziser. Im Juni 2017 beschreibt ein Wissenschaftsteam um die Genetik-Koryphäe Craig Venter, wie man aus der DNA eines Menschen sein Gesicht mit einiger Ähnlichkeit rekonstruieren könnte.

Genanalysen bilden die Basis des Wachstumsfeldes der individualisierten Medizin, die ungleich wirksamer sein kann als herkömmliche Behandlungen. Wenn man den Körper einer Person besser versteht, mit seinen Allergien, Unverträglichkeiten, verborgenen Erkrankungen und Störungen, Stoffwechselschwierigkeiten und genetischen Besonderheiten, dann ließe sich ungleich besser vorhersagen, welche Behandlung die größten Chancen auf Erfolg bietet. Auch heute noch gilt in sehr vielen Bereichen das Prinzip Probieren. Auch wenn die Medizin im 20. Jahrhundert exponentielle Fortschritte gemacht hat, wissen wir doch noch sehr wenig über unsere Körper.

Hier kann ich eine persönliche Erfahrung einbringen. Im Spätsommer 2017 wurde bei mir eine Autoimmunerkrankung diagnostiziert. Sie ist bisher nicht heilbar, stellt aber auch keine persönliche Katastrophe dar (jedenfalls bei mir). Allerdings müssen die meisten Betroffenen lebenslang ein Medikament zu sich nehmen. Die Diagnose wurde im Rahmen eines Gesundheitschecks in einer Klinik gestellt, wo mir auch das erste Rezept ausgehändigt wurde. Ich begann umgehend, das Medikament einzunehmen, und verspürte schon nach wenigen Tagen eine deutliche Verbesserung des Wohlbefindens. Trotzdem brauchte ich einen Facharzt, der meine Therapie begleiten sollte. Mein erster Gang führte mich zu einem ausgewiesenen

Spezialisten, einem der führenden Professoren auf diesem Gebiet. Es ergab sich der folgende denkwürdige Dialog:

»Herr Lobo, Sie haben also diese Krankheit. Machen Sie erst mal gar nichts, Medikamente sind unnötig, glauben Sie mir, egal was im Internet steht.«

»Aber ich nehme bereits seit Wochen ein Medikament und fühle mich viel besser.«

»Ah. Oh. Ich verstehe. Dann würde ich Ihnen empfehlen, dass Sie die Dosis erhöhen.«

Und schon hatte er mir ein Rezept ausgestellt. Es war nicht nur mein erster, sondern auch mein letzter Besuch bei besagtem Spezialisten. Ich bin sicher, dass er zu den besten seiner Zunft gehört, von gewissen Kommunikationsschwierigkeiten vielleicht abgesehen. Der Schlüssel zum Verständnis liegt in dem, was mein übernächster (und heutiger) Arzt sagte. Obwohl sie je nach Land etwa zwei bis zehn Prozent der Bevölkerung betrifft, wissen wir noch gar nicht so viel über diese Krankheit. Deshalb ist Ausprobieren in ärztlich gesetztem Rahmen der sinnvollste Behandlungsansatz, die richtige Medikamentenmarke, die richtige Dosierung, die richtige Ernährung, alles. Was guttut, ist wahrscheinlich gut, was nicht guttut, wahrscheinlich nicht. Im Detail besteht unsere Sachkenntnis über das komplexe System unseres Körpers aus einigermaßen qualifizierten Vermutungen. Für die meisten Mediziner und Naturwissenschaftler hört sich das banal an, aber die breite Öffentlichkeit geht oft von einem tiefen und vor allem absoluten Wissen über Gesundheit aus. Der Realitätsschock der Gesundheit kommt auch deshalb, weil durch Big-Data-Auswertungen, Künstliche Intelligenz und den Fortschritt insgesamt das Wissen über unsere Körper stark zunehmen wird. Wir werden körperdatenbasiert Zusammenhänge erkennen, die heute noch vollkommen im Dunklen liegen.

Der Fall Lukas Hartmann zeigt jedoch die Schwierigkeiten einer neuen, digital geprägten Medizin. Die digitale Sphäre erscheint wie eine Blackbox, in der Daten auf nicht nachvollziehbare Weise prozessiert werden. Medizin braucht Vertrauen; bisher setzen wir es meist in die Ärzteschaft. Wenn aber immer größere Teile der Gesundheit digitalisiert werden, dann verschiebt sich automatisch auch das Vertrauen in diese Richtung. Dabei gibt es einen paradoxen Effekt, den der Informatiker Joseph Weizenbaum schon in den 1970er-Jahren beobachtet: Je komplexer uns Technologie im Alltag erscheint, desto weniger zweifeln wir ihre Ergebnisse an. Wäre Lukas Hartmann nicht Programmierer gewesen, hätte er über die tödliche Diagnose gar nichts herausfinden können. Regelmäßig töten sich Menschen, wenn sie von schweren oder tödlichen Krankheiten erfahren. Wir sind gesellschaftlich kaum vorbereitet auf den Umgang mit solchen Instrumenten und den Fehlern und Schwierigkeiten, die sie begleiten.

DIGITALE KÖRPERLICHKEIT UND
DIE VERMESSUNG DES MENSCHEN

Die Digitalisierung verspricht die Messbarkeit von allem. Eigentlich lässt sich nichts digitalisieren, ohne zuvor ein Prozedere einzuleiten, das einer Messung sehr nahekommt. Diese Verheißung auf den eigenen Körper zu übertragen, liegt nahe. In der Menschheitsgeschichte ist die Entstehung der Messung eng mit dem eigenen Körper verknüpft, was bis heute in der Bezeichnung vieler Maßeinheiten nachklingt: ein Fuß, eine Elle, drei Finger breit. Der Nutzen der Vermessung des eigenen Körpers geht weit über die bloße Information hinaus: Wer seinen Körper besser kennenlernt, kann besser auf Veränderungen, Unregelmäßigkeiten oder Krankheiten reagieren.

Die digitale Selbstvermessung, im Netz unter dem Schlagwort »Quantified Self« diskutiert, ist längst bei Millionen Menschen Alltag, meist mithilfe von Wearables, am Körper getragenen Computern samt Sensoren. Die meisten ernsthaften Läufer in den Industrieländern üben ihren Sport nicht ohne digitale Messung von Strecke, Puls und Kalorienverbrauch aus. Die Übergänge zwischen Sport und Gesundheit sind fließend. Die Messbarkeit bringt eine gewisse Objektivität mit sich, nicht nur, was sportliche Wettbewerbe angeht. Die meisten dürften Situationen kennen, in denen man sich federleicht fühlt, die Waage sich jedoch erdreistet, eine andere Realität anzuzeigen. Die westliche Zivilisation hat eine gewisse Entfremdung von der Natur bewirkt, und das gilt auch für den eigenen Körper. 2009 fanden Wissenschaftler der Purdue Universität heraus, dass in Industrieländern Hunger und Durst kaum noch ihre ursprüngliche Rolle spielen. Man isst nicht, wenn man hungrig ist, sondern wenn Essenszeit ist. Der heute in der Gesellschaft bestehende Wunsch, sich digital immer detaillierter zu vermessen, könnte auch damit zusammenhängen, verschüttgegangene Empfindungen und Instinkte digital zu ersetzen. In anderen Fällen sind durch den digitalen Fortschritt erstmals aussagekräftige Daten über den eigenen Körper messbar. Besonders als Laie sollte man seine Messungen allerdings bis auf Weiteres eher als Anhaltspunkte denn als präzise Wissenschaft betrachten. Dann aber lassen sich per Selbstvermessung neue Formen der Motivation entdecken und so interessante wie wertvolle Daten erheben. Eine digitale Körperlichkeit wird selbstverständlich.

In den vergangenen fünfzehn Jahren ist eine wahre Sensorenflut über uns hereingebrochen, in jedem Smartphone steckt mindestens ein Dutzend. Diese Sensoren produzieren Datenströme, die viele Rückschlüsse über unsere Körper und deren Aktivitäten zulassen. Kalorienverbrauch, Pulsschlag, zurückgelegte Strecke, Bewegungsart, Stehzeit, Atmung, Schnarchlautstärke, Schlafphasen und -qualität, Blutdruck, Blutzuckerspiegel, Blutsauerstoffsättigung, Hirnaktivität – das ist nur ein kleiner Ausschnitt der heute von Nichtmedizinern mit Alltagsgerät messbaren gesundheitsrelevanten Daten. Dabei kann ein Bewegungsmesser sehr viel mehr messen als nur Bewegung. Durch die richtige Kombination und Analyse dieser Daten können oft überraschende, manchmal verstörende Schlussfolgerungen gezogen werden, dazu muss man gar nicht wie Lukas Hartmann sein Genom durchmessen lassen.

Schon 2010 beweisen Forscher des Bostoner MIT, dass sich anhand der Bewegungsanalyse des Smartphones vorhersagen lässt, ob der Träger am nächsten Tag an Grippe erkranken wird. Meist noch bevor er selbst es bemerkt. Bestimmte Bewegungen reduzieren sich messbar auf ein Minimum, wenn der Körper zwar schon die Grippeviren bekämpft, das Bewusstsein davon aber noch nichts mitbekommen hat. Für die Gesundheit steht anhand der Fülle neuer Daten und Auswertungsmethoden ein umfassender Wandel bevor, weil so viele Menschen ihre Daten regelmäßig erheben. Wenn ein Sportler mit einer Herzkomplikation ins Krankenhaus eingeliefert wird, kann es sinnvoll und sogar lebensrettend sein, die Vital- und Pulsdaten seiner Smartwatch auszulesen. Aber bisher ist kaum ein Gesundheitssystem weltweit darauf eingestellt, normale Arztpraxen oder Rettungswagen in Deutschland schon gar nicht. Noch mögen die Daten nur in wenigen Bereichen vorhanden sein und selten in ausreichender Güte vorliegen. Aber es ist eine Frage des technologischen Fortschritts, bis alltägliche Wearables unsere Vitaldaten in klinischer Qualität messen und speichern können. Ab der vierten Version der Apple Watch, im Herbst 2018 auf den Markt gekommen, lässt sich ein einfaches Elektrokardiogramm (EKG) damit durchführen. Bei der Vorstellung der Funktion sagt der Präsident der »American Heart Association«, es werde die Medizin verändern, qualitativ hochwertige Herz-Daten einer Person in Echtzeit zu messen. In jedem

Fall wird es die Medizin verändern, dass Apple mit Hochdruck und zweistelligen Milliardenbeträgen die Eroberung des Gesundheitsmarktes vorbereitet. Das Smartphone wird schleichend vom Kommunikationsgerät zur Gesundheitszentrale.

DER ZWEITE KÖRPER

Wir wohnen der Entstehung unseres zweiten Körpers bei, ein digitaler Zwillingskörper, bestehend aus einer Vielzahl von Datensätzen, die unseren Körper beschreiben. Der zweite Körper wird für die Gesundheit ungefähr das werden, was das Bankkonto vor langer Zeit für das eigene Geld wurde: eine zwar virtuelle, aber trotzdem maßgebliche Instanz. Noch sind die vielen verschiedenen gesundheitsrelevanten Informationen nicht miteinander verbunden, aber das ist nur eine Frage der Zeit. Zu wertvoll, zu machtvoll, zu sinnvoll ist der Nutzen, der sich künftig aus einem zweiten digitalen Körper ergeben wird, der alle gesundheitlichen Aspekte des physischen repräsentiert.

Bisher aber muss man sich den eigenen digitalen Körper als riesiges, lückenhaftes Mosaik vorstellen. In der digitalen Welt gibt es das Schlagwort Big Data, die Analyse großer Datenmengen. Dort existiert eine Art Grundannahme: Daten sagen mehr aus als das, wofür sie erhoben wurden. Zum Beispiel, wenn man sie mit anderen Daten verknüpft oder auf neue Weise analysiert. Es ist sehr wahrscheinlich, dass in vielen unserer längst erhobenen Daten Erkenntnisschätze aller Art verborgen sind, die wir aber erst in

Zukunft heben können. Ohne dass Apple das beabsichtigt hätte, lassen sich mit der Apple Watch präzise Informationen über Apnoe und Bluthochdruck eines Trägers gewinnen, wie eine Studie der Universität von Kalifornien im November 2017 ergibt. Der zweite digitale Körper hat gewissermaßen auch eine digitale Seele: Informationen über die Psyche eines Menschen lassen sich etwa über soziale Netzwerke gewinnen. Für Interessen und Vorlieben liegt das nahe, aber die Auswertung ist viel umfassender. Facebook hat einen Algorithmus entwickelt, der Frühwarnzeichen für eine Selbstmordgefahr erkennt und Betroffenen automatisiert Hilfe anbieten kann. Diese Technologie kann zweifellos Leben retten, aber zugleich entsteht ein von Facebook kontrollierter Datensatz über das Innerste eines Menschen, seine psychische Gesundheit. Wieder ein Mosaiksteinchen.

Alle großen Digitalkonzerne arbeiten an Gesundheitsthemen und entsprechenden Produkten. Google hat es unter anderem auf den 50-Milliarden-Dollar-Markt für Humaninsulin abgesehen. Samsung entwickelt eigene Medikamente, die in Verbindung mit Sensorik und Apps besonders gut wirken sollen. Amazon bereitet in mehreren Ländern einen Angriff auf Apotheken und Drogerien vor. Am stärksten von den großen Digitalkonzernen aber scheint Apple auf die Gesundheit der Zukunft fokussiert. Seit Anfang 2018 wird auf der amerikanischen Apple-Seite das »One Drop Chrome Blood Glucose Monitoring Kit« angeboten, mit dem man seinen Blutzuckerspiegel messen kann. Es ist appleartig durchdesignt, chromverspiegelt im Lederetui und sieht so fantastisch aus, dass man kurz mit dem Gedanken spielt, Diabetiker zu werden, um es benutzen zu können. Apple treibt auf eigene Weise den Großtrend voran, Gesundheit zum digitalen Lifestyle zu machen.

Die Smartwatch ist ein wichtiger Baustein dieser Strategie, das Smartphone der wichtigste. Auf jedem modernen iPhone ist die App »Health« installiert, die von Apple zur Datenzentrale der Gesundheit aufgebaut wird. Sie lässt sich nicht löschen. Der Konzern arbeitet daran, den zweiten digitalen Körper in eine einzelne App zu fassen. Health bietet Schnittstellen für Hunderte Geräte, Apps und Messmethoden: Schnarchmikrofone, Ohrthermometer, Waagen und Fitnessgeräte ohnehin. Unter den standardmäßig erhobenen Daten sind Abfragen zur »Sexuellen Aktivität«, zum »Zervixschleim« und zur täglichen Einnahme des lebensnotwendigen Spurenelements Molybdän. Daten, die nicht oder besser noch nicht digital eingeleitet werden können, lassen sich von Hand eintragen.

Die Forschung profitiert davon heute schon, denn Apple stellt die Daten anonymisiert der Wissenschaft zur Verfügung. Ein nicht zu unterschätzender Fortschritt ergibt sich bereits dadurch, dass nun Daten von Millionen ganz normaler Menschen vorliegen, oft in Echtzeit erhoben. Zuvor hatte man es gerade in der Medizin meist mit den Daten von Kranken zu tun, ergänzt durch aufwendig ausgesuchte Kontrollgruppen. Inzwischen verfügt die Forschung eben nicht nur über Patientendaten, sondern auch über die von nicht kranken, gewöhnlichen Nutzern. Hunderte Millionen Menschen weltweit vermessen ständig ihre Körper, und einige Daten darunter kann man erstmals sinnvoll miteinander korrelieren.

Das alles, die Erhebung, Speicherung und Auswertung der intimst denkbaren Daten, sieht auf den ersten Blick für viele Leute beängstigend aus. Auf den zweiten und dritten auch, denn es *ist* beängstigend. Und trotzdem wird der zweite digitale Körper zur Normalität werden. Nicht nur des großen gesundheitlichen Nutzens wegen. Vielleicht auch, weil eine Person, die auf Instagram offen von ihrem Alkoholkonsum, ihren Depressionen und ihrem Sexleben berichtet, schwieriger davon zu überzeugen ist, sie müsse ihren Blutdruck unbedingt geheim halten. Die digitalen Möglichkeiten, vor allem soziale Medien, haben die persönlichen Maßstäbe von Privatsphäre und Intimität einer ganzen Generation durcheinandergewirbelt. Das muss man nicht oder wenigstens nicht nur negativ sehen. Der bisher wenig offene Umgang mit psychischen Erkrankungen zum Beispiel trägt nachweislich zu einer Stigmatisierung bei, was diejenigen in Gefahr bringt, die weder sich noch anderen eine Depression eingestehen wollen. Eine digitale Kultur der Offenheit ist im Netz entstanden, und sie betrifft auch das Körperliche.

GEFÄHRLICHES WISSEN

Heute schon abschätzbar ist der gesundheitliche Realitätsschock *Gefährliches Wissen*. Der alte Spruch »Wissen ist Macht« bekommt einen neuen Drall: Wissen ist Macht – über einen Menschen. Schon heute lässt sich mithilfe im Netz verfügbarer Daten, etwa dem Facebook-Profil, ohne Zustimmung der jeweiligen Person die Wahrscheinlichkeit für eine psychische Erkrankung, Alkohol- oder Drogenmissbrauch oder Herzprobleme berechnen. Die Genauigkeit dieser Berechnungen ist noch umstritten, aber wie für fast alles Digitale gilt auch hier: Es wird besser. In Zukunft geht es darum, welche Daten und Auswertungsmethoden hinzukommen und bis zu welcher Präzision sich die Berechnungen vorantreiben lassen.

Gefährliches Wissen sollte nicht als schlechte oder böse Angelegenheit verstanden werden. »Gefährlich« drückt hier eher das aus, was wir von Flüssigkeiten wie Benzin längst wissen: nützlich, aber mit großer Vorsicht zu verwenden. Mir scheint diese aufrüttelnde Bezeichnung angemessen, denn die meisten Menschen unterschätzen Macht und Möglichkeiten der digitalen Sphäre und ihrer Datenströme. Die Öffentlichkeit schätzt fast immer falsch ein, was digital möglich ist und was nicht, wo in Zukunft Bedrohungen lauern und wo nicht. Das führt leider auch politisch häufig dazu, dass Phantome bekämpft werden, während schwierige, ambivalente oder gefährliche reale Entwicklungen kaum beachtet werden. Gefährliches Wissen entsteht durch die fortschreitende Digitalisierung beinahe automatisch. Es ist keine Option, so zu tun, als gäbe es dieses Wissen nicht oder als könnte man es aufhalten oder verbieten. Aber wir brauchen gesellschaftliche, regulatorische, politische und auch technische Antworten auf die Fragen, die sich daraus ergeben.

Der technologische Fortschritt, speziell Sensorik, Big Data und Künstliche Intelligenz, bringt gesundheitsrelevante Daten hervor, die zuvor kaum vorstellbar waren, aus Quellen, die zuvor als nicht ausschöpfbar galten. Mithilfe

Künstlicher Intelligenz wertet die Anwendung Face2Gene eines amerikanischen Gesundheits-Start-ups Fotos von Kindern aus und erkennt mit überragender Trefferquote bestimmte Erbkrankheiten und genetische Variationen. Ein diagnostischer Segen und zugleich ein Beispiel, wie gefährliches Wissen aus unverfänglich scheinenden Alltagsdaten gewonnen werden kann. Denn die Diagnostik funktioniert auch mit Fotos von Kindern in sozialen Netzwerken, wenn sie im richtigen Winkel geschossen sind. Jede Handykamera hat heute eine dafür ausreichend hohe Bildqualität. Es ist selbstredend keine Schande, wenn ein Kind eine Erbkrankheit hat. Aber in einer diskriminierenden Welt kann die öffentliche Bekanntheit einer genetischen Unregelmäßigkeit oder Erbkrankheit einen erheblichen Nachteil darstellen.

Das vielleicht eindrücklichste Beispiel der Entstehung gefährlichen Wissens wird von einer Reihe von Unternehmen aus den USA, Deutschland und Israel verfolgt: die Stimmanalyse als Diagnoseinstrument. Allein aus der Stimme eines Menschen lässt sich viel über seinen Gesundheitszustand sagen. Gerade auch solche Informationen, die man ungern preisgeben möchte. Das Start-up Cogito aus Boston hat eine Stimmanalyse-Software entwickelt, die Gefühle analysieren kann. Weil die Stimme in der digitalen Welt immer wichtiger wird, zum Beispiel durch Smart Speaker wie Amazon Echo mit Alexa, fließen viele Forschungsgelder in die Stimmanalyse. Cogito möchte unter anderem Geld damit verdienen, Callcenter-Gespräche zu analysieren, die Stimmungen der Kunden einzuschätzen, sodass die Betreiber der Hotlines darauf eingehen können. Wenn etwa die

Software große Wut entdeckt, wird der Anrufer entweder an speziell ausgebildete Kräfte weitergeleitet werden oder der Callcenter-Agent bekommt den Hinweis, zur Besänftigung ein besonderes Angebot zu unterbreiten. Cogito ist allerdings auch in der Lage, die psychische Verfasstheit einer Person anhand ihrer Stimme am Telefon zu bestimmen. In einer Testreihe mit Veteranen konnten in der Stimme Marker für posttraumatische Belastungsstörungen und Depressionen entdeckt werden.

Andere Unternehmen diagnostizieren durch die Stimmanalyse das Aufmerksamkeitsdefizitsyndrom ADHS, bestimmte Hirnschäden und Parkinson mit vergleichsweise hoher Sicherheit. In einer Studie der Mayo-Klinik mit dem israelischen Start-up Beyond Verbal wurden die Stimmaufzeichnungen von Herzkranken mit denen von Gesunden verglichen. Bei Menschen mit Herzkranzgefäßkrankheiten gibt es eine neunzehnmal höhere Wahrscheinlichkeit, dass in ihrer Stimme eine für Menschen nicht hörbare Frequenz mitklingt. Das kanadische Start-up Winterlight Labs kann aus für Menschen nicht hörbaren Veränderungen in der Stimme eine Alzheimer-Frühdiagnose stellen. Die Liste könnte schier endlos fortgesetzt werden. Es kann sein, dass sich solche jungen Unternehmen nie am Markt durchsetzen werden, aber ihre Ideen, Ansätze und Fähigkeiten werden nicht wieder verschwinden. Im Oktober 2018 meldet Amazon ein Patent an, mit dem Alexa nur durchs Zuhören eventuelle Krankheiten erkennen soll, um auf dieser Grundlage zum Beispiel eine Lieferung der passenden Medikamente anzubieten.

Wie gehen wir damit um, wenn unsere Daten, hier in

Form unserer Stimme, so viel verraten? Man braucht nicht viel Fantasie, um sich einen Arbeitgeber vorzustellen, der schon vor dem ersten Bewerbungsgespräch am Telefon in Echtzeit Stimmproben auswertet, um diejenigen mit höherer Depressionswahrscheinlichkeit auszusortieren. Eigentlich braucht man dafür sogar gar keine Fantasie, denn fast genau dieses Szenario findet längst statt. Im Februar 2016 berichtet das Wall Street Journal von amerikanischen Unternehmen, die im Auftrag von Konzernen die Angestellten durchleuchten, um festzustellen, wer chronisch krank werden könnte. Oder schwanger. Zum Teil werden dafür Daten von Datenhändlern hinzugekauft und soziale Medien durchsucht. Offiziell geschieht das aus Gründen der Gesundheitsvorsorge, aber die Übergänge zu massivem Druck auf Einzelne sind fließend. In den USA sind es meist die Arbeitgeber, die die Krankenversicherung der Angestellten finanzieren, deshalb kann eine einzelne chronisch kranke Person zu Millionenausgaben führen. Die Verlockungen, gesundheitliche Vorhersagen anhand von Daten zu treffen, sind vielfältig und groß, ganz unabhängig von Graubereichen oder Legalität.

Ob in der Krankenversicherung, bei der Diagnostik oder der Behandlung. An der Universität von Adelaide in Australien haben Wissenschaftler 2016 die Röntgenbilder von Krebskranken ausgewertet, mithilfe Künstlicher Intelligenz. Es gelang ihnen dabei, die Sterbewahrscheinlichkeit in den nächsten fünf Jahren präziser vorherzusagen als durchschnittliche Ärzte. Und 2018 erreichte eine Künstliche Intelligenz von Google bessere Werte bei der Sterblichkeitsprognose als die bis dahin verwendeten Instrumente.

Die Abschätzung, ob und wann jemand sterben könnte, gehört zu den selten öffentlich besprochenen, aber notwendigen Aufgaben von Ärzten. Etwa um die Belegung von Krankenhausbetten in der Intensivstation richtig zu organisieren. Oder um zu entscheiden, ob sich eine teure und aufwendige Therapie bei einem Patienten noch lohnt. Das mag sich grausam anhören, aber oft genug ist die konkrete Entscheidung für die Behandlung einer Person die Entscheidung gegen die Behandlung einer anderen. Bei Spenderorganen ist das offensichtlich, aber auch die begrenzte Zahl der Betten in der Intensivstation führt geradewegs in dieses Dilemma. Künstliche Intelligenz wird zu einer Explosion der Erkenntnisse, aber auch zu einer raschen Zunahme des gefährlichen Wissens führen. Wir werden uns daran gewöhnen und gesellschaftlich damit umgehen müssen, dass intimste gesundheitliche Zusammenhänge aus unseren Daten herauslesbar sind.

INDIVIDUALISIERTE MEDIZIN

Wunderbar eingängig formuliert den Realitätsschock der individualisierten Medizin der bereits oben erwähnte Genetiker Craig Venter. Sein Name ist eng mit dem Fortschritt der DNA-Forschung verbunden. Er war der Erste, der ein vollständiges menschliches Genom auslas. Außerdem stellte er zuerst Erbgut künstlich her und verpflanzte es in ein lebensfähiges Bakterium. Vor Absolventen des Studiengangs Medizin an der Universität von Kalifornien erklärt er im Sommer 2015 den verblüfften Studenten: »Was ihr gerade gelernt habt, wird bald vollkommen falsch sein.« Venter ist wie viele andere davon überzeugt, dass die Medizin sich auf Basis neuer Datenauswertungen grundlegend wandelt. In einigen Jahren, so seine These, werde man den Kopf schütteln über eine Ära, in der Ärzte mit der Behandlung begannen, bevor sie das Genom des Patienten analysiert hätten. Diese Prognose muss man zwar mit einer gewissen Vorsicht betrachten, weil Venters Unternehmen Produkte anbietet, die genau in diese Richtung weisen. Aber deshalb ist sie nicht falsch, wenn auch vielleicht etwas optimistisch in zeitlicher Hinsicht.

Alle paar Jahrzehnte gibt es im Bereich der Gesundheit und der Medizin Fortschritte, die im Nachhinein betrachtet vieles absonderlich wirken lassen. Der ungarndeutsche Chirurg Ignaz Semmelweis war Mitte des 19. Jahrhunderts davon überzeugt, dass sich Ärzte im Kreißsaal vor der Geburt die Hände desinfizieren sollten. Die k. u. k. Wiener Ärzteschaft bezeichnete seine Ansichten mit einer Selbstgerechtigkeit, die wohl nur österreichische Großakademiker erreichen können, als »spekulativen Unfug«. Hygiene im Krankenhaus galt damals als Zeitverschwendung. Ganz so bitter ist der Irrtum der heutigen Medizin wahrscheinlich nicht, aber Craig Venter spielt mit seinem Ausruf »Alles falsch!« eben auf die individualisierte Medizin an. Um deren Tragweite zu ermessen, hilft ungefähr zu wissen, wie Fortschritt durch Forschung in diesem Bereich funktioniert. Mit einer Vielzahl von Studien, Experimenten und Versuchsreihen versuchen Wissenschaftler, gesundheitlich relevante Muster zu entdecken, körperliche Zusammenhänge zu verstehen und für die Gesundheit des Menschen nutzbar zu machen. Weil es bisher kaum anders ging, war die implizite Arbeitsgrundlage aber mehr oder weniger: Was bei Person X funktioniert, funktioniert bei Person Y wahrscheinlich auch. Sind ja beides Menschen.

Dabei entstand, vor allem in der zweiten Hälfte des 20. Jahrhunderts, ein kollossaler Wissensschatz über den Körper. Leider ist dieses Wissen zum einen für Laien überraschend punktuell. Zum anderen führt eine Erkenntnis nicht zwingend dazu, dass man sie gesundheitlich nutzen kann. Eigentlich wissen wir, die kluge, gebildete, fortschrittliche Menschheit, überraschend wenig über unsere eigenen Körper. Erst seit wenigen Jahren wird zum Beispiel das Mikrobiom eingehender erforscht, also die Mikroorganismen, die im Darm, auf der Haut, im gesamten Körper leben und deren Aktivität große Auswirkungen auf unseren Körper hat. Und auch auf die Seele, es gibt nachgewiesene Zusammenhänge zwischen Darmflora und psychischen Krankheiten wie Depressionen.

Im März 2018 wurde ein neues menschliches Organ entdeckt, das zwar eines der größten ist, der Wissenschaft aber bisher irgendwie verborgen geblieben war: das Interstitium, ein flüssigkeitsgefülltes Gewebenetzwerk, das sich durch den gesamten Organismus zieht. Weil beim Mikroskopieren normalerweise die Flüssigkeit des Präparats entzogen wird, war es bisher für gewöhnliches Bindegewebe gehalten und nicht weiter beachtet worden.

Schon mit einer simpel scheinenden Frage wie »Macht Fett dick?« könnte man ganze ernährungswissenschaftliche Kongresse in erbitterte Diskussionen ohne Aussicht auf Einigung stürzen. Die konkreten Antworten würden lauten »Ja«, »Nein«, »Kommt drauf an« sowie sämtliche Schattierungen dazwischen. Und fast alle Antworten wären irgendwie richtig. Aber eben nur irgendwie. Erst seit wenigen Jahrzehnten hat die Tatsache Eingang in die Medizin gefunden, wie unterschiedlich Menschen gerade aus medizinischer Sicht sein können. Und wie unendlich komplex der Körper ist. Die Wissenschaft und auch die Medizin des 20. Jahrhunderts waren mangels Alternativen für angenommene Durchschnittsmenschen ausgelegt. Wenn man es genau nimmt, waren sie sogar nur auf weiße männliche Durchschnittsmenschen bezogen. Immer wieder finden sich an überraschenden Orten Echos davon.

In den ersten Jahren nach der Erfindung des Airbags starben überproportional viele Frauen bei Unfällen – trotz des Airbags. Oder besser wegen des Airbags. Wie man später herausfand, brachen sich Frauen reihenweise das Genick, als der Airbag aufsprang. Man hatte die umfangreichen Tests der neuen lebensrettenden Technologie Airbag ausschließlich mit Männerkörpern durchgeführt. 2017 ging ein kurzer Videoclip durchs Netz, der einen modernen Seifenspender zeigt. Mit lichtempfindlichen Sensoren ausgerüstet spendet er Seife, wenn man die Hand darunter hält. Außer wenn man schwarz ist. Dann erkennen die Sensoren keine Hand und geben keine Seife ab. Ein rassistischer Seifenspender war entstanden, weil das dahinterstehende Unternehmen, geführt von Weißen, übersehen hatte, dass nicht alle Menschen die gleichen Körper haben. Bis zur akuten Lebensbedrohung kann die Herrschaft des Durchschnitts in der Medizin führen. Nach einer Studie von 2018 sterben Frauen mit einem Herzinfarkt in amerikanischen

Krankenhäusern deutlich häufiger als Männer. Der wahrscheinliche Grund: Infarkte werden bei Frauen seltener erkannt und dementsprechend seltener behandelt. Denn in den meisten Fachbüchern zum Thema stehen an erster Stelle oder sogar ausschließlich die Herzinfarkt-Symptome bei Männern, die sich von denen bei Frauen unterscheiden. Durchschnitt kann töten. Herzinfarkt ist die häufigste Todesursache bei beiden Geschlechtern, und Frauen sind bekanntermaßen keine Minderheit, sondern sogar die Mehrheit der Bevölkerung in den USA. Wenn also selbst dort die Medizin es nicht geschafft hat, sich vom Diktat des männlichen Durchschnitts zu lösen, kann man sich ausmalen, wie es anderswo aussieht. Diese Beispiele zeigen, wie sehr das gesellschaftliche Verständnis des Körpers vom Durchschnitt ausgeht und wie rudimentär man bis heute in unseren hoch technisierten Gesellschaften mit der Verschiedenartigkeit der Menschen umgeht. Bei der Krankheitsbehandlung ist das einzig Individuelle oft die Dosierung des Medikaments. Das ändert sich nun, dank der Digitalisierung.

Und dank einer der größten Erfindungen des 21. Jahrhunderts, die durchaus das Potenzial für einen kommenden *Superrealitätsschock* hat. CRISPR/Cas, kurz Crispr, wurde von den Wissenschaftlerinnen Emmanuelle Charpentier und Jennifer Doudna entdeckt, die deshalb als sichere Anwärterinnen auf den Nobelpreis gelten. Crispr, oft auch als »Genschere« bezeichnet, hatte seinen Durchbruch 2014 und 2015. Es handelt sich um ein System, um DNA fast nach Belieben zu manipulieren. Wenn das Erbgut von Lebewesen ein Code ist, dann ist Crispr eine Tastatur, mit der sich der Code umschreiben lässt. Mit diesem System eröffnen sich vollkommen neue Wege der Behandlung von Krankheiten, aber auch der Modifizierung unserer Körper. Im November 2018 erklärt der chinesische Wissenschaftler He Jiankui, dass soeben die ersten Crispr-Zwillinge Lulu und Nana zur Welt gekommen seien. Er habe bei ihnen im Embryonalstadium ein bestimmtes Gen ausgeschaltet. Obwohl mangels unabhängiger Bestätigung nicht sicher ist, ob das stimmt, ist es nur eine Frage der Zeit, bis genau das passiert: Designerbabys. Das Wort mag dystopisch klingen, aber in Jiankuis Fall der beiden Mädchen offenbart sich das Potenzial. Mit Crispr schaltete der Wissenschaftler das Gen CCR5 aus. Diese Mutation kommt bei einigen Menschen, vor allem europäischstämmigen, ganz natürlich vor und schützt sie vor einer Infektion mit HIV. Wenn stimmt, was Jiankui behauptet, hat er eine Art vorgeburtliche Impfung gegen das HI-Virus entwickelt. Und nebenbei die Menschheit zugleich vor den wirksamsten Realitätsschock der Gesundheit und eines der größten Ethikprobleme des 21. Jahrhunderts gestellt.

MASCHINENHERZ – WIR SIND CYBORG

In der heiligen Schrift des Daoismus, dem »Wahren Buch vom südlichen Blütenland«, wird vor rund 24 Jahrhunderten eine eindringliche Warnung formuliert. Ein alter Mann, so heißt es, weigerte sich, die damals neumodische, nützliche Erfindung des Ziehbrunnens zu benutzen. Stattdessen mühte er sich, mit gewöhnlichen Eimern seine Felder zu wässern. Auf die neuen Möglichkeiten angesprochen, reagierte er unwirsch. Nein, keinesfalls werde er diesen Unfug verwenden, denn bei dem Ziehbrunnen handele es sich um eine nur scheinbar alles erleichternde Maschine – mit katastrophalen Folgen: »Wenn einer Maschinen benützt, so betreibt er all seine Geschäfte maschinenmäßig; wer seine Geschäfte maschinenmäßig betreibt, der bekommt ein Maschinenherz. Wenn einer aber ein Maschinenherz in der Brust hat, dem geht die reine Einfalt verloren. Bei wem die reine Einfalt hin ist, der wird ungewiss in den Regungen seines Geistes. Ungewissheit in den Regungen des Geistes ist etwas, das sich mit dem wahren Sinne nicht verträgt. Nicht, dass ich solche Dinge nicht kennte: Ich schäme mich, sie anzuwenden.«

Kulturpessimismus aus einer Zeit, in der Kulturpessimismus noch gar nicht erfunden war. Aber der alte Mann hatte in besonderer Weise recht: Die Maschine färbt auf ihren Nutzer ab, und zwar wesentlich stärker, als wir es heute wahrhaben wollen. Das gilt nicht nur für die angenehmen, sondern ebenso für die bitteren Dinge. Einer der bekanntesten Medientheoretiker des 20. Jahrhunderts, Marshall McLuhan, sprach von neuen Medien und Technologien als »extensions of man«, Erweiterungen des Menschen. McLuhan hat zwar auch erstaunlich viel Unsinn niedergeschrieben (na ja, wer nicht?), zum Beispiel über angeblich heiße und kalte Medien. Aber die Metaphorik der »extensions« trifft einen Punkt, der sich auch schon im alten China abzeichnete: Maschinen müssen von Beginn an mit dem Menschen zusammengedacht werden, sie bildeten schon immer eine Form technologischer Symbiose. Es lohnt sich, von diesem Standpunkt aus auf die kommende Verschmelzung von Mensch und Maschine zu schauen: Es wächst zusammen, was längst zusammengehörte.

Cyborgs, so nennt man Mischwesen aus Mensch und Maschine. Meine These zur Verschmelzung von Mensch und Maschine ist, dass in kaum mehr als zehn Jahren jeder entweder einen Cyborg kennt. Oder selbst einer ist. Ungefähr so, wie heute Smartwatches allgegenwärtig sind. Ohnehin hängt es sehr von den Definitionen der Begriffe Cyborg und Maschine ab, wie weit wir auf dieser Reise schon gekommen sind. Lässt sich ein RFID-Chip als Maschine betrachten? Einer von der Sorte, die sich nicht wenige Schweden heute schon einpflanzen lassen? Auf diesen Chips lassen sich Informationen per Funk abspeichern und auslesen, ohne dass sie eine eigene Energieversorgung bräuchten. Oder kann man sogar eine Brille als Maschine betrachten? Wenn nicht, warum sollte dann ein Ziehbrunnen eine sein? Einige Experten halten das Smartphone für den ersten großen Schritt zur Cyborgisierung der Weltbevölkerung. Wenn das stimmt, sind Cyborgs längst allgegenwärtig.

Die häufigste Cyborg-Definition von Laien, dass nämlich Technologie im Körper stattfinden muss, taugt nur eingeschränkt. Herzschrittmacher und Cochlea-Implantate wären dann eindeutig Cyborg-Technologie. Aber der ältere Herr im Tweedsakko, der mit seinem Schrittmacher bei der Sicherheitskontrolle am Metalldetektor vorbeigehen muss, ist nicht unbedingt das, was man als »Cyborg« im Kopf hat. Oder das, was die technogesundheitliche Zukunft der Menschheit bestimmt. Die Person hingegen, die eine an den amputierten Arm geschnallte, gedankengesteuerte, bionische Handprothese des Johns Hopkins Applied Physics Lab trägt, wäre danach kein Cyborg.

Am sinnvollsten ist, die Verschmelzung von Mensch und Maschine als längst laufenden Prozess zu betrachten und dabei nicht schwarz und weiß, Cyborg und Nicht-Cyborg zu unterscheiden, sondern unterschiedliche Zustände des Zusammengehens. Das mag gewöhnungsbedürftig erscheinen. Aber mit Blick auf die kommenden Technologien und Maschinen ist der Cyborg als Schieberegler zwischen 0 und 99 Prozent brauchbarer als diffuse Darth-Vader-Fantasien. Als simples Beispiel für den Sinn dieser Herangehensweise eignet sich eine Veröffentlichung in der Wissenschaftszeitschrift Nature im Januar 2018. Sie handelt von einer elektronischen, sensorgespickten Pille, die man schluckt, um die Verdauung diagnostisch ausmessen zu können. Ihre Messungen funkt die Sensorpille aus dem Bauch an das Smartphone und von dort aus weiter auf die Rechner der Wissenschaftler. Irgendwann verlässt sie den Körper wieder, auf ausgesprochen natürliche Weise. Solche temporären Formen der Verschmelzung von Mensch und Maschine werden uns häufiger begegnen. Die Radikalität der Miniaturisierung bringt Roboter hervor, die Aufgaben im Körper erledigen. Im Februar 2018, ebenfalls in Nature, wird eine Studie vorgestellt, bei der mit DNA-Nanorobotern die Krebszellen einer Maus abgetötet werden. Die Minimaschinen fungieren dabei als Transportvehikel eines giftigen Wirkstoffs, der zwar auch körpernützliche Zellen abtöten würde, seine Ladung aber direkt an Krebszellen ablädt.

Die Robotik ist neben der Sensorik dabei der Haupttreiber der Verschmelzung. Die wachsenden Fähigkeiten der

Maschinen machen sie dem Menschen ähnlicher, Technologie kommt uns in jeder Hinsicht näher. Kinder, die mit Amazons Smart Speakern aufwachsen, sehen einer Untersuchung aus dem Sommer 2018 zufolge in Alexa eine Art digitales Familienmitglied. Und warum auch nicht? Die Erwachsenen verhalten sich ja ebenso, sie würden es bloß nicht zugeben. Faktisch haben wir längst tiefe emotionale Beziehungen zu den verschiedenen interaktiven Maschinen aufgebaut, die uns umgeben. Diese Nähe ist nichts anderes als der erste Schritt zur Cyborgisierung. Eine gar nicht so kleine Gruppe von Nerds, weltweit verstreut, treibt den sensorischen Teil der Verschmelzung von Mensch und Technik auf die Spitze: Durch die Implantation eines Magneten in einen Finger entsteht ein neuer Menschensinn, das Vermögen, elektromagnetische Wellen wahrzunehmen. Zugvögel verfügen ab evolutivem Werk über diesen Magnetsinn.

Eine philosophische Denkrichtung, der Transhumanismus, hat sich um dieses Thema entwickelt. Dort geht es um die Erweiterungen der Möglichkeiten und auch der Grenzen des Menschen durch Technologie. Francis Fukuyama nannte den Transhumanismus »die gefährlichste aller Ideen«. Seine Argumente basieren auf der von ihm erkannten Gefährdung der liberalen Demokratie durch die Veränderung der Natur des Menschen. Es ist nicht ganz falsch, dass die Schöpfer neuer Technologien zu selten Ethik in den Vordergrund ihres Schaffens gestellt haben. Allerdings ist das Nachdenken über den Verschmelzungsprozess auch aus technikoptimistischer Sicht notwendig.

Massenveränderungen der Gesellschaft durch Technologie fanden im 21. Jahrhundert nicht durch einzelne durchgeknallte Wissenschaftler oder eine spinnerte Avantgarde mit seltsamen Frisuren statt, sondern durch Bedürfnisse und Wünsche der Menschen selbst. Die von digitalen Unternehmen geschickt bedient und ausgenutzt wurden. Die Verbreitung des Smartphones ist nicht aus ideologischen Gründen geschehen, sondern durch Convenience, also Bequemlichkeit und Einfachheit, Neugier und Konsumlust. Das sind zugleich die Kriterien, die für die weitere Cyborgisierung sorgen werden. Ein gewisser Technikoptimismus ist notwendig, um diese Entwicklung positiv mitzugestalten, weil sie sich so wenig aufhalten lässt wie zuvor das Internet.

Das Smartphone kann als vorläufige Krone des Transhumanismus betrachtet werden, die allgegenwärtige, stets mit Aufmerksamkeit und Strom gefütterte Repräsentanz des Digitalkapitalismus in unseren Händen. So viele Funktionen und Daten hat es aus unseren Hirnen in seine Schaltkreise gesogen, dass es als in die Maschine ausgelagertes Gedächtnis betrachtet werden muss. Wer schon einmal versucht hat, Sechzehnjährigen das Smartphone zu entziehen, weiß: Viel ärger könnte das Geschrei auch dann nicht sein, wenn der Screen in die Hand eingelassen wäre. Es geht bei der Verschmelzung von Mensch und Maschine nicht mehr um das »ob«, sondern nur noch um das »wie«. Irgendwann werden physischer und digitaler Körper wieder eins.

Für ganz normale Menschen heißt das: Das Smartphone wird langsam, aber einigermaßen sicher zur Gesundheitszentrale. Apps werden von der Ärztin verschrieben wie

Medikamente, und die Tabletten selbst werden ebenfalls digitalisiert. Ein im Herbst 2017 in den USA zugelassenes Medikament der Firma Proteus enthält bereits Sensoren, die bei Kontakt mit der Magensäure ein Signal ans Handy senden. Schritt für Schritt wird die Gesundheit digitaler und intelligenter. Weil mehr Daten auch mehr und präzisere Prognosen bedeuten, wird die Prävention immer wichtiger. Zum Beispiel als eine der Funktionen von persönlichen digitalen Assistenten wie Alexa oder Siri. Die uns erinnert, jetzt Wasser zu trinken, ermahnt, noch eine Runde um den Block zu laufen oder davor warnt, die vor uns stehende Mahlzeit zu essen. Apple arbeitet an einer Nase für das Smartphone, die zum Beispiel schädliche Bakterien in der Nahrung wahrnehmen könnte, bevor wir sie riechen. All diese Daten werden permanent einfließen in unseren großen persönlichen Datensatz der Gesundheit.

Der digitale zweite Körper wird das bestimmende Element der Gesundheit. Es gibt dafür eine überraschend simple Begründung: Die Digitalisierung ist eine umfassende Maschinerie, die mithilfe der Datenmessung und -verarbeitung alles effizienter macht. Genau das ist in manchen Volkswirtschaften notwendig, zum Beispiel in Deutschland. Die Qualität der Gesundheitsversorgung in Deutschland ist gut. Die Effizienz im internationalen Vergleich aber ist auf beschämendem Niveau. Im September 2018 publiziert Bloomberg den jährlichen »Gesundheitseffizienzindex«. Mit nachvollziehbaren Kriterien wird für 56 Volkswirtschaften gemessen, wie wirksam das Geld für Gesundheit ausgegeben wird. In die Wertung kommen nur Länder mit einer Lebenserwartung von über 70 Jahren, mindestens fünf Millionen Einwohnern und einem Bruttoinlandsprodukt von über 5000 Dollar pro Kopf.

Deutschland findet sich auf Platz 45, direkt hinter Kasachstan, weit abgeschlagen hinter Ländern wie Venezuela, Iran, Malaysia, über zwanzig Plätze hinter dem Libanon. Auf dem ersten Platz ist Hongkong, unter den ersten fünf aber mit Spanien und Italien zwei große Länder der EU. Es geht, das muss vielleicht noch einmal betont werden, nicht um die allgemeine Qualität, sondern um Effizienz. Und wenn auf diese Weise eine Kosten-Nutzen-Rechnung der Gesundheit aufgemacht wird – stürzt Deutschland ab. Der wichtigste Grund dafür ist die mangelhafte Digitalisierung. Der digitale zweite Körper wird kommen, denn es ist vielleicht die einzige Chance auf ein ausreichend effizientes Gesundheitssystem im Land mit der zweitältesten Bevölkerung der Welt.

8 SOZIALE MEDIEN

FUN UND EIN STAHLBAD

Shitstorms, Cybermobbing und Fake News – von den dunklen Aspekten der sozialen Medien

Drachenlord. Drachenlord! Ein imposanter Titel, der kaum jemandem über vierzig in Deutschland etwas sagt, bei Menschen unter fünfundzwanzig aber recht bekannt ist. Drachenlord ist das Pseudonym von Rainer Winkler, einem 1989 geborenen Mann, der in einem winzigen Dorf in Franken allein im ehemaligen Haus seiner Eltern lebt. Er verwendet den Aliasnamen in sozialen Medien, zum Beispiel auf YouTube. Seit 2011 veröffentlicht er Videos im Netz, er bespricht Videospiele und Musik, vor allem Heavy Metal, und kommentiert seinen Alltag. Für Außenstehende klingt das unspektakulär. Genau genommen *ist* es sogar grandios unspektakulär. Aber Winkler verfügt über einige Merkmale, die ihn vermeintlich oder tatsächlich *anders* machen. Er ist dick. Er hat einen fränkischen Akzent, seine Lieblingsmusik nennt er »Meddl«. Er spricht unbeschwert drauf los, manchmal zu unbeschwert. Er äußert im Überschwang unkonventionelle, kantige und auch krude Meinungen. Vor allem aber zeigt er seine Gefühle. Eine bestimmte bösartige Klientel im Netz betrachtet das als Einladung zum Mobbing.

Rainer Winkler steht im Mittelpunkt eines neuen gesellschaftlichen Phänomens, das es inzwischen in vielen Ländern gibt: netzbasiertes Massenmobbing. Einige Tausend Menschen aus dem ganzen deutschsprachigen Raum, vor allem junge und sehr junge Männer, haben zu einer dezentralen Gruppierung zusammengefunden. Sie nennen ihr Mobbing spielerisch das »Drachengame«. Aber es ist kein Spiel, es ist eine ständige Hetzjagd mit Beleidigungen, Drohungen und bösartigen Attacken aller Art. Die Täter sehen darin eine Art Unterhaltung.

Der häufigste Netzbegriff für diese Leute ist Troll; ihr Spektrum reicht von nervig, aber harmlos, bis zur lebensgefährlichen Bedrohung. Quälereien von Jugendlichen und Adoleszenten gibt es schon immer, selbst unter Menschenaffen kann Mobbing beobachtet werden. Mit dem Internet, speziell mit den sozialen Medien, hat sich etwas verändert. Die Geschichte der digitalen Vernetzung ist auch eine Geschichte der Skalierung. Das Internet eignet sich sehr gut, um bestimmte Inhalte, Verhaltensweisen oder Kulturtechniken exponentiell zu verbreiten, zu vergrößern oder zu verstärken.

Der Realitätsschock der sozialen Medien: Wir sind plötzlich gezwungen, unsere Hilflosigkeit zu erkennen, angesichts des allzu dünnen Firnisses der Zivilisation, der in sozialen Medien sichtbar wird. Unsere Verstörung wird noch dadurch verstärkt, dass in liberalen Demokratien Debatten und Diskussionen ein so entscheidendes Instrument sind und Social Media dort nachweislich großen Einfluss entfaltet. Einerseits zeigen soziale Medien uns Nischen und Tiefen der Welt, die zuvor den meisten verborgen blieben. Andererseits verstärken und beschleunigen sie aber auch vieles, Skalierung eben. Für ein Kapitel möchte ich die positiven und wunderbaren Seiten der sozialen Medien beiseitelassen und die dunklen und schwierigen untersuchen.

Fake News sind wie Mobbing nicht neu, aber mit Facebook sind sie zur vernetzten Gefahr für Leib, Leben und Demokratie geworden. Verschwörungstheorien sind so alt wie die Sprache selbst, aber mit YouTube haben sie einen Turbolader zugeschaltet bekommen. Terroristen wollen schon immer Aufmerksamkeit erregen, aber soziale Medien haben ihnen einen neuen, effizienten Werkzeugkoffer bereitgestellt. So geht es immer weiter und weiter, fast kein katastrophales Thema, das nicht via Social Media zumindest größere Sichtbarkeit erführe. Zum Beispiel auch die jahrelange, zermürbende, gewalttätige Hetzjagd, die vor allem Kinder, Jugendliche und junge Männer betreiben. Die Geschichte des Drachenlords Rainer Winkler ist eine Multiplikation: »Herr der Fliegen« mal Social Media.

Fast von Beginn an wird Winkler angegriffen. Anfangs waren es *nur* Beleidigungen, Provokationen, Drohgebärden. Er wird lächerlich gemacht, zum Beispiel, indem sein Gesicht in peinliche Fotos eingepasst und in sozialen Medien verbreitet wird. Winkler beschwert sich auf YouTube darüber, er wehrt sich verbal und wird dabei emotional. Das ist eines der wichtigsten Ziele aller Peiniger im Netz: emotionale Reaktionen des Opfers, die auf die Wirksamkeit der Angriffe hindeuten. Die Attacken beginnen sich zu häufen, spätestens seit 2013 erfolgen sie täglich. Seitdem wird Winkler buchstäblich jeden einzelnen Tag in seinem Leben von bösartigen Trollen belästigt. Die Aggressionen haben sich verselbstständigt, denn zum alten Element des

Quälens kommen drei Qualitäten der digitalen Vernetzung hinzu:

- die Einfachheit in der Umsetzung, weil mit ein paar Klicks viel erreicht werden kann
- die erwähnte Skalierbarkeit, weil Kommunikation sich in sozialen Netzwerken sehr schnell verbreitet
- und Community-Mechanismen, denn aus den einzelnen Angriffen ist eine organisierte Troll-Gemeinschaft entstanden

Der früh verstorbene Publizist Robin Meyer-Lucht hat schon 2009 hellsichtig die Existenz von »Anti-Fans« vorhergesagt. Die Erkenntnisse eines Medienwissenschaftlers und Fan-Forschers, dass zum Fantum »Produktivität und Partizipation« gehörten, übertrug er einerseits in die digitale Sphäre und andererseits ins Negative: »Genauso wie Fans sich dadurch abgrenzen und enthemmen, dass sie fanatisch für etwas sind, [...] grenzen sich [...] Troll-Anti-Fans dadurch ab (und enthemmen sich), dass sie [...] fanatisch verachten.« Meyer-Luchts knapp beschriebene Beobachtung ist längst zur Netzrealität geworden. Anti-Fans und ihr feindseliges Gebaren gehören in den sozialen Medien zum Alltag. Es gibt heute Hassgemeinschaften, die mit ähnlicher Hingabe, Intensität und Kreativität auf ihr Ziel fixiert sind wie die Fans von Beyoncé oder Messi – nur eben negativ statt positiv.

Winklers Anti-Fan-Community hat sich einen Namen gegeben, nämlich *Haider*. Winkler spricht von seinen Hatern, ein im Netz geläufiger Begriff. Hater sind Hasser, aber mit fränkischem Akzent werden daraus Haider, englisch ausgesprochen und mit weichem »d«. Die jahrelangen, organisierten, immer weiter eskalierenden Angriffe auf den Drachenlord sind das Fanal einer digitalen Gesellschaft, die zu scheitern droht. Das Beispiel zeigt, wie wenig Polizei, Politik und Zivilgesellschaft diesem feindseligen Treiben entgegenzusetzen haben. Auch über fünfzehn Jahre nach der Erfindung von Facebook mit inzwischen über zwei Milliarden Nutzern stehen wir in allzu vielen Fällen zerknirscht und hilflos vor den Nebenwirkungen aller Art. Wenn wir sie überhaupt bemerken. Der Realitätsschock der sozialen Medien ist auch eine Erinnerung, dass wir bisher kaum verstehen, was für Auswirkungen soziale Medien auf die Gesellschaften der Welt haben. Auch die Digitalkonzerne selbst nicht.

Als 2014 Winklers Schwester telefonisch belästigt und bedroht wird, nimmt er schreiend vor Wut einen Clip auf. Wer sich mit ihm anlegen wolle, solle seine Schwester in Ruhe lassen und stattdessen bei ihm vorbeikommen. Dann ruft er seine volle Adresse in die Kamera. Als einige Zeit später die Wut verflogen ist, löscht er den Clip, aber es ist zu spät. Seine Peiniger haben das Video längst gespeichert, laden es wieder und wieder auf verschiedenen Plattformen hoch. Und sie kennen jetzt seinen Wohnort. Aus dem Online-Martyrium wird ein quälender Sturm unter Einbeziehung der dinglichen Welt. Auf seinen Namen werden Unmengen Waren wie Kleidung oder Pizza bestellt, er wird in seinem Umfeld verleumdet und diffamiert, vor seinem Haus tauchen immer wieder Gruppen von Jugendlichen auf.

Rainer Winkler wehrt sich. Die Mobber werden immer

aggressiver. Eine sehr erfolgreiche Form von YouTube-Inhalten sind Pranks, das »Verstehen Sie Spaß« des 21. Jahrhunderts. Freunde oder Zufallsopfer wie Passanten werden meist grob hereingelegt, die Aufnahmen davon ins Netz gestellt. Schadenfreude bringt Klicks, also Ruhm und manchmal Geld. Weil soziale Medien als Sensationalisierungsmaschine funktionieren können, ist unter manchen ein Wettbewerb um immer extremere Pranks entstanden. In Hamburg wurde ein deutsch-afghanischer YouTuber zu sieben Monaten Haft auf Bewährung verurteilt, weil er einen Rucksack mit herausragenden Kabeln vor die Füße von Passanten geworfen hatte und schreiend so tat, als wäre es eine Bombe. Auch in Großbritannien gab es Haftstrafen für ähnliche Fälle. Eine hoch kriminelle Variante des Pranks hat einen eigenen Namen bekommen: Swatting. Der Name stammt von den SWAT-Teams in den USA, ein Akronym von »Special Weapons and Tactics«, schwer bewaffnete Spezialeinheiten.

Dabei rufen Trolle bei Polizei oder Feuerwehr an und erzählen Lügengeschichten, um einen Einsatz zu provozieren. Im Netz kursieren Aufnahmen von Livestreams, bei denen die nichts ahnenden Opfer vor dem Rechner sitzen und ein Video aufnehmen, während im Hintergrund ein mit Sturmgewehren bewaffnetes Polizeikommando die Tür einschlägt. Im Dezember 2017 erschießt die Polizei in Kansas einen jungen Mann bei sich zu Hause, nachdem er arglos die Tür öffnet. Ein Troll aus Kalifornien hat zuvor am Telefon behauptet, dass dort eine Geiselnahme stattfinde. Er wird zu zwanzig Jahren Gefängnis verurteilt.

Auch Rainer Winkler wird per Swatting attackiert, im

ersten in Deutschland überhaupt bekannt gewordenen Fall. Im Juli 2015 setzt ein dreiundzwanzigjähriger Mann einen Notruf ab, ein Großaufgebot der Feuerwehr rast los und ist schon bereit, das Haus Winklers zu stürmen. Im letzten Moment erkennen sie, dass es keinen Notfall gibt. Der Täter ist einer der giftigsten Mobber des Drachenlords, er wird wegen »Missbrauchs von Notrufen«, »Störung des öffentlichen Friedens« und »Bedrohung« zu drei Jahren und fünf Monaten Gefängnis verurteilt. Auch um Nachahmer, insbesondere von Fehlalarmen, per Swatting, abzuschrecken. Aber die Angriffe hören nicht auf, im Gegenteil.

Durch die überregionale Berichterstattung über das Swatting entsteht größere Medienresonanz zum Drachenlord und in der Folge auch für seine Anti-Fans. Die betrachten das als Aufmerksamkeits-Jackpot, die Haftstrafe schreckt sie nicht im Geringsten. Was lässt der sich auch erwischen, Idiot, selbst schuld, so schreiben die Trolle im Netz. Die deutsche YouTube-Szene ist groß, einigermaßen divers, was Interessen und Inhalte angeht, aber ein Teil erfüllt alle Klischees der aggressiven Rücksichtslosigkeit, die man jungen, unausgelasteten Männern nachsagt. Sie nutzen aus, dass im Netz Schadenfreude, Grenzüberschreitung und Quälerei verlässlich ein Publikum finden. Die Trolle denken sich immer boshaftere, ausgefeiltere Attacken aus, die sie auf ihren eigenen YouTube-Kanälen regelrecht vermarkten. Sie profitieren davon auch wirtschaftlich, ebenso wie Google, die YouTube-Mutter. Ein Prank oder eine Beschimpfungskanonade gegen Rainer Winkler garantiert viele Abrufe und neue Abonnenten, die wiederum mehr Ruhm und Geld bringen. Drachenlord wird zu einer Marke digitaler Verächtlichkeit, *Hate-Brand* ist der englische Fach-Slang dafür.

Der Prank, der Rainer Winkler vor riesigem Internet-Publikum weinen lässt, zielt auf die größtmögliche Demütigung ab. Eine junge, attraktive Frau mit dem Pseudonym Erdbeerchen1510 baut über Monate vermeintlich eine emotionale Beziehung zu ihm auf. In Chats und per Privatnachrichten scheinen sich die beiden näherzukommen. Schließlich bringt sie Winkler dazu, ihr während eines Livestreams mit mehreren Tausend Zuschauern einen Heiratsantrag zu machen. Erdbeerchen reagiert anders, als der Drachenlord hofft, ganz anders. Sie lacht ihn aus, verhöhnt ihn und sagt: »Du bist der fetteste, dümmste Idiot, den ich in meinem ganzen Leben gesehen habe.« Dann stößt sie vor laufender Kamera mit dem niederträchtigen YouTuber an, der alles in einem boshaften Filmchen dokumentiert. Bis heute sind Dutzende Kopien dieser Demütigung auf allen Plattformen. Es sind Taten, dazu geeignet, einen jungen Mann in den Selbstmord zu treiben. Man kann unterstellen, dass ein nicht geringer Teil der Mobber ein solches Ergebnis nicht nur in Kauf nehmen, sondern begrüßen würde. Wenn auch alles andere an den Trollen Fake, Trug und Täuschung sein mag, der Hass ist echt. Mehrfach ist Winkler auch tätlich angegriffen worden.

Schon lange sind die Nachbarn Winklers in seinem Wohnort mehr als nur genervt. Sie haben begonnen, den Drachenlord für alles verantwortlich zu machen, für seine Anti-Fans und deren Belästigungen. Immer wieder lungern kleinere und mittelgroße Gruppen Jugendlicher im Ort herum, schmieren Parolen auf Wände und schreien betrunken ihre Pöbeleien in die Nacht hinaus. Das italienische Restaurant in der Nähe bekommt vierzig bis fünfzig Anrufe mit Fake-Reservierungen und Pizza-Bestellungen – am Tag. Wahrscheinlich durch Steinwürfe geht sogar die Terrassentür von Winklers Haus zu Bruch.

Und doch erreicht im heißen Spätsommer 2018 die Eskalation eine neue Ebene. Ausgehend von der Mobilisierung einiger YouTuber treffen sich immer wieder Menschen manchmal über hundert Personen starke Gruppen, vor Rainer Winklers Haus. Für den 20. August planen die Trolle eine Veranstaltung, zu der sich 10 000 Menschen auf Facebook anmelden. Es kommen fast 800 junge Männer und ein paar Frauen am Abend dieses Tages in das Dorf, in dem Winkler lebt. Es hat 41 Einwohner. Aus der grölenden Menge werden Eier, Böller, Steine geworfen. Eine Wiese wird in Brand gesetzt, es hat Wochen kaum geregnet. Nicht weit entfernt von Rainer Winklers Haus randaliert ein Mob. Er ist drin, und man kann sich vorstellen, dass er Todesängste durchstehen muss. Die Polizei ist schließlich mit einem Großaufgebot vor Ort und spricht 300 Platzverweise aus. Einige Teilnehmer des Mobs kommen aus Hamburg, Österreich, der Schweiz. Über den Angriff wird bundesweit berichtet, die meisten Älteren hören den Namen Drachenlord zum ersten Mal und vergessen ihn vermutlich gleich wieder. Die Hatz geht weiter, wiederum heftiger als zuvor.

Im März 2019 ermordet ein islamistischer Attentäter mehrere Menschen in Utrecht. Wie bei fast jedem Attentat werden von den Hasstrollen in einer konzentrierten und konzertierten Aktion vor allem über Twitter manipulierte Fotos und Videos geteilt, die den Anschein nahelegen sollen, der Drachenlord sei der Täter. Im Fall von Utrecht fällt ein türkischer Nachrichtensender darauf herein und verbreitet vor Millionenpublikum Fotos von Rainer Winkler als Mordverdächtigem.

Es wird von vielen Anti-Fans als »witzig« empfunden, Teil des gewalttätigen Massenmobbings namens »Drachengame« zu sein. Wenn man die Kommentare betrachtet, lassen sich im Wesentlichen drei Gruppen ausmachen. Erstens eher passive Schaulustige, zweitens Mitläufer, die selbst hier und da mitklicken oder einen boshaften Kommentar absondern. Den Kern bilden drittens die organisierten Trolle, die eine Subkultur des Hasses mit eigenen Sprachcodes, Netzritualen und Community-Treffen entwickelt haben. Sie verbreiten das Gerücht, angereichert mit geschickten Montagen und Falschzitaten, das »Drachengame« würde mit einer Art stillem Einverständnis von Rainer Winkler gespielt. Er sei in Wahrheit froh, dass sich so viele Leute für ihn interessierten. Das dient der Masse von Schaulustigen und Mitläufern als Rechtfertigung. Das ist falsch, und es ist gefährlich. Winkler sagt im Gespräch mit der Zeit: »Für mich war das nie ein Spiel. Mit dem Leben eines anderen Menschen zu spielen, ist für mich nicht lustig. Viele kommen hierher mit dem Ziel, mich so weit fertigzumachen, dass ich mich irgendwann umbringe.« Winklers Vater ist in der Nähe begraben, die Erbarmungslosigkeit der Mobber kennt auch davor keine Scheu. Es kommt auf dem Friedhof zu Grabschändungen, die teilweise gefilmt werden.

In vielen Medienberichten ist die Rede davon, dass Winkler auch selbst schuld sei. Manchmal scheint es nur durch, manchmal wird es offen behauptet. Er mache schließlich weiter Videos und streame live. Im Spiegel kommt eine Cyberpsychologin zu Wort, die vom »Drachengame« als einem »komplexen Konflikt« spricht und als Lösung vorschlägt, Winkler solle sich vorübergehend aus dem Internet zurückziehen. Die Nachbarn haben ihn oft gebeten, keine Videos mehr ins Netz zu stellen. Die Provokationen nicht zu erwidern. Diese Reaktionen von Profis und Nachbarn, diese Berichte und Artikel zeugen von einem Unverständnis der Materie. Nicht nur wird damit ignoriert, dass Rainer Winkler sein Geld mit seiner Online-Präsenz verdient (er bekommt wie viele YouTuber einen Teil der Werbeerlöse ausgezahlt). Sie lassen auch auf ein veraltetes Netz- und Gesellschaftsverständnis schließen.

In der Frühzeit des Netzes gab es die stehende Empfehlung »Don't feed the trolls«, füttere nicht die Trolle. Dann würden sie schon aufhören. Diese Worte sind potenziell zerstörerisch, sie sind die Grundlage für eine Schuldumkehr. Wenn jemand online gequält wird, kann es aus Gründen der psychischen Belastung zwar kurzzeitig sinnvoll sein, sich zurückzuziehen. So, wie man aus einem brennenden Haus erst einmal hinauslaufen sollte. Aber das ist keine Generallösung, die für alle Betroffenen funktioniert. Und so wie das Verlassen des Hauses das Feuer nicht löscht, ändert der bloße Rückzug wenig. Schlimmer noch, dieses Vorgehen lastet dem Opfer des Mobbings die Verantwortung auf. Wenn weiter gemobbt wird, hat das Opfer Schuld, weil es zu früh oder überhaupt wieder ins Netz gegangen ist. Solche Ratschläge beruhen auf der Selbstverständlichkeit einer Zeit, in der man noch die Wahl hatte, ob man ins Netz geht oder nicht. Diese Zeit ist für die meisten jüngeren

Menschen vorbei. Unter 25-Jährige organisieren ihr Privatleben heute so weitgehend über das Netz, dass die Wahl nur noch theoretisch ist. Von der beruflichen Perspektive ganz zu schweigen, weil die meisten Jobs der Zukunft Beherrschung und Nutzung digitaler Instrumente voraussetzen.

Ein Nachbar im Dorf ruft den grölenden Trollen zu, sie sollten verschwinden, aber das Haus Winklers könnten sie vorher ruhig anzünden. Solche Formen der Schuldumkehr, das Opfer für die Gewalt an ihm selbst verantwortlich zu machen, sind sehr alte und trotzdem vollkommen inakzeptable menschliche Verhaltensweisen. »Wenn ich mich jetzt drücken würde, dann würde ich vermutlich endgültig zerbrechen«, sagt Winkler 2018 einer Regionalzeitung. Dass er weitermacht, weiter Videos ins Netz stellt, ist seine legitime Form der Bewältigung. Es ist nicht seine Schuld, dass genau diese Unbeugsamkeit die gewalttätigen Anti-Fans anstachelt. Es ist das Versagen einer Gesellschaft, die längst in weiten Teilen eine digitale ist, aber noch nicht verstanden hat, was daraus folgen sollte.

Cybermobbing wie auch Stalking sind viel zu lange nicht ausreichend ernst genommen worden. Immer wieder werden zum Beispiel Opfer nach Hause geschickt, wenn sie Anzeige erstatten wollen und der Polizei mitteilen, der Tatort sei das Internet. Selbst als in Deutschland im März 2017, zehn Jahre nach der explosiven Verbreitung sozialer Medien, eine gesetzliche Verschärfung der »Nachstellung« erfolgt, reicht das für viele Opfer nicht aus. Von der Polizei über die Staatsanwaltschaften bis zu den Gerichten ist noch immer die Haltung weit verbreitet, man könne als Gegenmittel doch einfach das Internet meiden.

Dass eine ganze Generation inzwischen ihr Sozialleben und vieles andere ins Netz verlagert hat, ist in vielen Köpfen nicht angekommen. Es ist, als würde man Leuten als Schutz vor Straßenüberfällen empfehlen, nicht mehr aus dem Haus zu gehen. Durch diese Unkenntnis wird eine Vielzahl von Opfern allein gelassen. Darunter leiden insbesondere gefährdete Gruppen, junge Frauen, nicht weiße und geschlechtlich nicht binäre Personen, Menschen mit sichtbarer Behinderung, Minderheiten aller Art. Facebook wird 2004 gegründet. Die ersten fünfzehn Jahre des Netzwerks sind ein ökonomischer Siegeszug, mit dem soziale Medien zur Selbstverständlichkeit werden. Diese Phase ist aber auch eine Eskalation einer digitalen Hetzjagd auf ohnehin marginalisierte Gruppen.

Mit neuen Kulturpraktiken gehen neue Formen des Mobbings einher, wie etwa »Revenge Porn«. Es handelt sich nur vordergründig um Pornografie, und mit dem beschönigenden Begriff der Rache hat das wenig zu tun. Auf diese Weise werden junge Frauen gedemütigt, meist von ihren Exfreunden, die Nacktfotos oder selbst gemachte pornografische Aufnahmen ins Netz stellen: eine neue Form der sexuellen Belästigung. Auch Erpressungen finden statt. In Kalifornien ist 2017 ein Gesetz gegen »Revenge Porn« erlassen worden, in Europa tut man sich damit noch schwerer. In Deutschland wird es erst im Sommer 2020 verboten, Frauen in der Öffentlichkeit mit dem Smartphone unter den Rock zu fotografieren.

Die nicht digital geprägten Generationen haben für Fälle wie der bösartigen Veröffentlichung von Nacktfotos oft die Antwort: Selbst schuld, warum lässt du solche Aufnahmen von dir machen? Dieser Vorwurf weist den Opfern die Verantwortung für das Handeln der Täter zu und entlastet diese damit. Wer eine solche Schuldumkehr betreibt, verkennt auch die Größenordnungen, in denen sich Sexualität digitalisiert hat. Eine Befragung amerikanischer Jugendlicher kommt 2018 zu dem Schluss, dass einer von vier Teenagern Nacktfotos von sich verschickt. Einige Experten halten diese Zahlen für stark untertrieben, schon 2015 gab es Untersuchungen, dass selbst acht von zehn Erwachsenen »Sexting« betreiben, also intime, delikate Inhalte verschicken. In jedem Fall aber handelt es sich bei Jugendlichen um ein Massenphänomen, das meist abseits der Erziehungsverantwortlichen gewachsen ist und deshalb oft ignoriert wird.

Falls sich Kinder und Jugendliche wegen verschickter oder bereits veröffentlichter Fotos aller Art sorgen, wäre die schlechteste Vorgehensweise, sie damit allein zu lassen, weil sie angeblich selbst schuld seien. Der Fachbegriff dafür lautet Victim Blaming, das Opfer für die Handlungen des Täters verantwortlich zu machen. Dieser Fehlschluss ist altbekannt, etwa bei sexueller Gewalt gegen Frauen. Digitales Victim Blaming aber, wie gegenüber Rainer Winkler oder den Opfern der Nacktbild-Veröffentlichung, ist sogar bei Leuten salonfähig, die es in der dinglichen Welt ablehnen. Das ist symptomatisch für die Hilflosigkeit der Gesellschaft gegenüber neuen, extremen Phänomenen der digitalen Welt. Als in den USA 2014 Dutzende weibliche Prominente gehackt werden und daraufhin ihre privaten, oft delikaten Fotos ins Netz gestellt werden, erklärt der damalige Digitalkommissar der EU Günther Oettinger, dass man die Menschen nicht »vor ihrer Dummheit bewahren« könne.

Rainer Winkler ist das Opfer eines boshaften, gewalttätigen Mobs, es ist allein seiner inneren Stärke und einer Mischung aus Trotz und Zähigkeit zu verdanken, dass er sich bisher nichts angetan hat. Wenige andere Menschen hätten auch nur einen Tag ausgehalten, was der Drachenlord über Jahre erdulden muss. Winklers Leiden steht exemplarisch dafür, dass Staat und Gesellschaft ratlos vor einem digitalen Problem stehen und versuchen, die Sache entweder mit falschen, weil vordigitalen Instrumenten in den Griff zu bekommen. Oder gar nicht. Im Jahr 2020 ist, anders als Stalking, das Cybermobbing in den meisten Ländern der EU nicht einmal ein eigener Straftatbestand. Wir haben bisher kaum geeignete Rezepte gegen die negativen Auswirkungen der sozialen Medien gefunden, obwohl eine ganze Generation mit und in ihnen aufwächst.

SHITSTORMS

Ein neues Wort hat seit 2010 eine so kometenhafte wie traurige Karriere gemacht: Shitstorm. So werden Empörungsstürme in sozialen Medien bezeichnet, wenn es um Cybermobbing, Stalking und Massenbeschimpfung geht. Leider habe ich selbst maßgeblich dazu beigetragen, diesen Begriff in Deutschland bekannt zu machen, indem ich ihn zuerst im Januar 2010 in einem Interview mit einem Massenmedium erklärte und im selben Jahr im April vor großem Publikum einen Vortrag mit dem Namen »How to survive a shitstorm« hielt. Er findet sich bis heute auf YouTube. Darin spreche ich über einen Empörungssturm, der mir 2009 widerfahren ist, weder mein erster noch mein letzter.

Aus dieser Kenntnis kann ich sagen: Wer noch nie im Zentrum eines Shitstorms stand, kann nicht – nicht im Ansatz – nachempfinden, was das bedeutet und wie es sich anfühlt. Und trotzdem gibt es Abstufungen. Meine selbst durchlebten Empörungsstürme waren retrospektiv und im Vergleich mit anderen betrachtet eher schwere, aber bewältigbare Wetter. Am größten Shitstorm gegen mich im Sommer 2009 anlässlich meiner Teilnahme an einer Werbekampagne beteiligten sich mehrere Tausend Menschen. Die Massenbeschimpfungen fanden sowohl unter Klarnamen wie auch anonym statt. Heute kaum mehr denkbar: Es gab keine einzige Todesdrohung. Was inzwischen auch durch die größere Zahl der Menschen im Netz stattfindet, übersteigt fast jedes Maß.* Insbesondere dann, wenn das Ziel einer im Netz regelmäßig marginalisierten Gruppe angehört, also zum Beispiel schwarz ist, jüdisch, eine Behinderung hat, nicht dem körperlichen Normideal entspricht wie Rainer Winkler, nicht binärgeschlechtlich ist oder nicht heterosexuell. Oder eine Frau.

Man kann über Shitstorms im Internet nicht sprechen, ohne die tiefe Misogynie in den Köpfen der Netzbewohnerschaft zu behandeln. Es ist nicht leicht, die schon immer vorhandene und strukturelle Frauenfeindlichkeit von der

---

* Falls Sie oder eine Person in Ihrem Umfeld je in einen Shitstorm geraten sollten – auf der Seite Realitätsschock.de finden Sie eine Handreichung, wie man damit richtig umgehen kann.

im Netz allgegenwärtigen zu unterscheiden. Meine Vermutung ist, dass hier sowohl lange Vorhandenes sichtbar wird, wie auch Verstärkungsprozesse durch soziale Medien wirksam sind.

Von der Radikalität der Frauenhasser zeugt ein Fall namens »Gamergate«, dessen Bedeutung kaum überschätzt werden kann. Gamergate ist, vereinfacht gesagt, eine in den USA entstandene, inzwischen weltweit verbundene Bewegung aus mehrheitlich rechtsgerichteten, frauenfeindlichen, oft hasserfüllten jungen Männern. Sie betrachten sich als Teil der Gamer-Community, haben also Freude an Videospielen. Aus der Gamergate-Bewegung speist sich sogar ein Teil der sogenannten »Alt-Right«, Rechtsextremisten, die in verschiedenen Internet-Communitys Donald Trump bei der US-Präsidentschaftswahl 2016 massiv unterstützten. Entstanden ist Gamergate aus einigen Blog-Artikeln eines jungen Mannes, der 2014 von einer Frau namens Zoë Quinn verlassen wird. Er dichtet seiner Exfreundin aus Bösartigkeit eine Affäre mit einem Videospiel-Journalisten an. Weil Quinn als Spieleentwicklerin arbeitet, springen sich solidarisierende männliche Spielefans auf den Empörungszug auf, unter dem Vorwand, es gehe ihnen um »Ethik im (Spiele-)Journalismus«. Sie steigern sich in einen im Netz bis dahin ungesehenen Hassrausch hinein.

Es folgt eine jahrelange Tortur, über die Quinn ein lesenswertes, leider bisher nicht auf Deutsch erschienenes Buch geschrieben hat: »Crash Override«. Quinns Accounts werden gehackt, privateste Fotos und delikate persönliche Daten veröffentlicht. Sie wird in beinahe jeder denkbaren und undenkbaren Hinsicht online belästigt, beschimpft und bedroht, Verschwörungstheorien über sie und ihre Familie werden herbeifabuliert und verbreitet. Der rasende Hass der Gamergate-Männer richtet sich rasch auch gegen Quinns öffentliche Unterstützerinnen und berichtende Medien. Ein wohl über zehntausend Köpfe starker, dezentral agierender Mob beginnt, sich im Netz auf verschiedenen Plattformen und Foren zu organisieren. Die unablässigen Attacken schwappen vom Netz in die dingliche Welt und führen sie an den Rand des Suizids. Obwohl in Europa weniger bekannt, ist Gamergate unter den Shitstorms etwa das, was die Erfindung der Atombombe für die Politik war: Egal, was noch kommen mag, die Zeit teilt sich in davor und danach. Bis heute finden sich junge Männer weltweit unter dem Schlagwort »Gamergate« zusammen.

Gamergate zeigt, dass hinter vielen Hass- und Hetzkampagnen im Netz eine toxische Männlichkeit steht, die zur kollektiven Abwertung anderer Menschen führt, speziell von Frauen. Es geht um reaktionäre Geschlechterrollen und darum, dass Männer außer Wut kaum Gefühle zeigen sollen. Ihre soldatische Härte und hackordnungsgeile Empathielosigkeit möchten sie auch im Netz durch Kämpfe, Demütigungen und Mutproben beweisen.

Allerdings, so betont auch Quinn in ihrem Buch, ist man nicht davor gefeit, an Shitstorms teilzunehmen, wenn man toxische Männlichkeit ablehnt. Der Shitstorm hat sich auch als Instrument der öffentlichen, gemeinschaftlichen Ahndung von Fehltritten aller Art etabliert, insbesondere auch von linker, feministischer oder tierschützender Seite. Man kann solche kollektiven Wutwellen als neue Ökonomie der Öffentlichkeit interpretieren: Eine Gruppe treibt den Preis für von ihr nicht akzeptierte Verhaltensweisen hoch.

Shitstorms müssen als sehr breite soziale Erscheinung betrachtet werden, mit einzelnen phantasmagorischen Spitzen wie Gamergate. In den alltäglichen Niederungen ist es weniger einfach, Shitstorms auch nur zu erkennen. Im Gegenteil kann man bei der Nutzung sozialer Medien sogar aktiver Teil eines Shitstorms werden, ohne es zu bemerken.

Das hängt unmittelbar mit der Struktur sozialer Medien zusammen, wie man am Beispiel Twitter erkennen kann. Der Blogger Chris Pirillo sagt spöttisch: »Twitter ist ein großartiger Ort, um der Welt mitzuteilen, was man denkt, noch bevor man darüber nachgedacht hat.« Aber gerade wegen dieser Unmittelbarkeit funktioniert Twitter in den meisten Ländern als eine Art Seismograf des Netzgeschehens. Nicht alles, was in sozialen Medien passiert, passiert auf Twitter. Aber es gibt dort zu fast jedem öffentlichen Geschehen in sozialen Netzwerken ein Echo. Twitter ist im Guten wie im Schlechten ein internationales Multiplikatoren-Netzwerk, das gilt für Shitstorms – aber auch die türkischen #gezipark-Proteste von 2013 gegen Erdoğan wären ohne Twitter kaum möglich gewesen.

Auf Twitter werden Themen anhand von sogenannten Hashtags gebündelt, auch auf Instagram oder Facebook existieren ähnliche Funktionen. Es handelt sich um thematische Stichworte, die mit der Raute (#) vorangestellt von der Plattform automatisch in einen Link verwandelt werden. Der Klick auf einen Hashtag führt dann zu einer Suche nach diesem Stichwort auf ganz Twitter, unabhängig davon, ob man jemandes Twitter-Profil abonniert hat oder nicht. Hashtags wurden von einem Programmierer namens Chris Messina im August 2007 erfunden, und sie verschaffen einen schnellen und umfassenden Überblick über eine Diskussion zum Thema des Hashtags: Mit einem Klick lassen sich die meistgelikten und meistdiskutierten Wortmeldungen nachvollziehen. In der Folge kann man sich an der Diskussion beteiligen, indem man den Hashtag selbst verwendet. Unter #realitätsschock finden sich zum Beispiel die Kommentare zu diesem Buch auf Twitter und Instagram.

Dadurch wird eine neu entstandene Funktion der digitalen Öffentlichkeit überhaupt erst erkennbar. Der Kulturwissenschaftler Michael Seemann hat sie etwas sperrig »Query-Realität« genannt. Query bedeutet Abfrage, es handelt sich um Suböffentlichkeiten, die erst durch eine Suchabfrage sichtbar werden. Zehntausende schimpfen unflätig über einen falschen Elfmeter, aber man bekommt davon nichts mit, solange man nicht danach sucht. Bei den meisten sozialen Netzwerken wird für die betreffenden Nutzer gesondert angezeigt, wenn sie direkt angesprochen werden oder wenn auf ihre eigenen Beiträge massenhaft reagiert wird.

Das bedeutet, dass quer durch die sozialen Medien ein gigantischer Sturm der Empörung gehen kann – von dem die meisten Nutzer nichts mitbekommen. Bis sie auf ein Stichwort klicken oder zufällig jemanden abonniert haben, der sich an der Empörung beteiligt. Enge Kontakte und Freunde können in einem zerstörerischen Sturm der Empörung stehen, ohne dass man es zwingend bemerken muss, obwohl man zur gleichen Zeit auf demselben Netzwerk unterwegs ist.

Empörungsstürme sollten dabei nicht ausschließlich negativ betrachtet werden, schon weil es eine beachtliche qualitative Spreizbreite solcher Massenkommunikation gibt. Deshalb ist der Begriff »Shitstorm« auch problembehaftet,* weil er stets Unfairness, Vulgarität und Unangemessenheit suggeriert. Eigentlich ist der Shitstorm ein über die Stränge geschlagenes neuartiges Korrektiv der Öffentlichkeit. Öffentliche Empörung dient oft der kollektiven Vergewisserung moralischer Standards. Mithilfe von Empörungsstürmen verhandeln Social-Media-Öffentlichkeiten, wie sie worauf reagieren, welche Zumutungen man zähneknirschend hinnimmt und bei welchen man öffentliche Gegenwehr in die Welt hinausschreit. Die Grenzen zwischen einem neuen Korrektiv und Kollektivhetze ist allerdings nicht einfach zu erkennen, und sie fühlt sich von innen ganz anders an als von außen.

Häufig kommt es zur Aufschaukelung zwischen zwei oder mehr spontan gebildeten Gruppen mit unterschiedlichen Wertvorstellungen. Aufregung in sozialen Medien wirkt ansteckend, entweder als Co-Aufregung, die sich mit-empört. Oder als Gegenaufregung, die die Empörung abwehren möchte oder für ungerechtfertigt hält. Oder als Gegen-Gegenaufregung. Durch die Verkürzung, die in

---

* Trotzdem verwende ich den Begriff in diesem Buch, weil er sich für das beschriebene Phänomen so sehr etabliert hat, dass eine vollständige Ersetzung durch das sinnvollere »Empörungssturm« eher verwirren würde.

sozialen Medien häufig und auf Twitter zwingend ist, gerät die Feststellung leicht zur Aufforderung. Dann wird »Weil ich das Tierleid nicht mehr ertrage, ernähre ich mich vegan« verstanden als »Du sollst dich vegan ernähren«. Kompliziert wird es dadurch, dass die Feststellung auch als Aufforderung gemeint sein kann. Soziale Medien funktionieren als Gefühlsmedien, die Emotionen schüren, verstärken und zum Kollektivereignis machen, deshalb wird die moralische Entrüstung leicht zu einer eindimensionalen Frage: Dafür oder dagegen? Zwischentöne funktionieren auf Twitter so gut wie Schwimmflügel bei einem Eisenbahnunfall.

Es entsteht ein moralischer Bekenntnisdruck des eigenen sozialen Umfelds, man fühlt sich gedrängt, umgehend und eindeutig Farbe zu bekennen. Daher tragen viele Empörungsstürme ritualisierte Abläufe in sich. Es werden Scheindiskussionen ausgefochten, gegen reale oder imaginierte Gegner, die vor allem den Sinn haben, die nahestehenden Moraltruppen zu mobilisieren. Darauf reagiert wiederum ein Teil der Nutzer negativ. Wenn die selbstverstärkende Wucht von Empörungsstürmen nutzbar gemacht werden könnte, die Energieprobleme des Planeten wären gelöst. Bis zu einem gewissen gesellschaftlich noch nicht ausverhandelten Grad ist es aber müßig, bei Empörungsstürmen die Stilfrage zu stellen oder sich allein darauf zu konzentrieren. Bei jeder Netzaufregung mit mehr als einer Handvoll Beteiligter dürfte es zu problematischen bis katastrophalen Äußerungen kommen. Selbst bei den banalsten Auslösern fehlt selten jemand, der Nazi- oder sogar Holocaustvergleiche ins Spiel bringt. Augenmaß und Verhältnismäßigkeit gehören nicht unbedingt zu den überragenden Stärken spontaner Kommunikationskollektive in sozialen Medien. Ein Mechanismus, den Trolle benutzen, um alle möglichen Proteste zu diskreditieren, denn wenig schadet einem an sich legitimen Protest mehr als vermeintliche Mitprotestierende, die in absurder oder extremistischer Weise über die Stränge schlagen. Das sozialmediale Korrektiv, das Empörungsstürme darstellen könnte, ist vorsichtig gesprochen noch nicht ganz ausgereift.

Wenn ein durchschnittlicher Empörungssturm verraucht ist, was meist zwischen zwei und achtundvierzig Stunden dauert, bleibt manchmal doch eine Wirkung (über die psychosozialen Schäden beim Ziel hinaus). Im Angesicht einer lauten und kritischen Öffentlichkeit überprüfen die Adressaten manchmal ihr eigenes Handeln und die Wertemuster dahinter, nicht wenige zum ersten Mal.

Ein Beispiel einer positiven Wirkung eines Empörungssturmes geschieht im März 2019 im US-Bundesstaat Texas. Nachdem eine schwarze junge Frau seiner Meinung nach ihren Wagen falsch geparkt hat, zeigt ein weißer betrunkener Barkeeper zunächst seine Feuerwaffe, beleidigt sie dann rassistisch und schlägt sie extrem brutal zusammen. Es gibt Videoaufnahmen, immer wieder krachen die Fäuste des größeren Mannes direkt ins Gesicht der eher zierlichen Frau. Kurze Zeit später wird der Mann von der Staatsanwaltschaft lediglich dreier Vergehen beschuldigt und wieder freigelassen. Erst als sich das Video über soziale Medien verbreitet und ein Empörungssturm Menschen bis zum Twitter-organisierten Protest auf die Straße treibt, wird die Anklage gegen den Gewalttäter präzisiert. Er wird unter dem Verdacht eines schweren Hass- und Gewaltverbrechens wieder in Haft genommen. Es ist allerdings selten der Fall, dass Empörungsstürme derart eindeutiges Material zur Grundlage haben wie in diesem Fall in Texas. Und leider sind kurze Videosequenzen und besonders auch Schnappschüsse nur selten ein ausreichendes Abbild der Realität. Wenn man überhaupt feststellen kann, ob sie dem in sozialen Medien zugeschriebenen Ursprung entstammen. Schlimmer noch: Die Empörungsmaschinerie kümmert sich erfahrungsgemäß nur wenig um differenzierende Details oder größere Kontexte. Deshalb bekommen Shitstorms durch Fake News und Verschwörungstheorien eine zusätzliche, bedrohliche Wirkung.

FAKE NEWS, VERSCHWÖRUNGSTHEORIEN UND RADIKALISIERUNG

Im Dezember 2012 ermordet ein Attentäter 26 Menschen an der Sandy-Hook-Grundschule im US-Bundesstaat Connecticut. Darunter sind zwanzig Kinder im Alter von sechs und sieben Jahren. Es gibt nicht viele Menschen, die den unendlichen Schmerz der Eltern nachvollziehen können. Aber schon kurze Zeit später gibt es verstörend viele Menschen, die ihn auf monströse Weise verstärken.

Bereits im Januar 2013 beginnt eine jahrelange Hetzjagd – auf genau die Eltern, deren Kinder ermordet wurden. Unter amerikanischen Rechten und Rechtsextremen kursiert die Verschwörungstheorie, dass der Massenmord der Grundschulkinder gar nicht stattgefunden habe. Diese Leute behaupten, der »tiefe Staat«, also eine Verschwörung der Behörden selbst, habe dieses (und auch viele andere, eigentlich alle) Massaker inszeniert – um einen Grund zu haben, die Amerikaner zu entwaffnen. Ein horrendes Beiprodukt der ohnehin vonseiten der Rechten irrational und ohne Rücksicht auf Verluste geführten Debatte um Waffen. Da die Verschwörungstheoretiker von ihrer konstruierten Weltsicht so ohne jeden Zweifel überzeugt sind, halten sie die Überlebenden und Angehörigen von Opfern für »crisis actors«, für Krisenschauspieler, die vom Staat bezahlt und zur Stimmungsmache von der »Lügenpresse« interviewt werden. Und deshalb, schwer zu glauben und noch schwerer zu akzeptieren, belästigen, verfolgen und bedrohen die Verschwörungstheoretiker die Hinterbliebenen über Jahre, mit größter Aggression und Erbarmungslosigkeit, ohne sich durch Fakten beirren zu lassen. Ende März 2019 nimmt sich Jeremy Richman das Leben. Er gehört zu den Eltern von Sandy Hook, die sich nach dem Mord an ihrem Kind für eine schärfere Gesetzgebung eingesetzt haben. Er ist nicht der erste Hinterbliebene eines »School Shootings«, der sich tötet, immer wieder geschieht das. Zuletzt hatten sich wenige Tage zuvor zwei überlebende Teenager des Parkland-Massakers, bei dem 2018 in Florida siebzehn Menschen ermordet wurden, das Leben genommen. Die Hatz der Extremisten, angetrieben durch Fake News und Verschwörungstheorien, spielt dabei eine wesentliche Rolle.

Fake News und Verschwörungstheorien töten. Das ist die Feststellung, die zu allererst getroffen werden muss, denn die Debatte darum erscheint zerfasert. Auch weil Fake

News kein einheitlich verwendeter oder definierter Begriff ist. Man versteht darunter sowohl brandneue wie auch uralte Medienereignisse. Dazu zählen Propaganda, Lügen, Zeitungsenten, Satire, simple Fehler, veraltete Informationen, inzwischen widerlegte Vermutungen, schwer oder gar nicht Überprüfbares, Zuspitzungen, weitergehende Interpretationen und subjektiv legitime Verkürzungen. Zudem benutzen autoritäre Akteure Fake News als Kampfbegriff, um die freie Presse zu delegitimieren. Noch dazu gibt es bei allen diesen Aspekten zeitbezogene Veränderungen.

Die Sorte Fake News aber, die durch soziale Medien zu neuen Höhenflügen gelangt ist, kann als neue Erscheinung betrachtet werden. Sie zeichnet sich zwar auch durch bestimmte inhaltliche Qualitäten aus, aber entscheidend ist die Wirkung. In sozialen Medien sind Fake News vor allem Waffen in einem grell geführten Kampf um Aufmerksamkeit. Sie nutzen geschickt die Funktionalitäten der großen Plattformen wie Facebook, YouTube oder Twitter, um eine knappe emotionalisierende Erzählung zu konstruieren. Wahrheit oder auch nur Nachvollziehbarkeit spielen dabei keine Rolle, denn diese Form von Fake News verfolgt zwei Ziele: einerseits die eigene Verbreitung zu maximieren und andererseits eine Handlung zu provozieren, zumindest einen Klick auf Like oder Share. Fake News sind in sozialen Medien ein Mobilisierungs- und Aktivierungsinstrument.

Die Beziehung zwischen Fake News und Verschwörungstheorien ist eng. Mithilfe von falschen oder falsch gedeuteten Informationen wird ein quasiideologisches Gedankengebäude errichtet. Das Fundament der meisten größeren

Verschwörungstheorien ähnelt sich: Die öffentliche und veröffentlichte Deutung des Geschehens ist nicht die Wahrheit, sondern ein konstruiertes Schauspiel zur Täuschung der Öffentlichkeit. Es gibt eine oder mehrere mächtige Gruppierungen von Verschwörern, die im Geheimen agieren. Eine Verschwörungstheorie kann man als ideologische Brille sehen. Einmal aufgesetzt, beinhaltet jede neue Information zum Thema die Bestätigung ihrer eigenen Richtigkeit. Stützende Neuigkeiten werden als Hinweis gesehen, dass die Verschwörungstheorie stimmt. Widersprechende Informationen sind das Ergebnis der Täuschungsarbeit der Verschwörer. Neutrale Informationen werden so gedreht und angereichert, dass sie ebenfalls als Beleg dafür taugen. Sogar neue Nichtinformationen werden auf diese Weise zum Beweis, denn zum Standardinstrumentarium der Verschwörungstheorie gehört, das Ausbleiben von Statements als Schuldeingeständnis zu deuten.

Soziale Medien und Verschwörungstheorien sind ein echtes Traumpaar, zwei, die sich lange gesucht und gefunden haben. Alle, die möchten, können in sozialen Medien alles schreiben, was nicht unmittelbar illegal ist. Verschwörungstheorien beinhalten dazu meist spektakuläre und überraschende Aspekte (»Der Mond? Aus Käse? Echt?«). Emotional sind sie ohnehin, weil sie suggerieren, man sei all die Jahre reingefallen. Verschwörungstheorien sind deshalb außerordentlich gut funktionierende Inhalte für soziale Medien.

In ein paar Stunden lässt sich schon mit geringem Know-how und noch geringerem Kostenaufwand eine Website bauen, die seriösen Magazinen zum Verwechseln ähnlich sieht. Dort kann dann jeder alles über die Tatsache hineinschreiben, dass der Mond aus Käse besteht. Wird eine solche Seite auf Facebook verlinkt, dann nimmt eine bestimmte Klientel kaum wahr, dass es sich nicht um ein ernsthaftes Medium handelt.

In sozialen Medien werden alle möglichen Nachrichten, wahre wie erfundene, auf die bevorzugte Verschwörungstheorie zugeschnitten. Jede Meldung, die auch nur im Entferntesten die Erzählung – der Mond ist aus Käse – zu stützen scheint, wird als erneuter Beweis betrachtet. Widersprechende Informationen dagegen werden als gezieltes Täuschungsmanöver der Verschwörer betrachtet. Verschwörungstheorien sind als emotionale Ideologie einem quasireligiösen Glauben ähnlich, sie sind deshalb nicht widerlegbar, die Gedankengebäude sind wie Bauten von M. C. Escher, die aber nur Eingänge und keine Ausgänge haben. Fakten werden nicht akzeptiert, Fotos und Filme sind manipuliert, wissenschaftliche Erkenntnisse sind gefälscht, die klassischen Medien sind Teil der Verschwörung und dienen der Tarnung.

Der rechtsextreme Attentäter von Christchurch, der im März 2019 einundfünfzig Menschen ermordete, nannte sein Manifest »Der Große Austausch«, es handelt sich um eine Mischung aus Verschwörungslandschaft, faschistischer Ideologie und Internetslang nach Art rechtsextremer Trolle. Den Terroranschlag streamte er mit einer Helmkamera live auf Facebook. Zuvor hatte er seine Tat in einem bekannten rechten Trollforum angekündigt, dessen Wurzeln in der Gamergate-Gemeinschaft liegen. Mitschnitte und Ausschnitte des Videos wurden in den Stunden nach dem Attentat von Facebook und YouTube mehrere Millionen Mal gelöscht. Und er hat Nachahmer motiviert, die Manifeste in sozialen Medien veröffentlichen und zum Teil ebenfalls versuchen, ihre Terroranschläge im Netz live zu streamen. Der Überfall auf eine Synagoge in Poway im April 2019 (eine Tote) gehört dazu, der terroristische Massenmord in einem Supermarkt in El Paso im August 2019 (22 Tote) und ebenso das Attentat auf die Synagoge und einen türkischen Imbiss in Halle im Oktober 2019 mit zwei Toten. Eine mörderische Melange aus Antisemitismus und Rassismus bildet die ideologische Grundlage. Ende 2019 und besonders Anfang 2020 im Kontext der Corona-Pandemie findet die Verschwörungstheorie immer mehr Anhänger, die unter »QAnon« bekannt ist (vgl. Kapitel »Rechtsruck«). Auch sie scheint ihren Ursprung in einem weltweit bekannten Trollforum zu haben, aber sie wird vor allem in rechten Internetforen ständig erweitert und ergänzt. Ziel der Verschwörung sei neben massenhaft organisiertem, sexuellem Missbrauch von Kindern vor allem die Gewinnung von Adenochrom, das als hormonelles Nebenprodukt entstehe, wenn man Kinder foltere. Die Eliten würden mithilfe dieses Mittels ewig jung bleiben wollen. Geplant und gesteuert sei alles – natürlich – von reichen Juden. Donald Trump sei der Einzige, der es mit den Verschwörern aufnehmen könne. Daher müsse er mit allen Mitteln unterstützt werden. Die Lockdowns im Frühjahr dienten in Wahrheit nicht der Bekämpfung der Pandemie, sondern zur Tarnung des Armeeeinsatzes, um die Kinder zu befreien. Die verstörende Unterhaltsamkeit solcher Erzählungen schwindet, wenn man die mörderische Wirkung erkennen muss. In einem Bericht von Mai 2020 beschreibt das FBI eine stark wachsende Terrorgefahr von »verschwörungsgetriebenen, inländischen Extremisten« und meint damit vor allem QAnon. Das Attentat von Hanau im Febuar 2020 hatte eindeutige Bezüge zu dieser Erzählung.

YOUTUBE UND DIE FLACHE ERDE

YouTube ist seit einem Jahrzehnt die wichtigste Plattform für Verschwörungstheoretiker. Die Videocommunity erreicht in vielen westlichen Ländern über 90 Prozent der Menschen bis 24 Jahre. Sie schauen dort nicht nur Videos, sondern hören auch Musik, diskutieren alle möglichen Inhalte und vernetzen sich sozial. Die türkisch-amerikanische Technosoziologin Zeynep Tufekci, wissenschaftliche Beobachterin der sozialen Medien, nennt im März 2018 YouTube »die große Radikalisierungsmaschine«. Ausgestiegene Neonazis aus den USA und Großbritannien geben an, dass YouTube elementar gewesen sei bei ihrer Radikalisierung. Der Islamische Staat hat eine eigene umfassende Social-Media-Strategie zur Anwerbung neuer Rekruten entwickelt, die maßgeblich auf YouTube und Messenger-Programmen beruht. Über 40 000 Menschen, vor allem junge Männer, sind bis 2018 aus mehr als 80 Ländern der Welt nach Syrien gereist, um sich dem Islamischen Staat anzuschließen. Es ist nicht im Detail bekannt, wie viele davon sich auf YouTube radikalisierten. Aber die YouTube-Mutter Google hat immer wieder Tausende Propagandaclips löschen müssen und 2015 ein eigenes spezielles Programm

YouTube und die flache Erde

gegen die Radikalisierung durch Videos aufgelegt. Die Forschung ergab, dass zwischen Erstkontakt mit Propagandavideos und der Entscheidung, zum Islamischen Staat zu reisen, meist nur wenige Wochen lagen.

Bei einer Konferenz in Denver treffen sich im November 2018 »Flat Earther«, Leute, die überzeugt sind, die Erde sei eine Scheibe. Sie glauben an eine große Verschwörung der Regierungen, der Wissenschaft, der Unternehmen, der Medien und der NASA, die die Wahrheit der flachen Erde unterdrücken. Ein Vortragsredner erzählt, wie er über einen YouTube-Film zum begeisterten Anhänger der Flat-Earth-Theorie geworden sei. Er habe sich durch den Film »erweckt« gefühlt. Er hätte gar nicht danach gesucht, plötzlich habe das Video von selbst angefangen zu spielen. Um die Bedeutung dieser Episode für die Radikalisierung per YouTube zu verstehen, muss man den technischen Hintergrund kennen.

Seit 2015 ist Autoplay auf YouTube die Standardeinstellung: Sobald ein Video zu Ende ist, beginnt von allein das nächste der Empfehlungsliste. Diese Empfehlungen stellt ein lernender Algorithmus zusammen. Dank Guillaume Chaslot, einem ehemaligen Programmierer der Empfehlungssoftware von YouTube, wissen wir grob, wie diese Software funktioniert. Der wichtigste Faktor zur Berechnung ist das *Engagement*. In den meisten sozialen Medien ist das für Werbetreibende eine wichtige Währung, mit der gemessen wird, wie intensiv und wie oft die Nutzer mit einem Inhalt interagieren. Dazu zählen je nach Plattform die Zahl der Ansichten eines Inhalts, die Likes, die Kommentare, wie oft der Inhalt geteilt wurde und einiges mehr. Das macht aus YouTube für Google eine Geldmaschine.

Und zwar eine problematische, denn das beschriebene Erweckungserlebnis kommt in Kreisen von Verschwörungstheoretikern häufiger vor. Mit einem Mal, so glauben die Betroffenen, würden sie die eben noch unverständliche, komplexe Welt begreifen. Die Reaktion ist oft, sich tagelang einzuschließen, immer neue Videos über die jeweilige Verschwörungstheorie zu schauen, zu liken und zu sharen und dabei unter den Videos mit anderen aus der Community über ihre »Erweckung« zu diskutieren. Anders formuliert handelt es sich bei frisch zur Verschwörungstheorie Konvertierten um das absolute Traumpublikum von YouTube.

Der lernende Empfehlungsalgorithmus versucht, alle Nutzer so heftig interagieren zu lassen wie sein Traumpublikum. Deshalb bietet die Plattform, wo immer möglich, diejenigen Inhalte, die sie möglichst lange auf der Seite halten, damit sie Videos schauen und heftig interagieren. Je emotionaler, desto besser. Aber auch Hass, Wut und Verschwörungsgrusel sind Gefühle. YouTube bringen sie Geld. Einer der schlimmsten und prominentesten Verschwörungstheoretiker in den USA, ein Rechtsextremer namens Alex Jones, war die maßgebliche Kraft bei der Verbreitung der Sandy-Hook-Verschwörungstheorie. Sein erstes diesbezügliches Video stammt von Januar 2013, wenige Wochen nach der Tat. Es folgen viele weitere, die immer wieder dazu beitragen, dass Menschen wie Jeremy Richman nach dem Mord an ihren Kindern ein zweites Martyrium erdulden müssen. Erst im August 2018 ringt sich YouTube dazu durch, Alex Jones zu sperren. Zuvor dürfte er YouTube Millionen Dollar Werbegelder gebracht haben.

MOBS, MORDE, MEDIEN

Die zerstörerische Kraft von Fake News und Verschwörungstheorien kann sich noch einmal verstärken, wenn sie über das intimste soziale Medium verbreitet werden: Messenger wie WhatsApp. Durch die nicht öffentliche Struktur dieser Massen-Chats sind die verschickten Inhalte kaum zu überprüfen. Es handelt sich in etwa um das Äquivalent zum Kantinengespräch oder Treppenhausplausch, halb privat, halb Teil einer neuen Öffentlichkeit. Messenger dienen heute fast überall auf der Welt der Organisation des privaten und halbprivaten Lebens, vom Sportverein über die Schulklasse bis zur Gruppe der ehemaligen Arbeitskollegen. Anderthalb Milliarden aktive Nutzer hat allein das zu Facebook gehörende WhatsApp, manchmal wird dieser Bereich der digitalen Sphäre »Dark Social« genannt, derjenige Teil sozialer Medien, der kaum sichtbar unter der Oberfläche brodelt.

In Indien haben die Mechanismen in diesen Suböffentlichkeiten der sozialen Medien bereits zu vielen Dutzenden Toten geführt, denn in ländlichen Gebieten sammeln sich aufgehetzt durch Fake News auf WhatsApp regelmäßig Mobs. Im Jahr 2018 starben mehr als dreißig Menschen, weil sie von wutentbrannten Menschenmassen totgeprügelt wurden. In einem Fall sammelte sich ein Mob von mehr als dreitausend Personen und ermordete ein halbes Dutzend Wanderarbeiter. Die Menschen hatten einen verfremdeten pakistanischen Werbespot gegen die Vernachlässigung von Kindern auf WhatsApp geteilt bekommen, diesen für dokumentarisch gehalten und glaubten, bei den Wanderarbeitern handele es sich um Kindesentführer. Anfang 2019 schränkte WhatsApp seine Funktionalitäten in Indien deutlich ein, Videoclips sind kaum mehr in großen Gruppen zu teilen. Es wäre töricht, solche Entwicklungen ausschließlich als Sache ärmerer, weniger gebildeter Gesellschaften zu begreifen. Eine Studie erklärt 2018, einen Zusammenhang zwischen rassistischen Postings, meist mit Fake News verbunden, und Anschlägen auf Flüchtlingsheime gefunden zu haben – in Deutschland. Und Anfang 2019 muss die Polizei in Paris wiederholt aufgebrachte Menschenmengen von Gewalt gegen Sinti oder Roma abhalten. Über Twitter, Facebook und WhatsApp wurde verbreitet, eine rumänische Bande würde zwecks Organhandels Kinder entführen.

Im Frühjahr 2018 gibt ein Ermittler der Vereinten Nationen bekannt, dass sich ein Team in Myanmar auf Spurensuche macht. Immer wieder gab es Berichte, über Facebook sei zur Gewalt gegen die muslimische Minderheit im Land aufgestachelt worden, die Rohingya. Im September 2018 wird ein in nüchtern juristischer, aber eindeutiger Sprache verfasster Bericht veröffentlicht. Darin wird empfohlen, die Verbrechen des Militärs in Myanmar in dreierlei Hinsicht vor den Internationalen Gerichtshof zu bringen: Kriegsverbrechen, Verbrechen gegen die Menschlichkeit – und Genozid. Ein hoher UN-Kommissar nannte die Vorgänge ein »Lehrbuchbeispiel ethnischer Säuberung«. In Myanmar ist ein Völkermord geschehen, und dabei war Facebook ein maßgebliches Hilfsinstrument.

Die Untersuchungen legen nahe, dass das Militär 2013 beschließt, die Rohingya zu vertreiben. Etwa zur gleichen Zeit beginnt Facebook, sich in Myanmar auszubreiten. Während soziale Medien im Westen über Laptops und Schreibtisch-Computer groß wurden, überspringen sie in dem lange abgeschotteten südostasiatischen Land diesen Schritt. Facebook ist dort spätestens seit 2015 das wichtigste Alltagsinstrument auf dem Smartphone. Ein BBC-Korrespondent vor Ort sagt: »Für viele in Myanmar *ist* Facebook das Internet.« Das Militär beginnt, eine Gruppe von Facebook-Propagandisten aufzubauen. Ende 2018 sind es über 700. Ihre Aufgabe ist vorgeblich, über Politik zu informieren. In Wahrheit produzieren sie staatliche Fake News mit dem Ziel der Aufwiegelung. 1962 hat in Myanmar das Militär die Macht übernommen, und obwohl 2011 auf internationalen Druck hin eine zivile Regierung eingesetzt wurde, behält die Armee ihren entscheidenden Einfluss.

Mit oft aus anderen Zusammenhängen stammenden Fotos und erfundenen oder dramatisch zugespitzten Berichten machen die Militärs Stimmung: Ein Rohingya-Mann habe eine Frau der buddhistischen Mehrheit vergewaltigt und getötet. Religiöse Entweihungen, Kindsentführungen, Leichenschändungen, alles, was zur Emotionalisierung der Massen taugt, wird verbreitet. Da nur etwa ein Drittel der Myanmarer überhaupt Zugang zum Netz hat, werden solche Informationen mündlich weitergegeben und diskutiert. Das Ziel ist, die Wut der Mehrheit zu schüren, um so die Vertreibung und die Massaker an den Rohingya als Volkswillen erscheinen zu lassen.

Der Plan, den die UN-Ermittler in ihrem Dokument als

»genozidale Absicht« bezeichnen, funktioniert. In Myanmar gibt es, bedingt durch die diktatorische Historie, keine echte Kultur der Öffentlichkeit. Für viele Menschen in den ländlichen Gebieten ist Facebook auf dem Smartphone der erste Kontakt mit Medien – abgesehen vom Unterhaltungsfernsehen.

Bürgerrechtsaktivisten weisen Facebook wieder und wieder auf die Fake News und ihre Wirkung hin. Die Plattform macht wenig bis nichts für Myanmar. Außer Werbeanzeigen verkaufen. Auf den über Jahre eskalierenden Hass reagiert Facebook in einer tödlichen Mischung aus Ignoranz und Kaltschnäuzigkeit. Nachdem die UN längst Alarm geschlagen hat, beauftragt Facebook eine unabhängige Organisation mit der Untersuchung der Vorgänge und dem Zusammenhang mit Facebook. Im Oktober 2018 titelt die New York Times: »Ein Völkermord, entzündet auf Facebook mit Postings von Myanmars Militär«. Im November 2018 erscheint der Bericht der Organisation, der im Wesentlichen die Darstellungen der Aktivisten und der UN-Ermittler bestätigt. Jetzt erst lässt sich Facebook zur Aussage hinreißen: »Wir können uns darauf einigen, dass wir mehr tun können und sollten.« Aus haftungsrechtlichen Gründen werden solche Statements häufig nur auf die Gegenwart oder die Zukunft bezogen, alles andere wäre das offizielle Eingeständnis einer Mitschuld und könnte daher extrem kostspielig werden. Zeitgleich mit diesen Sätzen wird bekannt gegeben, dass Facebook ausreichend Sprachspezialisten eingestellt habe, die sich um gefährliche Inhalte kümmern sollen. Die Maßnahmen erfolgen somit über fünf Jahre nach den ersten Berichten von Wissenschaftlern und Aktivisten, die nachweislich im März 2014 erfolgen. Zu diesem Zeitpunkt beschäftigt Facebook im irischen Dublin bei einer siebenstelligen Zahl von Nutzern in Myanmar eine Task Force für die Überprüfung von Hassrede in der Landessprache. Die Zahl der Mitarbeiter der Task Force: einer.

Facebook trägt damit Mitschuld an der Gewalt, die durch Fake News entzündet worden ist. Das Unternehmen verdiente 2018 mit Anzeigen knapp 55 Milliarden Dollar. Die verheerende Wahrheit ist, dass Facebook in den ersten fünfzehn Jahren seines Bestehens seine Intelligenz, Energie und sein Kapital fast ausschließlich investiert hat, um eine perfekte Werbemaschine zu werden. Die oft zerstörerischen Begleiteffekte hat Facebook in erster Linie als Aufgabe für die eigene PR-Abteilung verstanden. Nur mit halber Kraft hat sich das Unternehmen darum gekümmert, die Auswirkungen in den Griff zu bekommen.

Das systemische Versagen des sozialen Netzwerks wurde ausgeblendet. Es besteht zum Beispiel darin, eine Plattform aufgebaut zu haben, die über Jahre nicht ausreichend deutlich unterscheidet zwischen destruktiven, aufhetzenden Inhalten und gewöhnlicher Kommunikation. Es besteht darin, dass sich Facebook über Jahre vor sinnvoller Kooperation mit Behörden weltweit gedrückt hat. Es besteht auch darin, dass Facebook Facebook nicht verstanden hat – und das ist angesichts der Mitverantwortung für einen Völkermord bei gleichzeitigen Rekordumsätzen noch eine gnädige Ausdeutung der Geschehnisse.

Soziale Medien greifen tief in unser Weltverständnis ein, in der Folge wandeln sich die Gesellschaft und ihr Handeln.

Im großen Politischen wie im kleinen Sozialen. Wir haben bisher nur in Ansätzen verstanden, welche Auswirkungen sich dadurch ergeben. Im 20. Jahrhundert sagte der Übersoziologe Niklas Luhmann: »Alles, was wir über unsere Gesellschaft, ja über die Welt, in der wir leben, wissen, wissen wir durch die Massenmedien.« Im 21. Jahrhundert zeigen uns die sozialen Medien, dass wir über die Welt so viel dann doch nicht wussten.

9

WIRTSCHAFT

EMOTIONAL ECONOMY – DREI GEFÜHLE VERÄNDERN DIE WIRTSCHAFT

Wie der Plattform-Kapitalismus den Homo emotionalis hervorbringt

Mark Zuckerberg, dem Gründer von Facebook, sind viele Titel verliehen worden. Nicht alle mögen schmeichelhaft sein, aber einer darunter hört sich an wie eine Neidgarantie für BWL-Studenten (vermutlich auch für viele andere): jüngster Selfmade-Milliardär aller Zeiten. Im Alter von 23 Jahren gelang es Zuckerberg, mit seinem sozialen Netzwerk ein zehnstelliges Dollarvermögen anzuhäufen. Diesen Titel trägt er genau genommen immer noch – aber nicht mehr allein. Seit Anfang 2019 gibt es eine zu diesem Zeitpunkt 21-jährige Selfmade-Milliardär*in*.

Kylie Jenner gehört zum Kardashian-Clan, einer amerikanischen Familie, der oft nachgesagt wird, sie sei berühmt dafür, berühmt zu sein. Kim Kardashian ist ihre Halbschwester, Kanye West ihr Schwager. Sie hat zwei Mütter, Kris Jenner und die Transfrau Caitlyn Jenner, die lange vor ihrer Geschlechtsangleichung bei den Olympischen Spielen 1976 eine Goldmedaille im Zehnkampf gewann. Prominenz schöpft die Familie vor allem aus einer weltweit ausgestrahlten Reality-Fernsehserie. Kylie ist zehn Jahre alt, als das TV-Format beginnt.

Kris Jenner gilt als clevere Unternehmerin und achtet

schon früh darauf, dass ihre in der Öffentlichkeit aufwachsenden Kinder lernen, ihre Bekanntheit zu monetarisieren. Die jüngste Tochter verlässt sich dabei nicht auf die üblichen Wege wie Musik, Modeln oder Modekollektionen: Kylie Jenner ist Großunternehmerin eines neuen Typs. Sie wird zu ihrem eigenen Vermarktungsmedium, zu ihrer eigenen Verkaufsmaschinerie.

2015 gründet Jenner ein Schönheitspflege-Unternehmen mit dem Produktschwerpunkt Lippenkosmetik. Bis sie rund zehn Millionen Dollar Umsatz erreicht, gibt die Firma null Dollar für traditionelles Marketing aus. Nichts. Sie gehört zu den ersten Unternehmerinnen, die sich perfekt und im größten Maßstab auf die Plattform-Ökonomie eingestellt haben, die beherrschende Wirtschaftsform des frühen 21. Jahrhunderts. In gewisser Weise ist sie die Königin der digitalen Bohème*, weil sie wie niemand sonst auf dem Planeten das Internet für ihr unternehmerisches Handeln nutzt und weil trotz des beispiellosen Erfolges ihr Geschäft noch immer Projektcharakter hat. Die Wirtschaftszeitschrift Forbes schreibt über Unternehmensgründungen: »Hewlett Packard haben die Garage unsterblich gemacht – Jenner ihren Küchentisch.« Genauer gesagt den Küchentisch ihrer Mutter, denn dort entsteht das Unternehmen. Im Unterschied zur Konzernwelt des 20. Jahrhun-

---

* Im Buch »Wir nennen es Arbeit« beschrieben Holm Friebe und ich 2006 die digitale Bohème: Leute, die das normale Festanstellungsverhältnis meiden und stattdessen mithilfe des Internets als Selbstständige unternehmerisch ihr Geld verdienen, nicht selten in Kreativ- und Medienbranchen.

derts kommt das Milliardenunternehmen Jenners noch immer mit minimalem Aufwand aus, Mitte 2018 beschäftigt sie nur sieben Vollzeit- und fünf Teilzeitangestellte.

Kylie Jenners wichtigste Plattform ist Instagram, das foto- und videoclipbasierte soziale Netzwerk, auf das sich neben WhatsApp die meisten jungen Menschen in der westlichen Welt einigen können. Sie hat verstanden, dass in einer vernetzten Plattform-Ökonomie das klassische, oft plumpe Marketing der Kunst der Inszenierung weichen muss, einer in den Köpfen des Publikums zu weckenden Fantasie. Kylie Jenner ist ein Inszenierungsgenie, und der Ort, wo sie ihre Fähigkeiten virtuos zur Entfaltung bringt, sind die sozialen Medien. Im Sommer 2020 hat sie deutlich über 180 Millionen Abonnenten auf Instagram. Unter den 25 meistverfolgten Instagram-Accounts der Welt sind fünf des Kardashian-Clans, gemeinsam haben sie fast eine dreiviertel Milliarde Abonnenten.

DIE SELFIE-MADE MILLIARDÄRIN

Kylie Jenner ist nicht nur die jüngste Selfmade-Milliardärin, sondern auch, wie Forbes bemerkt, die erste »Selfie-made-Milliardärin« – im Wortsinn, denn Jenner ist selbst ihr häufigstes Bildmotiv auf Instagram. 2014, als sie sechzehn Jahre alt ist, beginnt die Klatschpresse, Bilder von ihr zu verbreiten, auf denen ihre Lippen erkennbar praller sind als in den Jahren zuvor. Neben Spekulationen über sogenannte »Lip Filler« muss sie im Netz jede Menge Spott ertragen. Auf Darsteller und besonders Darstellerinnen des

Reality-Fernsehens glaubt wirklich jeder herabschauen zu können. Anfang 2015 ersinnen ein paar Teenager die »Kylie Jenner Lip Challenge«. Sie nehmen ein Schnapsglas, schürzen ihre Lippen hinein und saugen die Luft aus dem Glas. Dadurch schwellen die Lippen an und werden blutrot. Das Ergebnis wird massenhaft in sozialen Medien gepostet, meist spöttisch, manchmal auch mit rassistischen Untertönen.

Im Mai 2015 gibt Kylie Jenner in einem Interview zu, dass sie temporäre Lippenfüller benutzt hat, sie fühle sich bezüglich ihrer Lippen unsicher. Aber längst hat sie begonnen, aus der Aufmerksamkeit ihren Nutzen zu ziehen. Sie investiert 250 000 Dollar, die sie mit Model-Jobs verdient hat, in 15 000 Lippenkosmetik-Sets in drei verschiedenen Farben, die aus einem Lippenstift und einem Konturstift bestehen. Ab Sommer 2015 deutet sie auf ihren Social-Media-Kanälen an, bald selbst ein Produkt herauszubringen. Geschickt spielt sie mit den Gerüchten, die in sozialen Medien entstehen. Die Pläne dafür sind bereits älter, aber mit der medialen Aufregung um Kylie Jenners Lippen scheint der perfekte Moment gekommen. Erst am Tag vor dem Verkaufsstart, dem 30. November 2015, enthüllt Jenner auf Instagram, was genau sie anbietet. Als am 1. Dezember der Verkauf beginnt, sind die 15 000 Lip Kits für 29 Dollar in dreißig Sekunden ausverkauft. Auf Ebay werden sie für bis zu 1000 Dollar angeboten. »Es ist die Kraft der sozialen Medien«, sagt Jenner dazu. Es ist aber auch eine Gelegenheit, die sie ergreift. Unterstützt von ihrer geschäftstüchtigen Mutter, denn sie ist zu diesem Zeitpunkt noch nicht volljährig.

Kaum drei Monate später, im Februar 2016, relauncht sie die eigene Seite als Kylie Cosmetics mithilfe des Unternehmens Shopify. Diese E-Commerce-Plattform erlaubt jedem, ohne Programmierkenntnisse eigene Online-Shops aufzubauen. Wie mit einem Baukastensystem lassen sich verschiedene Funktionen zusammenklicken, von der Bezahlfunktion bis zur Auslieferung. Diesmal stehen sogar 500 000 Lip Kits in sechs Farben bereit, aber auch die sind bald verkauft. Im November 2016 bringt sie eine Kollektion für die Winterfeiertage heraus, aber aus dem Weihnachtsgeschäft wird nichts, denn innerhalb von 24 Stunden sind wiederum alle Produkte weggeshoppt. Ende 2016 hat Kylie Jenner nach nicht einmal einem Jahr über 300 Millionen Dollar Umsatz gemacht. Sie eröffnet einige Pop-up-Stores, Kurzzeit-Läden, in Los Angeles, die in wenigen Tagen Zehntausende Kundinnen anziehen. Aber diese Form des Handels dient eher als Event denn als Marketingmaßnahme. Das Internet, die sozialen Medien bleiben Jenners Heimat.

DIE PLATTFORM-ÖKONOMIE UND IHRE MACHT

Kylie Jenner ist Unternehmerin eines neuen Typs, weil sie mit Kylie Cosmetics alles outgesourct hat, was outzusourcen ist und sie dabei mit überragender Effizienz Plattformen verwendet. Hauptsächlich Shopify für Verkauf und Logistik sowie Instagram für das Marketing. Auch Jenners Erfolg wegen verwandelt sich Instagram langsam in eine Einkaufsplattform mit Community-Aspekten. Im Februar 2018 wird Unternehmenskunden eine direkte Verbindung zu ihren Shops ermöglicht, im März 2019 wird ein Bezahlmechanismus eingebaut. Über 60 Prozent der Nutzer geben an, auf Instagram nach Produkten zu schauen. Das soziale Netzwerk möchte erstens von der nächsten Kylie Jenner selbst stärker profitieren und zweitens die größten Stars an sich binden. Der zweite Punkt ist ein für Laien überraschendes Problem. Viele gewöhnliche Nutzer fühlen sich einer Plattform regelrecht ausgeliefert, aber das gilt nicht mehr auf der Ebene von Kylie Jenner. Dort kann sich das Machtverhältnis umdrehen. Als Jenner twittert, dass sie den Instagram-Konkurrenten Snapchat wegen eines Updates nicht mehr nutzen wolle, fällt der Aktienkurs des Unternehmens um acht Prozent. Und erholt sich wieder, als sie nachschiebt, dass sie Snapchat trotzdem nicht verlassen wolle. Das Update wird rasch angepasst.

Die Plattform-Ökonomie zieht herauf, und Kylie Jenner zeigt, welche Marktmacht sich damit freisetzen lässt, welche Konsumkraft so entfaltet werden kann. Eine Plattform ist technisch gesehen eine digitale Infrastruktur, auf der zwei oder mehr Gruppen interagieren können. Man muss sie als neue Unternehmensform verstehen, die überhaupt erst mit dem Internet möglich geworden ist. Dabei entstehen digitale Ökosysteme, das heißt, nicht nur die Plattform profitiert wirtschaftlich, sondern auch eine größere Zahl von Kooperationspartnern. Das hört sich freundschaftlicher an, als es ist, denn ein Merkmal von Plattformen ist auch, dass sie versuchen, ihre jeweiligen Märkte möglichst vollständig zu erobern. Uber funktioniert auch nach dem Plattform-Prinzip und attackiert seine Konkurrenten so aggressiv, als wollte es sie vernichten. Nach Meinung des Silicon Valley hat Ubers Ridesharing-Markt langfristig Platz für höchstens zwei profitable Anbieter. Einer der bekanntesten Investoren des Silicon Valley, der Trump-Fan Peter Thiel, will Geld nur noch in Start-ups stecken, die Monopole anstreben. »The winner takes it all« ist die stehende Rede, mit der weit über ethische Grenzen hinweg gekämpft wird. In jedem Fall ist das Ziel der meisten Plattformen, die alten Marktstrukturen aufzubrechen und ihre Akteure auszuspielen oder zu umgehen.

Der Fachbegriff für solche technologisch getriebenen Attacken lautet Disruption oder disruptive Innovation. Dahinter steht eine Weltsicht, die auf den Ökonomen Joseph Schumpeter zurückgeht, die schöpferische Zerstörung als wirtschaftliches Instrument. Die oft beklagte Aggressivität der Digitalkonzerne basiert auf der Überzeugung, Erfolg verspreche vor allem, bestehende Geschäftsmodelle frontal anzugreifen. Mark Zuckerberg gab in den ersten Jahren von Facebook das Motto aus: »Move fast and break things« (Bewege dich schnell und zerbrich Dinge). Plattformen sind durch ihre datengetriebene Effizienz für das destruktive Monopolstreben perfekt geeignet. Google mit einem Suchmarktanteil von über 90 Prozent in Deutschland, Frankreich, Spanien, Italien, Indien, Mexiko und vielen anderen Ländern (Stand 2019) zeigt das eindrucksvoll. Der Grund für eine derartige Dominanz sind neben den offensiven Strategien die disruptiven Innovationen. Die Suchmaschine von Google ist fast von Beginn an um Größenordnungen besser als alle anderen. Googles Suchmethode, die Relevanz von Ergebnissen vor allem an der Zahl der Verlinkungen einer Seite festzumachen, hat das moderne

Internet überhaupt erst urbar gemacht, als punktgenauer Scheinwerfer in einer zuvor stockfinsteren Digitalwelt. Google erreicht durch die hohe Ergebnisqualität seine Stellung beim Publikum, das darauf hin größtenteils vergisst, dass überhaupt andere Suchmaschinen existieren. In der Folge funktionieren auch die Anzeigen von Google besser als die der Konkurrenz.

Der Realitätsschock der Ökonomie hat mehrere Dimensionen. Digitale Plattformen erobern mit großer Radikalität einen Markt und eine Branche nach der anderen. Viele ökonomische und gesellschaftliche Probleme beruhen darauf, dass wir bis heute nicht herausgefunden haben, wie Plattformen richtig reguliert werden können. Regelmäßig wird entweder populistisch, aber wenig sachkundig mit Instrumenten des 19. Jahrhunderts gedroht: Zerschlagung! Oder es wird detailversessen, aber hilflos an Symptomen laboriert. Beides bleibt meist folgenlos. Die Quittung dafür, sogar im Wortsinn, bekommen allerdings oft Bevölkerung und nicht-digitale Unternehmen.

Ein Beispiel für die fehlende Regulierung ist die Steuergesetzgebung in der EU und vielen anderen Ländern der Welt. Das kann man mit einem – selbstredend vollkommen theoretischen – leicht vereinfachten Beispiel erklären: Wer in der EU bei einer Suchmaschine ein Produkt sucht, wird Werbung sehen, für die Werbekunden viel Geld bezahlen, eigentlich wären also Steuern fällig. Dann behauptet die Suchmaschine aber, dass für die Auslieferung der Anzeige eine Software-Lizenz notwendig ist. Die Lizenz gehört jedoch einer Tochter der Suchmaschine mit Sitz in einem Steuerparadies. Und leider ist die Lizenz so teuer, dass sie den größten Teil des in der EU verdienten Geldes auffrisst. Zugleich gibt es in manchen Ländern steuerliche Vergünstigungen auf Lizenzzahlungen, weshalb in der EU nur Centbeträge übrig bleiben, auf die entsprechend geringe Steuern fällig sind. Schade!

Facebook hat 2017 in Großbritannien Einnahmen von etwa anderthalb Milliarden Euro erzielen können und davon rund neun Millionen Euro Steuern gezahlt. Das ist nicht einmal ein Prozent. Amazon hat 2018 auf über elf Milliarden Dollar Gewinn in den USA null Dollar »federal taxes« gezahlt und 129 Millionen Dollar Erstattungen bekommen. Ähnliche Zahlen sind von fast allen großen Digitalkonzernen bekannt. Das Problem ist, dass solche Tricks zumeist legal sind. Das liegt neben politischen Versäumnissen auch daran, dass das Steuerrecht in seinen Grundzügen noch auf der alten Wirtschaft mit dinglichen Produkten und klassischen Dienstleistungen beruht.

Digitale Plattformen können unterschiedliche Gestalt annehmen, etwa als Marktplatz, als Netzwerk oder als Betriebssystem samt App-Store. Auch Mischvarianten sind häufig, ebenso die Fähigkeit, die eigenen Funktionalitäten ständig weiterzuentwickeln oder sich zu verwandeln. Amazon hat als Online-Buchhandlung begonnen und wurde dann Kaufhaus, Marktplatz, Infrastrukturanbieter und vieles mehr. Instagram ist eine Plattform, weil es als Netzwerk für visuelle Inhalte funktioniert und auch als Werbe- und Vertriebsmarktplatz für die Aufmerksamkeit der Nutzer, ähnlich wie Facebook. Amazon ist mit dem Hauptgeschäftsmodell der Handelsplattform ohnehin eine solche, aber auch Googles Android, das weltweit meistverbreitete Betriebssystem für Smartphones, oder Apples Konkurrenzsystem iOS. Die jüngsten in Europa erfolgreichen Plattformen sind die sprachgesteuerten Assistenten, die in Smart Speakern wie Amazon Echo oder Google Home stecken: Alexa und der Google Assistant.

Gemein ist allen, dass sie verschiedene Nutzergruppen digital miteinander verknüpfen, ob bei Angebot und Nachfrage oder auf kommunikative Weise. Ökonomen sprechen dabei von zweiseitigen oder mehrseitigen Märkten. Geoffrey Parker, Professor für Managementlehre und Schöpfer einer viel zitierten »Theorie zweiseitiger Märkte«, hat sich an eine wissenschaftlich wasserfeste, aber trotzdem vergleichsweise verständliche Definition herangewagt: »Digitale Plattformen sind ein Set digitaler Ressourcen – inklusive Dienstleistungen und Inhalten –, die wertschöpfende Interaktionen zwischen externen Produzenten und Konsumenten ermöglichen.« *Vergleichsweise* verständlich.

DIE PLATTFORM-REVOLUTION: BEZIEHUNGEN SIND ALLES

Parker hat mit zwei Kollegen das wegweisende Buch »Platform Revolution« verfasst. Darin analysiert er, dass in der Welt der vernetzten Plattformen die Kontrolle von Ressourcen weniger wichtig wird als in der herkömmlichen Wirtschaft. Dafür wird die Kontrolle von Beziehungen absolut entscheidend. Kylie Jenners ökonomische Macht besteht in ihrer Kontrolle der Beziehung zu ihren Fans, die zugleich ihre Kunden sind.

Die Plattform-Revolution: Beziehungen sind alles

Das ist der Schlüssel zum Verständnis des ökonomischen Realitätsschocks, der mit dem digitalen Wandel einhergeht: Alles dreht sich um *digitale* Beziehungen. In erster Linie um die zwischen Anbietern und Kunden, aber auch die Beziehungen verschiedener Marktteilnehmer untereinander. Wer die Hoheit über eine digitale Beziehung hat, kann sie in fast jeder Hinsicht wirtschaftlich ausnutzen. Aus einer gut funktionierenden Plattform lassen sich weitere entwickeln, die digitale Kundenbeziehung stellt da den Startvorteil dar. Apple hat mit seinem mobilen Betriebssystem eine weitgehende Kontrolle über die digitalen Instrumente von fast einer Milliarde Menschen und nutzt diese technisch hergestellte Beziehung gezielt aus. Auf dieser Basis hat der Konzern in wenigen Jahren unter anderem folgenden Produkte schaffen können:

- ein Zahlungssystem samt Kreditkarte (Apple Pay)
- eine Musikstreaming-Plattform (Apple Music)
- eine TV-Box samt Film- und Fernseh-Plattform (Apple TV)
- eine Plattform für Gesundheitsdaten (Apple Health)
- eine Plattform für das Auto (Apple Carplay)
- ein Bildungsangebot für Schulen (Apple Education)
- eine Uhr samt Software-Landschaft (Apple Watch)
- einen Smart Speaker samt Sprach-Plattform (HomePod)
- eine Smart-Home-Anwendung (Apple Homekit)

Es ist gar nicht so leicht, Unternehmen zu finden, denen Apple keine Konkurrenz macht, direkt oder indirekt. Dabei sind die wichtigsten Geschäftsmodelle, der Geräteverkauf und der App-Store, noch gar nicht aufgezählt. Apple hat das alles auf Basis der Kontrolle der Kundenbeziehung realisieren können.

HOMO EMOTIONALIS

Beziehungen sind, soziologisch betrachtet, von Beginn an die Definition für Märkte, das ist also nicht neu. Jetzt aber digitalisieren sich diese Beziehungen, und dabei geschieht etwas aus der Sicht klassischer Ökonomen Unerwartetes: Gefühle werden am Markt wichtiger als alles andere, jedenfalls am Endkundenmarkt. Die Annahme, dass die meisten Marktteilnehmer sich rational verhalten, war ohnehin längst löchrig und faserig, nun implodiert sie für Teile der Wirtschaft vollends. Ihr zugrunde lag das Modell des Homo oeconomicus, des Menschen, der seinen Nutzen zu maximieren versucht. Die Kriterien, nach denen er seine Entscheidungen trifft, sind rein wirtschaftlicher Natur, er fragt: »Was nutzt mir am meisten?« Die gesamte, westliche Wirtschaftspolitik des 20. Jahrhunderts beruht auf dem Homo oeconomicus.

Auftritt des *Homo emotionalis*, des Gefühlsmenschen. Die Frage, nach der er sich für Produkte entscheidet, lautet: »Was fühlt sich am besten an?« Die heute in ihren Anfängen erkennbare Emotional Economy ist eine Reaktion darauf. Unter Emotional Economy verstehe ich, dass Gefühle beim Kauf, bei der Verwendung, bei der Kommunikation und auch beim Produkt selbst eine immer größere Bedeutung bekommen. Natürlich haben Gefühle auch in der bisherigen Ökonomie eine Rolle gespielt. Es geht eher um eine Verschiebung, die einem großen Trend der Netzgesellschaft folgt. Die digitale Sphäre ist zum Gefühlsraum geworden, like, love, lol, wow, sad, angry. Eine zunächst überraschende, fast zwingende Folge, denn im Netz geht es bekanntlich um Interaktionen, und die sind mit und durch Emotionen einfacher zu erreichen.

Als Idealtypus der Emotional Economy agiert der Homo emotionalis postrational, er leugnet nicht den rationalen Nutzen eines Produkts, aber sieht darin selten den zentralen Aspekt. Die Entstehung des Homo emotionalis* halte ich für eine Folge verschiedener, schon länger absehbarer Entwicklungen des späten Kapitalismus, die mit der digitalen Vernetzung zur vollen Blüte gelangen – bei denen, die es sich leisten können:

- die übergroße Auswahl, die die Überflussgesellschaft für fast alle Produkte hervorgebracht hat, bei 135 Sorten Erdbeermarmelade gibt es kaum mehr rationale Kriterien der Unterscheidung

* Der österreichische Fondsmanager Wolfgang Pinner hat diesen schon länger herumgeisternden, weil naheliegenden Gegensatzbegriff zu Homo oeconomicus 1999 für eine Kategorisierung von Börsenanlegern verwendet. Ansonsten scheint er nicht weiter ausdefiniert und war bisher weder in der New York Times noch im Spiegel zu lesen, selbst im Economist finden sich nur zwei Erwähnungen in den Online-Kommentaren der Leserschaft. Deshalb möchte ich ihn jetzt für die digitale Sphäre adoptieren und sanft weiterentwickeln.

- die riesige Menge der verfügbaren Informationen, die eine rationale Bewertung eines Angebots in kurzer Zeit extrem schwierig machen
- die Individualisierung, die ermöglicht hat, Produkte so sehr auf die eigene Person zuzuschneiden, dass sie sich wie Unikate anfühlen und ähnlich gewertschätzt werden
- der Wunsch, dem eigenen Konsum einen Sinn über das Produkt hinaus zu geben
- die Funktion von Konsum und (digitaler) Zurschaustellung des Konsums für die Gruppenzugehörigkeit, vom iPhone-Besitzer bis zur Tesla-Fahrerin

Der Homo emotionalis, der seine Kaufentscheidungen vielleicht informiert, aber letztlich mit dem Bauch trifft, reagiert damit auf die übergroße Komplexität der Welt. In gewisser Weise handelt es sich um eine Kapitulation vor der Undurchschaubarkeit. In der digitalen Welt sind die meisten Produkte für durchschnittliche Kunden ohnehin eine Blackbox, Undurchschaubarkeit ist durch die vernetzte Gesellschaft auch sonst eher die Regel als die Ausnahme. Wenn mir Umwelt und Menschenrechte wichtig sind – ist ein fair gehandelter Bio-Orangensaft besser oder schlechter als ein Apfelsaft aus konventioneller, aber regionaler Herstellung? Selbst Experten scheitern an vergleichbaren Fragen, und die Gefühlsentscheidung ist ein legitimer Ausweg.

An die Stelle der rationalen Berechnung der Nutzenmaximierung setzt der Homo emotionalis ein beziehungsbasiertes Gefühl. Für einen Kylie-Jenner-Fan fühlt sich der Kylie-Jenner-Lippenstift an wie der beste der Welt, unabhängig von Konkurrenz oder Preis. Deshalb entziehen sich solche Gefühlsentscheidungen oft der rationalen Nachvollziehbarkeit durch Ökonomen. Chanel mag qualitativ überlegene Lippenstifte herstellen, aber keiner bringt das Kylie-Jenner-Gefühl mit. Das kann man aus Unternehmenssicht als große Chance der Emotional Economy betrachten: Produkte sind weniger austauschbar, wenn sie mit Gefühlen aufgeladen werden. Kein Zufall, dass Konzernen wie Apple nachgesagt wird, ihre Kunden seien »Jünger«. Ebenso entsprechen Kylie Jenners Kunden ihren Fans und umgekehrt. Der Homo emotionalis ist der wirtschaftliche Akteur, der in der Emotional Economy, der gefühlsbasierten Ökonomie, immer mehr Märkte bestimmt. Bei privaten Endkunden sind diese Muster sehr viel wirksamer, aber auch Zulieferer und Geschäftskunden sind zumindest mittelbar von diesem Wandel betroffen.

Emotional Economy bedeutet, dass die Wirtschaft ihre Produkte, Dienstleistungen und auch die dazugehörige Kommunikation immer offensiver emotional aufladen, bis die Erzeugung oder Verstärkung von Gefühlen zum wesentlichen Produktmerkmal werden. Die klassischen Konsumtheorien von der Bedürfnisbefriedigung treten in den Hintergrund. Digitale Plattformen haben eine katalytische Funktion, sie verwandeln ganze Märkte in Gefühlslandschaften. Drei Gefühle sind dabei ausschlaggebend:

- Begeisterung
- Ungeduld
- Bequemlichkeit

Die digitale Transformation, also der Wandel der Wirtschaft durch die Digitalisierung, wird oft für eine rein technische Angelegenheit gehalten. Das ist aus meiner Sicht irreführend. Der wichtigste strategische Begriff der vernetzten Ökonomie ist »user centric«. Produkte und Dienstleistungen werden nicht mehr aus Sicht des Herstellers oder der Produktion gedacht, sondern radikal auf die Bedürfnisse und Wünsche der Nutzer zugeschnitten. Das mündet fast zwangsläufig in einer emotionalen Ausgestaltung der Produkte und nichts anderes ist die Emotional Economy.

1 – BEGEISTERUNG

Ein wichtiger Hebel von Kylie Jenners Erfolg ist ihre Bekanntheit und ihre sehr loyale Gefolgschaft in sozialen Medien, aber ihr wahres Kapital ist ein Gefühl: Begeisterung. Präziser gesagt, ihr Vermögen, die Fans zu begeistern durch ihre emotionale Ansprache, ihre Inhalte und die Möglichkeit der Teilhabe an ihrem Alltag. Kylie Jenner dient ihren Fans als Projektionsfläche eines Lebens, von dem sie träumen.

Die Fans erfüllen ihren Teil der Beziehung mit dem Kauf der angepriesenen Produkte. Die Waren werden aus Sicht der Kunden emotional aufgeladen, die Verwendung des Lippenstifts weckt das Gefühl, zu einer Gemeinschaft um Kylie Jenner zu gehören. Die Lebensaspekte, für die Jenner steht, werden durch das Produkt übertragen, die Kunden identifizieren sich mit ihrem Idol. Ein Akt der Persönlich-

1 – Begeisterung

keitsdefinition findet statt, Kauf, Verwendung und Vorzeigen des Produkts gehören zur Identität. Dieses Prinzip ist wesentlich umfassender, als man anhand der jungen Käuferinnen einer Lippenkosmetikfirma glauben könnte. Etwa seit 2015 sind in Deutschland, Großbritannien und vielen anderen Ländern regelmäßig YouTube-Stars in den Buch-Bestsellerlisten zu Gast, nicht selten auf dem Spitzenplatz. Für sich genommen erscheint das nicht weiter merkwürdig, schließlich haben allein in Deutschland fast 200 Menschen über eine Million Abonnenten auf YouTube und erreichen so ein riesiges Publikum. Hervorhebenswert ist die Erkenntnis, die ich durch Gespräche mit einer Anzahl solcher meist junger Kunden gewinnen konnte. Für sie ist das gedruckte Buch ihres Stars nicht nur lesenswerter Inhalt, sondern hat vor allem Devotionaliencharakter. »Wenn ich das Cover anschaue, denke ich an sie und fühle mich besser«, lautet ein (geglättetes) Zitat aus einem der Gespräche. Das Gefühl *ist* das eigentliche Produkt, das Buch eine gut passende Hülle dafür.

Aber die Emotional Economy ist, obwohl noch am Anfang, nicht allein auf die begeisterungsfähige Jugend beschränkt. Seit den 1990er-Jahren werden Käufer von Apple-Produkten als Fan-Girls oder -Boys verspottet, die sich übertreuere, überdesignte Geräte andrehen lassen. Wenn erwachsene Menschen sich vor Computergeschäften zu Tausenden tagelang anstellen und sogar zelten, um ein Smartphone anderthalb Tage früher zu bekommen, erahnt man die Wirksamkeit der Begeisterung in der Emotional Economy. Apple habe keine Kunden, sondern Fans, lautet eine viel zitierte Weisheit der Marketingbranche. Der

Konzern ist damit zum wertvollsten Unternehmen der Welt geworden und hat Nachahmer in vielen Branchen gefunden, die zum »nächsten Apple« werden wollen.

Gekauft wird, was begeistert, benutzt wird, was erfreut oder aufregt. Nutzungsfreude und Gebrauchseifer sind für eine digitale Generation zur Selbstverständlichkeit geworden. Marie Kondo gelangt als Aufräumtrainerin mit eigener Netflix-Serie zu weltweiter Berühmtheit. Die Frage, die sie zu jedem Gegenstand stellt: »Does it spark joy?« Begeistert es dich? Wenn nicht, kann es weg. Man kann die Produktbegeisterung der Emotional Economy auch anders sehen denn als gefühlige Konsumfixierung – als Folge eines zunehmenden Postmaterialismus. Wenn wir schon weniger Zeug besitzen, dann soll es wenigstens eine gewisse Leidenschaft mit sich bringen. 2016 zeigt eine Studie in den USA, dass über drei Viertel der Millennials, der ersten digital aufgewachsenen Generation, Erfahrungen mehr schätzen als Dinge. Die Emotional Economy vermählt geschickt beides miteinander.

2 – UNGEDULD

Fast alle kennen die Gefühlsregung der digitalen Ungeduld von sich selbst. 2007 erfindet der Schriftsteller Peter Glaser dafür den Begriff »Sofortness«, die angespannte Erwartung der Unmittelbarkeit. Die digitale Vernetzung hat uns die Möglichkeit des Sofortkonsums verschafft. Ein Lied kommt in den Kopf und ist sofort danach auf YouTube oder Spotify anzuhören, jeder Kauf ist nur einen Klick entfernt.

2 – Ungeduld

Selbst wenn man das Produkt im Geschäft um die Ecke schneller in die Hand nehmen könnte. Aber es zählt das Kaufgefühl und nicht die schnöde Produktnutzung. Nicht nur Konsum, auch Erkenntnis oder jedenfalls Information ist oft mit einer Google-Suche zu erreichen, Sekunden nach dem Wunsch danach. Man kann das als Wissenswunder begreifen, die erquickliche Geschwindigkeit hat allerdings eine Nebenwirkung. Ungeduld ist ansteckend. Sie breitet sich im Hirn auf irrationale Weise aus. Wer mit einem Klick auf dem Smartphone eine Zugfahrkarte lösen kann, reagiert empört, wenn es beim Bus nicht geht.

In der Emotional Economy kommt der Ungeduld die Rolle der unbarmherzigen Diktatorin zu. Ohnmächtig müssen Unternehmen zuschauen, wie sie hart und schmerzhaft den Takt vorgibt. Wenn sie ihr nicht folgen, werden sie erst verletzt und dann verstoßen. Seit Anfang des Jahrtausends suchte man nach den Gründen, weshalb Menschen illegal Musik herunterladen. Der wichtigste Grund für illegale Downloads war die Nichtverfügbarkeit: Ein Lied hören zu wollen, aber es nicht *sofort* zu können. Sprich, die Ungeduld, auf legale Möglichkeiten zu warten. Deshalb hat inzwischen Spotify die Musikpiraterie messbar und umfassend reduziert. Aber zuvor wäre eine ganze Branche durch die Ungeduld ihrer Kunden beinahe implodiert.

Ungeduld macht Menschen unhöflich und ungnädig, besonders in den Momenten, wo sie zum Kunden werden. Wir alle mögen im Alltag liebreizende Dr. Jekylls sein, in Einkaufssituationen verwandeln wir uns in gnadenlose Mr. Hydes. Der Effekt verstärkt sich dramatisch, wenn uns niemand in Person gegenübersteht, für den wir uns mäßigen müssten. Also im Netz. Mehr als zwei Drittel aller Internet-Shopper weltweit brechen ihren Einkauf ab, wenn die Seite nach drei Sekunden nicht vollständig geladen ist. Bis zu achtzig Prozent kehren danach nicht mehr wieder. Drei Sekunden beträgt also die Geduldsspanne beim Onlineshopping. Und wenn man schon mal in der Irrationalität schwelgt, dann richtig: Die allermeisten Kunden, 85 Prozent, schließen von der Geschwindigkeit einer Seite auf die Vertrauenswürdigkeit des Betreibers. Als Grund geben sie an, die Verantwortlichen hätten bei langsamen Internetseiten offensichtlich ihre Technik nicht im Griff. Das ist nicht einmal ganz falsch – aber zusammen mit dem Wert von drei Sekunden beweist das, wie sehr Ungeduld das Netz prägt. Wie sehr das Gefühl der Ungeduld die Märkte verändert.

Die Emotional Economy ist in gewisser Weise selbst ein Kind der Ungeduld. Ein naher Anverwandter dieses Gefühls ist einer ihrer Haupttreiber: der Impuls. Die meisten Menschen dürften den Impulskauf kennen, einfach dem situativen Gefühl des Habenwollens zu folgen. Dieser Mechanismus gewinnt an Bedeutung in dem Moment, wo man nicht nur die Ware vor der Nase, sondern buchstäblich alles im Netz impulskaufen kann. Diese Erkenntnis ist den großen Plattformen nicht verborgen geblieben, im Gegenteil haben sie alles Mögliche und einiges ziemlich Unmögliche darangesetzt, um ein Maximum an Nutzern zum entscheidenden Klick zu verführen. Wenn im Plattform-Kapitalismus das Ziel nur einen einzigen Klick oder Touch entfernt ist – dann ist der beste Weg dorthin, impulsive Gefühle der

Verlockung zu wecken. Nichts hilft dabei besser als die Ungeduld, denn irgendwann ist nur noch sofort schnell genug. Wenn überhaupt.

3 – BEQUEMLICHKEIT

Es ist nicht so, dass Bequemlichkeit eine neue Regung im Kapitalismus ist. In Karl Marx' Heften von den »Theorien über den Mehrwert«, einem Vorentwurf des »Kapital«, schreibt er über den Kapitalismus, einen anderen Ökonomen mit mittelgroßer Eleganz korrigierend: »Diese spezifischen gesellschaftlichen Productionsverhältnisse sind der ›Bequemlichkeit‹ halber erfunden.« Marx erklärt so, weshalb der Kapitalist den Arbeiter gezwungen habe, »seine Arbeit selbst als Waare« zu verkaufen. Zugleich treibt Bequemlichkeit schon immer die Entwicklung und Produktion von Waren und Dienstleistungen an: Produkte sind erfolgreich, wenn sie das Leben vereinfachen und versüßen.

Mit der digitalen Vernetzung aber und besonders mit der Plattform-Ökonomie hat die Bequemlichkeit ihr vorläufiges Wirkungsmaximum erreicht. Ihr wird alles untergeordnet, von den Kunden ohnehin und in der Folge auch von der Wirtschaft selbst. Die Frage, die bei der Finanzierung von Start-ups von den Risikofinanziers meist zuerst gestellt wird: »Welches Problem löst ihr?« Übersetzt: Wie macht ihr das Leben der Kunden bequemer?

Eigentlich geht es im kapitalistischen Sinn um *Convenience*. Und Convenience ist eine Weltmacht, wenn nicht sogar *die* Weltmacht, denn die Bequemlichkeit des Menschen ist zuverlässiger und wirksamer als die Schwerkraft. Leider lässt sich Convenience nicht deckungsgleich übersetzen, das schicke »Konvenienz« erscheint zu gestelzt, um es geschmeidig zu verwenden. Während Bequemlichkeit auch negativ konnotiert ist und sogar als Vorwurf taugt, beinhaltet Convenience einige andere Bedeutungsaspekte: Einfachheit schwingt mit, gute Benutzbarkeit, auch eine gewisse Benutzungsfreude.

Aus der Einfachheit ist eine der wichtigsten Disziplinen für die Schöpfer der digitalen Welt abgeleitet: die Usability, oder wie es das Deutsche Institut für Normung mit seinem unnachahmlich sandpapiernen Charme nennt: »Gebrauchstauglichkeit nach DIN EN ISO 9241-11«. Je digitaler die Welt wird, umso wichtiger werden Benutzeroberflächen. Längst sind sie kaufentscheidend, und das nicht nur für rein digitale Produkte. Wer je versucht hat, in einem modernen deutschen Automobil ein Smartphone mit der Stereoanlage zu koppeln, ahnt, warum ein Tesla »fahrendes Smartphone« genannt wird und andere Autos nicht. Die Fahrzeuge von Porsche, Mercedes, BMW, Audi mögen Meisterwerke der dinglichen Ingenieurskunst sein, aber ihre Software sparkt keinerlei Joy.

Die Freude und die Einfachheit, digitale Produkte zu verwenden, entscheiden in der Emotional Economy über den Erfolg. Wo man früher an sich selbst zweifelte, weil man nicht in der Lage war, den Videorecorder zu programmieren, wird heute die Technik verdammt. Mit vollem Recht, denn Software bringt mit der Chance, den Bedürfnissen der Nutzer angepasst zu werden, auch die Pflicht dazu. Eine ganze

Generation hat den Umgang mit Technologie einfach umgedreht – wofür man ein Handbuch braucht, taugt nichts. Was der Anpassungsdruck an die Umwelt bei Darwin ist, ist im Kapitalismus die Bequemlichkeit der Kunden.

DIE MACHT VON DATENSTRÖMEN IN ECHTZEIT

Ein wichtiger Vorteil von Plattformen ist, dass sie Echtzeit-Datenströme auswerten und auf diese Weise die Interaktionen verbessern können. Oft wird behauptet, wir lebten im Zeitalter der Daten, aber das ist um den wesentlichen Punkt verkürzt. Daten sind meist in dem Moment veraltet, in dem sie erhoben werden, sie stellen immer nur eine Momentaufnahme dar, die durchaus in die Irre führen kann. Eigentlich leben wir im Zeitalter der *Datenströme*, es geht um sich ständig erneuernde Daten. Der Unterschied zwischen Einzeldaten und Datenströmen lässt sich mit einem simplen Beispiel vergegenwärtigen. Wenn man 38,6 Grad Fieber hat, ist die Zahl selbst nur ein Detail. Wichtiger ist, ob die zuvor gemessene Körpertemperatur eher bei 40 Grad lag oder bei 37,1. Datenströme, in wissenschaftlichen Kontexten auch Verlaufsdaten genannt, ergeben richtig ausgewertet ein präziseres Bild der Wirklichkeit. Und je aktueller die Daten sind, desto treffender die Rückschlüsse, die man daraus ziehen kann. Das macht die Überlegenheit von Datenströmen aus.

Deutlich wird das durch einen Rückgriff auf den hellsichtigen Soziologen Manuel Castells, der schon in den 1990er-Jahren das Informationszeitalter umfassend erklärt. Castells spricht von einem »Raum der Ströme«, der die Netzwerkgesellschaft forme und beherrsche. Diese Prognose hat sich bewahrheitet – und wie. Die ökonomische Wucht der plattformbasierten Herrschaft durch Ströme lässt sich an einem Markt abschätzen, der als einer der ersten in Richtung Netz gewandert ist: Werbung ist heute das wichtigste Geschäftsmodell im Internet. Facebook, Google, Twitter und die meisten professionellen Medien verdienen den Löwenanteil des Geldes damit. Auch Amazon als größte *Produktsuchmaschine* drängt auf diesen Markt. Werbung ist nichts als der Handel mit der Aufmerksamkeit der Menschen, und je stärker das Netz die Augäpfel und Trommelfelle erobert, umso größer wird der Sog.

Die meisten Werbe- und Medienmanager begehen anfangs (und teilweise noch heute) den Fehler, das Internet nur für einen weiteren Medienkanal zu halten. Nach dieser Logik müsste sich das Wachstum der Onlinewerbung in Sachen Marktanteil etwa verhalten wie frühere neue Kanäle, also einen Teil des Werbemarktes erobern, dann ein Plateau erreichen und fortan mit den anderen Medienkanälen in friedlicher Koexistenz bestehen. Danach sieht es, vorsichtig gesprochen, nicht aus. Gar nicht. Eine massive Kannibalisierung durch Plattformen hat eingesetzt, der klassische Medientypen bisher wenig entgegenzusetzen haben, vor allem auf das Geschäftsmodell Werbung bezogen. Zu groß ist die Kraft der Plattformen und ihr Vorteil der Auswertung von Echtzeit-Datenströmen.

Google und Facebook sind die mit Abstand wichtigsten Plattformen für Werbung. In beiden Fällen geht es vermeintlich um die Fülle der Daten, die diesen Unternehmen einen Vorteil zu verschaffen scheint. Das halte ich für eine unvollständige Deutung des Geschehens. Beide Plattformen verfügen über tiefe und stabile Kundenbeziehungen, die wertvoller sind als der bestehende Datenschatz, weil sich durch diese Beziehungen immer wieder ein Strom neuer Daten ergibt. Wer suchen will, geht automatisch zu Google, googeln ist ein Synonym für die digitale Suche geworden. Wer im Netz sozial interagieren möchte, wählt dafür sehr oft Facebook oder die Facebook-Töchter Instagram und WhatsApp. Das liegt nicht nur am sogenannten Netzwerkeffekt, der grob besagt, dass man soziale Netzwerke nur schwer wechseln kann, weil die Kontakte nicht einfach mitwechseln. Es zeugt in erster Linie von großer Kundenbindung bis zur empfundenen oder tatsächlichen Alternativlosigkeit.

Neben der Stärke der Kontrolle über die Kundenbeziehungen sind die Plattform-Prinzipien entscheidend: Angebot und Nachfrage werden meist in Echtzeit miteinander verkoppelt und können ebenso in Echtzeit feinjustiert werden. Die von den Nutzern produzierten Datenströme werden analysiert, und auf dieser Grundlage werden den Werbetreibenden die genau jetzt am besten geeigneten potenziellen Kunden zugeführt. Google arbeitet bei den meisten Geschäftsprozessen mit internen Versteigerungen. Dabei wird in Millisekunden von programmierten intelligenten Agenten selbstständig ausgehandelt, wo welche Werbung am wirksamsten eingesetzt werden kann. Weil Google auch misst, wie gut eine Anzeige funktioniert hat, verbessert sich das System ständig selbst. Facebooks Alleinstellungsmerkmal dagegen sind die bessere Erreichbarkeit sehr spezieller Zielgruppen und die Variabilität der Werbebotschaften. Bei vielen größeren Kampagnen wird eine Vielzahl von verschiedenen Motiven und Textansprachen halb automatisch getestet, um die wirksamsten darunter zu erkennen. Es gibt Facebook-Kampagnen mit einer sechsstelligen Zahl verschiedener Werbemotive, die manchmal in wenigen Stunden ausgespielt und ausgewertet werden.

Solche Mechanismen der unablässigen datengetriebenen Optimierung sind typisch für Plattformen. Im Jahr 2019 haben Google und Facebook zusammen rund 230 Milliarden Dollar Umsatz generiert, den weitaus größten Teil davon mit Werbung. Um die Größenordnung herzustellen: Das entspricht nicht nur mehr als einem Drittel des weltweiten Gesamtwerbemarktes. Es ist auch mehr als die Werbeeinnahmen sämtlicher Zeitungen, Zeitschriften, Radiosender, Plakate und Kinos der Welt zusammengenommen. Plus die jährlichen Staatseinnahmen von Bulgarien, Ägypten und Bolivien obendrauf. In anderthalb Dekaden haben zwei große Plattformen den Werbemarkt halb leer gesaugt. Geld, das zuvor in der Regel bei Medienunternehmen ausgegeben wurde – nur dass Google und Facebook selbst keine Inhalte produzieren. Selbst die lange resistent scheinende Fernsehwerbung beginnt zu schwächeln. Wachstum im Werbemarkt findet etwa seit 2016 weitgehend auf Plattformen statt, alle anderen befinden sich entweder noch im Sink- oder schon im Sturzflug.

Diese Marktbeherrschung und das aggressive Gebaren der Plattformen haben eine merkwürdige Volte der Kapitalismuskritik hervorgebracht: Großkonzerne des 20. Jahrhunderts plädieren traurig-trotzig für Gerechtigkeit, vor allem ihnen selbst gegenüber. Sie fanden wenig regulierte Märkte so lange gut, wie sie davon profitierten. Nun schreien sie nach der Politik, weil sie von Google, Facebook, Amazon selbst eine Lektion in neoliberaler Marktkunde erteilt bekommen.

Auf der anderen Seite findet man einen Teil der Zivilgesellschaft, der aus schwer nachvollziehbaren Gründen bereit ist, Digitalkonzernen fast alles durchgehen zu lassen. Ich führe das auch darauf zurück, dass die digital-progressive Öffentlichkeit lange von der Hoffnung beseelt war, die digitalen Unternehmen seien Verbündete im Kampf für eine bessere Welt. Aber Google ist zu groß, um mit Maßstäben wie gut oder böse sinnvoll gemessen werden zu können. »Don't be evil« war lange das intern verwendete Motto des Suchkonzerns, schriftlich niedergelegt in den Verhaltensregeln für Mitarbeiter. Es wurde im April 2018 stillschweigend entfernt.

DIE VIRTUALISIERTE WIRTSCHAFT

Die Macht der Plattformen wird weiter zunehmen und sich auf fast alle anderen Branchen ausbreiten. Was zur Plattform werden kann, wird zur Plattform werden. Angesichts der technosozialen Umstände sind Plattformen eine logische und weitgehend unausweichliche Folge des Kapitalismus. Ungefähr so, wie in der zweiten Hälfte des 20. Jahrhunderts die Unternehmensform »Tante-Emma-Laden« durch Handelsketten wie Aldi, Walmart oder Carrefour verdrängt wurde. Wir überschätzen in Europa und besonders im Ingenieursland Deutschland die Macht der dinglichen Produkte und unterschätzen die Macht der vernetzten Software. Der DAX-Konzern SAP ist im Jahr 2020 nach dem Betrugsdebakel des deutschen Zahlungsdienstleisters Wirecard mehr oder weniger die einzige europäische Plattform von unbestrittenem Weltrang.

Aber die Wertschöpfung, die zentrale Kenngröße der Marktwirtschaft, verschiebt sich immer weiter in Richtung der Plattformen. Eine Branche nach der anderen beginnt, ihre dinglichen Produkte zu vernetzen, manchmal werden sie auch einfach durch digitale Anwendungen ersetzt. Eine Verschiebung hat eingesetzt von der Hardware zur Software und von der Software zur vernetzten Software, der Plattform. Dieser Prozess wird manchmal auch Virtualisierung genannt. Dabei wird nicht einfach das Analoge ins Digitale übertragen. Märkte, Produkte, Rahmenbedingungen verändern sich stärker als viele traditionelle Unternehmen glauben oder hoffen. Man kann das etwa vergleichen mit einem kulturellen Wandel im 20. Jahrhundert. Als das Kino erfunden wurde, muteten die ersten Werke noch an wie abgefilmte Theaterstücke, sie waren 1:1-Übertragungen und wurden sogar im Theater vorgeführt. Aber dann koppelte sich die Filmkultur ab, entwickelte eigene Ästhetiken, Regeln und Geschäftsmodelle. Wer erfolgreich Theater machte, ob als Schauspielerin, Produzentin oder Regisseurin, war nicht zwingend vorne in der Filmwelt mit dabei.

Ein simples Beispiel der Virtualisierung ist der Fall der meistbenutzten Digitalkamera der Welt. Im Jahr 2007 war das nach qualifizierten Expertenschätzungen die Ixus-Reihe, eine digitale Kompaktkamera der Firma Canon.

Spätestens im Jahr 2012 ging der Titel an das iPhone, genauer gesagt die App »Kamera« des iPhone: Das illustriert den Wandel von der Hardware zur Software. Seit etwa 2016 sind die meistbenutzten Kameras der Welt aber die beiden Apps von Instagram und Facebook, mit denen sich ebenfalls Smartphone-Fotos machen lassen: vernetzte Software. Diese Verschiebung verändert auch das jeweilige Geschäftsmodell, also die Art und Weise, wie Geld verdient wird. In der Regel wird aus einem Produkt ein Service. Wem in den letzten Jahren auffiel, dass bei der ganz gewöhnlichen Office-Software wie Word oder PowerPoint irgendwie nur noch schwierig der Abschluss eines Abonnements zu vermeiden ist, war Zeuge dieses Wandels. Aus dem Kauf wird eine wiederkehrende Servicegebühr, eine Mitgliedschaft oder eben ein Abonnement. Die Verschiebung von der Hardware zur vernetzten Software verändert aber nicht nur Produkte und Märkte.

Sie wirkt auch in unseren Köpfen, ohne dass wir es unbedingt bemerken würden. 2007, zu den Hochzeiten des *Feature Phones* (der Fachbegriff für Nicht-Smartphones), ging man los mit dem Plan, sich ein neues Nokia oder Motorola zu kaufen, also eine Hardware. Heute sucht man sich sein Smartphone zuerst nach dem Kriterium aus, ob es ein iOS-Gerät (Apple) oder ein Android-Gerät ist. Googles Betriebssystem hat in Europa einen Marktanteil von rund 70 Prozent. Die Frage der Hardware um die Android-Plattform herum wird in den meisten Fällen spontan anhand von Preisen und Sonderangeboten entschieden, geräteseitig gibt es nur wenig Markentreue. Die Plattformtreue der Nutzer dagegen ist groß.

Wo Datenströme fließen, steigt die Wahrscheinlichkeit für den Einsatz von Plattformen stark. Und manchmal erobern Plattformen substanzielle Marktanteile in Branchen, die selbst niemals damit gerechnet hätten. Die Apple Watch ist ein interessantes, vielschichtiges Beispiel. Lange gilt die 2015 eingeführte Smart Watch als irrelevant oder gar als Misserfolg. Bis Apple-Chef Tim Cook im Herbst 2017 eine eindrückliche Statistik zeigt, eine Rangfolge der Uhrenmarken der Welt nach Umsatz. Die Apple Watch erreicht den ersten Platz, vor der schweizlastigen Garde der Chronometer, Rolex, Fossil, Omega und Cartier. Im letzten Quartal 2017 soll Apple mit acht Millionen verkauften Uhren sogar die gesamte Schweizer Uhrenindustrie mit zusammengenommen knapp unter sieben Millionen Verkäufen überholt haben. Apple erreicht dieses Volumen mit einer Uhr, bei der die vernetzte Software im Vordergrund steht und nicht die Hardware: das Plattform-Prinzip. Der Vorteil der Smart Watch ist fast ausschließlich, Echtzeit-Daten darzustellen. Apple hat aus dem Uhrenmarkt in nur zwei Jahren einen plattformgetriebenen Markt gemacht. Bemerkenswert allerdings, dass auch die klassische, nicht digitale Schweizer Uhrenindustrie 2018 neue Verkaufsrekorde schreibt. Fast, als wäre ein völlig neuer Uhrenmarkt entstanden. Die unklügste Schlussfolgerung aus dieser Tatsache wäre aber, trotzdem weiterzumachen wie bisher. Nokia hatte seinen höchsten Marktanteil mit über 50 Prozent am Weltmarkt schließlich auch in dem Jahr, in dem das iPhone vorgestellt wurde. Zehn Jahre später ist Apple der wertvollste Konzern der Welt und Nokia zweimal verkauft, durch die Mangel gedreht und kaum noch ein Schatten früherer Größe.

Die Marktforschung, die den Uhrenverkauf begleitet, hat noch eine unangenehme Nachricht für die Schweiz. Danach seien Apple-Watch-Nutzer für die restliche Uhrenindustrie verdorben. Wer sie einmal gekauft habe, finde nur selten zurück zu klassischen Modellen. Dabei sind die Funktionalitäten der Smart Watches, ob von Apple oder anderen, bisher nur mäßig ausgeprägt, wenn sich auch der Schwerpunkt Gesundheit und Fitness erkennen lässt. Aber das ist der Vorteil von vernetzter Software, also von Plattformen: Sie können ständig verbessert werden. Kunden kaufen ein wachsendes Produkt, und je mehr es davon gibt, umso gestriger wirken plötzlich Dinge, die sich nicht weiterverbessern.

Die langfristige Wirkung der plattformgeprägten Emotional Economy erkennen wir erst in Umrissen. Viele Branchen werden nicht bloß verändert, sondern bis zur Unkenntlichkeit transformiert: eine Metamorphose der Märkte. Die in Europa und speziell Deutschland wichtige Automobilindustrie zum Beispiel. Schon finden sich auch dort die ersten Ausläufer der Verschiebung vom Produkt zum Service, wenn Stadtbewohner ihr Auto verkaufen und umsteigen auf Carsharing. Und mit autonomen Fahrzeugen bekommt diese Entwicklung einen Turbo zugeschaltet: Wieso sollte man ein selbstfahrendes Auto kaufen, wenn auf einen Klick drei Minuten später eins vor der Tür steht? Aber wie auch immer der Wandel genau verläuft – drei Gefühle verändern auch diese Welt: Begeisterung, Ungeduld und Bequemlichkeit.

10 ZUKUNFT

DIE WEISHEIT DER JUGEND

Warum die Älteren von den Jungen lernen müssen, um den Realitätsschock zu bewältigen

Alles, was schlecht ist, ist gut für dich« lautet übersetzt der Titel eines Buches von 2005. Der amerikanische Autor Steven Berlin Johnson stellt darin die These auf, dass entgegen häufiger Behauptungen die zeitgenössische Populärkultur insbesondere auf Kinder und Jugendliche keinen schlechten Einfluss habe. Sondern einen positiven, geradezu unersetzlichen. Johnson weist nach, dass Fernsehserien, Videospiele, Internetanwendungen immer intelligenter und komplexer werden. Deshalb würden diese Kulturformen junge Menschen hervorragend auf die zukünftige unübersichtliche Welt vorbereiten, während ältere oft auf die neuen Medien herabblicken würden. Seine Verteidigung der zeitgenössischen Unterhaltungskultur gipfelt in der Beschreibung eines unterhaltsamen Gedankenexperiments. Man solle sich eine Parallelrealität vorstellen, in der vor fünfhundert Jahren das Videospiel erfunden wurde, während in der Gegenwart – brandneu – das sogenannte »Buch« die Jugend im Sturm erobert. Johnson lässt besorgte Eltern und Kulturkritiker in dieser anderen Welt zu Wort kommen:

»Das Lesen von Büchern unterfordert auf Dauer alle Sinne.« Statt einer »lebendigen, dreidimensionalen

Welt [...] mit bewegten Bildern und musikalischen Klanglandschaften«, die »unter Einsatz komplexer Muskelbewegungen erkundet« wird, liest die Jugend nur noch diese merkwürdigen, stillen Bücher mit ihren »simplen Aneinanderreihungen von Wörtern auf Papierblättern«. Videogames förderten »das Zusammenspiel aller motorischen und sensorischen Kortizes«, das ermögliche der Jugend »komplexe soziale Beziehungen mit ihren Altersgenossen« sowie den Bau gemeinsamer Welten. Das Buch dagegen könne in die soziale Isolation führen!

Schließlich zwinge es die Kinder dazu, sich an einem ruhigen Ort »der Interaktion mit anderen Jugendlichen zu entziehen«. Diese neumodischen Bibliotheken böten einen »beängstigenden Anblick«. Die Kinder säßen zu Dutzenden, aber allein da, würden stumm lesen und nähmen nichts und niemanden mehr wahr. Am schlimmsten aber – »die vielleicht gefährlichste Eigenschaft dieser Bücher« – sei ihre Unveränderbarkeit. Bücher beinhalteten einen linearen, vorgegebenen Weg, dessen Erzählfluss sich in keiner Weise interaktiv beeinflussen ließe. Das erhöhe »das Risiko einer allgemeinen Passivität, weil unseren Kindern dadurch vermittelt wird, dass sie gar nicht in der Lage seien, das eigene Leben selbst zu gestalten«. Wie man eben im Buch den Lauf der Handlung auch nicht verändern könne, ganz anders als in den altehrwürdigen Videospielen. Die Kulturtechnik Buch erziehe deshalb nur »zu Unterwürfigkeit und Gehorsam«.

Natürlich ist die Argumentation in der Parallelwelt so hanebüchen wie das diesseitig häufige Lamento, die Jugend würde durch die digitale Gegenwart vollständig verdorben. Aber vielleicht kann man Johnsons lustiges Gedankenexperiment etwas ernster nehmen, als er es selbst meint. Nicht auf das Buch bezogen, dem an dieser Stelle selbstredend Kränze geflochten werden sollen, zusätzlich zu den schon lange vorhandenen Zöpfen. Sondern was die Welt der digitalen Vernetzung angeht, mit ihren vielen Überforderungen und Zumutungen.

Vielleicht sind es gerade die neuen Medien, die es der Jugend ermöglichen, die hyperkomplexe, superschnelle, überanstrengende Welt voller Realitätsschocks zu bewältigen. Johnsons These ließe sich erweitern zu einer Art Technodarwinismus. Jede soziale Technologie erzeugt als Nebeneffekt genau die Heranwachsenden, die den Herausforderungen der Zukunft am besten gewachsen sein werden. Kaum ein digitales Instrument, das von einem Teil der Jugendlichen nicht ins Positive gedreht würde.

Der *Realitätsschock der Jugend* ist längst offenkundig: Zum ersten Mal in der Geschichte kehrt sich das Weltverständnis der Generationen um. Während viele Erwachsene die Welt kaum mehr verstehen, hat die Jugend ein erstaunlich präzises Gegenwartsgespür entwickelt und begreift im Schnitt früher, was los ist. Der Fluss der Erfahrung hat sich umgedreht, junge Menschen erklären ihren Eltern die Jetztzeit. Oder ihren Lehrern, wie das Netz funktioniert. Oder der Politik, warum sie den Klimawandel für relevanter halten als Zylinderkopfdichtungen.

Begonnen hat diese Umkehr, dass Kinder ihren Eltern Aspekte der Gegenwart erklären, schon vor einigen Jahren.

Oft mit der digitalen Welt. Ein jeden Dezember tausendfach wiederkehrender Scherz im Netz lautet in Verballhornung der biblischen Weihnachtsgeschichte: »Und es geschah also, dass zu jener Zeit des Jahres alle Söhne und Töchter an die Stätte ihrer Geburt zurückkehrten, damit sie die IT-Probleme ihrer Eltern richteten.« Die Umkehr des Erfahrungsaustauschs lässt sich nicht nur anekdotisch belegen. In überraschend vielen Details finden sich auch wissenschaftlich gesicherte Anhaltspunkte für eine höhere *Gegenwartskompetenz* der jungen unter Dreißigjährigen.

Eine Untersuchung an der Universität Princeton rund um die US-Wahl im Jahr 2016 zeigt, dass junge Menschen deutlich seltener auf Fake News hereinfallen als ältere. Über 65-Jährige verbreiten fast viermal häufiger Falschnachrichten als 18- bis 29-Jährige. Auch die Fähigkeit, in Medien Meinungen von Fakten unterscheiden zu können, scheint altersabhängig. Die Befragung eines der größten Meinungsforschungsinstitute der USA im Jahr 2018 zieht eine (willkürliche) Grenze bei fünfzig Jahren. Darunter kann fast die Hälfte der Befragten alle präsentierten Artikel als Meinungsbeiträge identifizieren, darüber ist es rund ein Viertel. Ein Stoßseufzer amerikanischer Jugendlicher findet sich in vielen Varianten im Netz: Jahrelang warnten uns unsere Eltern vor den Gefahren im Internet, und jetzt fallen sie selbst auf jede einzelne herein. Donald Trump wird vor allem von denjenigen Alten gewählt, die entweder auf Facebook jede rassistische Horrorstory glauben oder ohnehin nur Trumps Propaganda-Nachrichtensender Fox News verfolgen. Selbst in der Kategorie, die als Hauptlaster der Jugend gilt – unablässige Social-Media-Nutzung –, zeigt die messbare Realität andere Ergebnisse als erwartet. Die Medienforschungsfirma Nielsen veröffentlicht 2017 eine Studie, nach der Amerikaner zwischen 35 und 49 (»Generation X«) im Schnitt mehr Zeit in sozialen Medien verbringen als 18- bis 34-Jährige (»Millennials«). Die älteren holen auch mit größerer Wahrscheinlichkeit ihr Smartphone am Abendbrottisch heraus. Nur die älteren (»Babyboomer«) sind noch leichter abgelenkt.

Solche Untersuchungen – es gibt viele ähnliche mehr – bedeuten nicht, dass die Älteren ignorant sind. Selbstverständlich nicht. Aber durch Digitalisierung und Globalisierung haben sich viele Grundlagen des Weltgeschehens verändert, zu deren Erfassung ein gewisser Überblick über die neuen Welten gehört. Wie könnte man ohne Sachkenntnis der sozialen Medien den Aufstieg von Donald Trump wirklich verstehen? Wie sollte man den Erfolg eines Elektroautos von mittelmäßiger Bauqualität (»fahrendes Smartphone«) ohne Verständnis für die digitale Welt begreifen? Wie lässt sich das chinesische Wirtschaftswunder beurteilen, ohne die Digitalbegeisterung der dortigen Bevölkerung nachvollziehen zu können?

Derartige Fähigkeiten sind ohne Frage bei einzelnen Personen altersunabhängig, es gibt ebenso 95-jährige Internetexpertinnen wie 15-jährige Offliner. Aber im Durchschnitt ist eine gewisse Altersabhängigkeit erkennbar. Junge Menschen sind von Beginn an gezwungen, sich einen Reim auf die digitalisierte Welt zu machen. Die wichtigste Lernphase im Leben einer heute fünfundzwanzig Jahre alten Person, die Schul- und Studienzeit, fiel und fällt noch in die Ära der digitalen Vernetzung, günstigerweise unterstützt vom größten und großartigsten Lernapparat aller Zeiten. Denn das ist, allen dunklen und bitteren Aspekten zum Trotz, das Internet *auch*: eine fabelhafte Bildungsmaschine.

Die hohe Geschwindigkeit des Wandels hat es sehr energie- und zeitaufwendig werden lassen, mit dem Verständnis der Welt Schritt zu halten. Manchmal ist es auch schlicht nicht mehr möglich. Im 20. Jahrhundert war es normal, dass man Kindern erklärte, welchen Beruf sie wählen sollten, um später erfolgreich zu sein. Im 21. Jahrhundert haben wir Schwierigkeiten zu erkennen, welche Berufe in zwanzig Jahren überhaupt noch existieren. Dieser Unterschied ergibt eine Unsicherheit, die viel fundamentaler daherkommt, als wir uns eingestehen möchten. Lieb gewonnene Gewohnheiten bestimmen uns stärker, als wir glauben, selbst wenn sie manchmal aus Alternativlosigkeit entstanden sind. Kurz, das Gespür für die Welt des 20. Jahrhunderts ist nicht mehr optimal geeignet, um die Gegenwart zu begreifen. Regelmäßig stehen sogar Experten vor den aktuellen Entwicklungen in ihrem eigenen Gebiet und verstehen buchstäblich die Welt nicht mehr. Ich spreche hier aus Erfahrung. Als Snapchat aufkam, die Chat-, Foto- und Video-App für sehr junge Menschen, habe ich sie als Internet-Fachmann zwar umgehend entdeckt und getestet. Das hieß aber in erster Linie, dass ich Snapchat schon viel früher nicht verstand als die Teenager-Eltern heute. In vielen Branchen, Fächern, Themengebieten haben sich Realitätsschocks ereignet.

Nicht, dass wir deshalb dreitausend Jahre Zivilisation samt wissenschaftlicher Erkenntnisse wegwerfen sollen. Aber wie unser durchschnittliches Allgemeinwissen basiert unser gesellschaftliches Verständnis der Welt oft auf vordigitalen, vereinfachten, verfälschten und veralteten Erkenntnissen. Nicht selten auch auf tradierten Erzählungen abseits jeder Rationalität. Deshalb müssen auf wissenschaftlichem Fundament die großen Alltagsgewissheiten und die kleinen Selbstverständlichkeiten gleichermaßen neu überprüft werden. Der heutige Wandel ist tief greifender und umfassender als zu irgendeinem anderen Zeitpunkt in unser aller bisherigen Leben. Und trotz unserer unglaublichen technologiebasierten Fortschritte, von Echtzeit-Plattformen bis zur Künstlichen Intelligenz, können wir über die Welt von morgen weniger mit Gewissheit sagen als je zuvor.

Der Realitätsschock der Jugend, die Umkehrung des Lernverhältnisses zwischen Jung und Alt, hängt auch damit zusammen, dass die Jungen oft durch Ausprobieren, Scheitern und Handeln gezwungen sind zu lernen. Wie sollen sie ihre Eltern oder Lehrer auch nach etwas fragen, was diese selbst nicht wissen? Auf ihrem Bildungsweg spielt instinktives Herantasten eine große Rolle. Keine Schulklasse in Europa, die nicht mithilfe von WhatsApp-Gruppen den schulischen Lernstoff begleitet und bewältigt. So hat sich en passant ein Verständnis für die Kraft der sozialen Vernetzung herausgebildet und für die Stärken (und Schwächen) einer digital organisierten Gemeinschaft. Man kann das so wunderbar wie erstrebenswert finden, ohne die negativen Seiten auszublenden. Überhaupt ist mit der sozialen digitalen Vernetzung bei der Jugend durch den Alltagsgebrauch ein erstaunlich großes und reiches kollektives Erfahrungswissen entstanden.

Drei konkrete Problemstellungen habe ich herausgesucht, bei denen die Verhaltensänderungen junger Menschen ein Vorbild sein können: beim Umgang mit digitalen Monopolen, mit der Informationsflut und mit dem Klimawandel.

DIGITALE MONOPOLE

Nicht, dass die Jungen alle Schwierigkeiten beseitigt hätten, die sich aus digitalen Monopolen ergeben. Aber sie haben einen so überraschenden wie effizienten Weg gefunden, um das Quasimonopol des Facebook-Konzerns in vielen westlichen Ländern weniger wirksam zu machen. Zwar werden die zu Facebook gehörenden Plattformen Instagram und WhatsApp auch von Jüngeren intensiv benutzt, anders als Facebook selbst. Aber Jugendliche probieren regelmäßig neue und ganz unterschiedliche Anwendungen aus. Sie haben ihr Social-Media-Verhalten ausdifferenziert und gebrauchen anders als viele Erwachsene nicht nur eine Plattform für fast alles. Ihre große Neugier führt zu wechselnden Moden und Zyklen in der Nutzung, viele Netzwerke werden auch einfach gleichzeitig verwendet. Das geschieht auf kaum vorhersehbare Weise. Eine Zeit lang war bei deutschen Schülern eines der meistverwendeten Messenger-Systeme der Chat in der Spiele-App *Clash of Clans*. Auf den zweiten Blick wenig verwunderlich, denn für Erwachsene ist Datenschutz, Persönliches vor dem Staat und Unternehmen verbergen zu können. Für Kinder und Jugendliche aber bedeutet Datenschutz, Persönliches

Digitale Monopole

vor den Eltern verbergen zu können. Während Apps wie WhatsApp bei vielen Kindern kontrolliert werden, bleibt der Chat im Comic-haften Spiel Clash of Clans vor den elterlichen Augen geschützt. 2020 ist bei vielen amerikanischen Teenagern der beliebteste Chat der von Google Docs, der Plattform für Textverarbeitung von Google. Der lässt sich nämlich auch vom Laptop aus ansteuern, zum Beispiel bei den Hausaufgaben oder im Unterricht. Oder wenn man Social-Media-Verbot hat.

Die Generation Z, die in diesem Jahrtausend Geborenen, ist im Durchschnitt bei neun verschiedenen Social Networks angemeldet und verwendet fünf bis sechs davon aktiv (USA, 2017). Verschiedene Gruppen und soziale Zusammenhänge werden über unterschiedliche Netzwerke angesteuert, im schnellen Wechsel, je nachdem, was momentan als hip gilt. Dieses Verhalten ist das derzeit bestfunktionierende Mittel gegen digitale Monopole. Es reduziert die Abhängigkeit von einzelnen Digitalkonzernen erheblich. Manchmal dreht es die Abhängigkeit sogar um und die Plattform ist gezwungen, sich um die Nutzer zu bemühen, denn die haben eine echte Auswahl, kennen echte Alternativen. Das taugt hervorragend als Gegenwehr, falls soziale Netzwerke zum Beispiel zu tief in die Privatsphäre eingreifen. Wenn Facebook unangenehm wird, bleibt Erwachsenen meist nur, ihre Social-Media-Aktivitäten einzustellen. Wenn Snapchat übergriffig erscheint, wechselt die Jugend in Scharen woandershin. Im Zweifel jeden zweiten Dienstag in ein neues gerade angesagtes Netzwerk. So haben die Jungen das Monopolproblem der sozialen Medien gelöst, in einer so cleveren wie naheliegenden Flucht nach vorn.

INFORMATIONSFLUT UND PRIVATSPHÄRE

Ein Realitätsschock für sich genommen ist die Überdosis Weltgeschehen, die seit der flächendeckenden Verwendung sozialer Medien den Alltag erwachsener Menschen begleitet. Facebook nennt die Startseite für Nutzer »Nachrichtenstrom«. Wann immer etwas Größeres passiert, lässt es sich auf Twitter live verfolgen. Ein regelrechter Eilmeldungsfetisch hat die Öffentlichkeit ergriffen, Smartphone-basiert und Social-Media-getrieben. Bis in die klassischen Medien hat sich eine grelle Atemlosigkeit fortgepflanzt. Die Beschleunigung des Informationsflusses gegenüber dem 20. Jahrhundert ist immens. Auch außerhalb sozialer und redaktioneller Medien ist das Netz so groß, so schnell, so vielschichtig, dass man sich bis zur Erschöpfung mit News, Hintergründen, Informationen aller Art zu jedem Thema beschäftigen kann. Nicht wenige tun das auch, zum Beispiel bei besonderen und besonders schlimmen Nachrichtenlagen. Der meist souveränere Umgang junger Menschen mit dem reißenden Strom der Informationen ist historisch gewachsen und besteht aus verschiedenen Verhaltensweisen, die in ihrer Gesamtheit als Vorbild taugen.

Der Medientheoretiker Clay Shirky schreibt schon 2008, dass es Informationsflut nicht gebe, es handele sich vielmehr um Filterversagen. Das ist nicht falsch, hilft dem Einzelnen aber kaum weiter. Ebenfalls 2008 jedoch, während des ersten Wahlkampfs von Barack Obama, zitiert die Marktforscherin Jane Buckingham einen jungen College-Studenten mit einer geradezu explosiven Einsicht. In einer Befragung zu seinem Medienverhalten hatte er erklärt: »Wenn die Nachricht wirklich so wichtig ist, wird sie mich erreichen.« Was wie ein arrogant hingeworfener Satz aussieht, ist nichts weniger als die Beschreibung einer Revolution. Buckinghams Student hat bereits in der Anfangszeit sozialer Medien verstanden, wie der sinnvollste Umgang mit der digitalen Informationsflut aussieht: eine grundsätzliche Haltungsänderung. Dabei ersetzt man die Furcht, etwas Wichtiges zu verpassen, durch die Gewissheit, alles wirklich Wichtige schon irgendwie von irgendwem mitgeteilt zu bekommen. Man muss diese Lösung allerdings als eine Art Notwehr betrachten. So lässt sich zwar die Informationsflut eindämmen, es ergeben sich aber neue Probleme, etwa eine weniger breite Kenntnis von Politik und Zeitgeschehen. Auf der anderen Seite wünscht man sich ja oft auch als nicht so junge Person, weniger vom Wichtigscheinenden, aber letztlich doch nur Lauten mitzubekommen. Und das nachrichtliche Wissen ließe sich durch gezielte News-Recherchen zu den relevanten Themen ergänzen. Ziemlich genau so tun es auch die Jugendlichen selbst.

Eine neue Angewohnheit junger Menschen lässt sich ebenfalls als kluge Reaktion auf die Informationsflut und -dringlichkeit interpretieren und hat sogar öffentlich sichtbare Folgen. Wer sich je gewundert hat, weshalb so viele Leute auf der Straße ihr Smartphone merkwürdig windschief vor das Gesicht halten, war Zeuge eines Generationenbruchs der Kommunikationskultur. Die Position zwischen Ohr und Mund, die wir im 20. Jahrhundert als selbstverständlichen Ort eines Telefons gelernt haben, ist eine durch veraltete Technologie entstandene Gewohnheit. Mit Kopfhörern – dem allgegenwärtigen Abwehrschirm der Millennials gegen das Getöse der Welt – ändert sich das. Die neue Telefongeste vor dem Gesicht ist die natürlichste Position, um in ein Mikrofon zu sprechen. Erst recht, wenn man Sprachnachrichten aufnimmt, die gar nicht erfordern, gleichzeitig zu sprechen und zu hören. Da man dazu einen Button auf dem Bildschirm gedrückt halten muss, ergibt sich organisch die beschriebene Haltung. Während die breite Bevölkerung von allen digitalen Instrumenten die Textnachricht am liebsten gewonnen hat, haben Jugendliche weltweit als neues privates Leitmedium die Aufnahme gesprochener Kommentare entdeckt.

Was auf den ersten Blick wie eine Verkomplizierung scheint, ist eine Befreiung. Diese neue Kulturtechnik muss nicht als Ersatz für Textnachrichten gesehen werden, sondern als entzerrtes Telefonat, als digitale Form des Nebenbei-Gesprächs. Das gesprochene Wort bildet Nuancen und Zwischentöne besser ab und ist präziser, emotionaler, intimer als hastig hingeworfene Sätze mit Rechtschreibfehlern und den immer gleichen fünf Emojis, die Erwachsene verwenden. Sprachnachrichten beenden den Terror der Gleichzeitigkeit, der der uralten Kommunikationsform des Telefonats innewohnt, man kann sie abhören, wo und wann man möchte. So ist die merkwürdige Haltung des Smartphones vor dem Gesicht ein einzelner Baustein in der Strategie, der Informationsüberlastung zu begegnen.

Als drittes Beispiel kann der jugendliche Rückzug ins

Private und Datenflüchtige betrachtet werden. Jugendliche konzentrieren sich für ihren Austausch immer stärker auf Chat- und Messenger-Plattformen. Facebook ist längst das Netzwerk der Alten, während Snapchat und WhatsApp im öffentlich zugänglichen Netz kaum Spuren hinterlassen. In den jungen Generationen bildet das den größten Teil sozialer Medien. Auch die Formate, in denen Jugendliche sich selbst darstellen, sind oft flüchtig. Snapchat ist mit dem Versprechen groß geworden, die verschickten Fotos, Texte und Videoclips rasch wieder zu löschen. Dort wurde auch die »Story« erfunden, eine Abfolge von Bildern, Videos und Text, die heute auf vielen Plattformen veröffentlicht werden kann und meist nur 24 Stunden verfügbar ist. Danach verschwindet sie. Diese Flucht ins Private, Flüchtige, nicht von Unbeteiligten Auffindbare ist eine programmatische Reaktion. Sie dient nicht nur der Privatheit, sondern auch der besseren Kontrolle, wie viel Weltgeschehen in den Alltag eindringt. Durch die Veränderungen in ihrem eigenen Verhalten haben junge Menschen eine Social-Media-Landschaft geschaffen, die ihren eigenen Ansprüchen wesentlich besser genügt. Sie haben sich nicht gefügt, sie haben nicht kapituliert, sondern sind in großer Zahl dorthin gegangen, wo sie ihre Bedürfnisse ernst genommen sahen.

KLIMAWANDEL

Die größte Errungenschaft der Jugend aber ist: Sie hat ein Rezept gegen den Klimawandel gefunden. In keiner Bevölkerungsschicht ist die Bereitschaft so groß, den eigenen Lebenswandel zu verändern. Und hier herrscht große Einigkeit unter Experten: Nur die umfassende Veränderung des westlichen Lebensstils (samt der Nichtnachahmung in anderen Ländern) bietet noch eine Chance, dem Klimawandel zu begegnen. Das Leben neu zu sortieren, fällt jungen Menschen leichter. Sie stehen oft noch vor den großen Entscheidungen, die den eigenen Weg vorläufig festlegen. Aber auch im Kleinen, Alltäglichen scheint die Bereitschaft zur Veränderung bei der Jugend größer als früher. Dafür gibt es nicht einen einzigen Grund, aber ausschlaggebend dürfte sein, dass die Dringlichkeit des Klimawandels in den vergangenen Jahren – eben via Realitätsschock – viel stärker in der Öffentlichkeit angekommen ist. Auch die Geschwindigkeit spielt eine Rolle, weil es beim Klimawandel kein »irgendwann« mehr gibt. Kein Thema ist jetziger und damit wahrhaftiger, deshalb sind die Jungen massiv selbst betroffen. Wer heute in einem westlichen Industrieland in die Schule geht, hat keine schlechten Chancen, über neunzig Jahre alt zu werden. Oder eben nicht, wenn die Welt weitermacht wie bisher.

Die drastischen Zukunftsbilder, die in den letzten Jahren durch die Medien gegangen sind, haben einen Eindruck bei denjenigen hinterlassen, die mit dieser Zukunft zurechtkommen werden müssen. Selbstverständlich trägt das zu größerer Einsicht in Notwendigkeiten bei, was den eigenen Lebenswandel angeht. Die digitale Vernetzung spielt aber ebenso eine Rolle, denn einerseits fallen nachweislich Verhaltensänderungen leichter, wenn sie durch Technologie unterstützt werden. Und andererseits ist es einfacher als je zuvor, Hintergrundkenntnisse zu erwerben. Das gilt sowohl für die äußere Welt wie auch für die eigene Person. Eine Untersuchung der Werte der brandenburgischen Jugend zeigt 2017, dass seit 2008 die Bedeutung eines »gesunden Lebensstils« stark gestiegen ist. Fast drei Viertel schätzen »Gesund leben« als »sehr bedeutsam« ein, dazu gehört eine nicht die eigene Gesundheit schädigende Umwelt. Für jüngere Jugendliche ist dieser Wert noch wichtiger. »Wenn wir so weitermachen, schaden wir uns selbst« – mit solchen Sätzen verbindet sich in den Köpfen das persönliche Wohlergehen mit der Zukunft der Erde. Beides ist eine gute Voraussetzung, Haltung und Verhalten zu ändern.

Das Berliner Institut für Protest- und Bewegungsforschung führt im März 2019 die erste wissenschaftliche Befragung der Klimajugend Fridays for Future durch. Die Bereitschaft, anders zu konsumieren, liegt bei 81 Prozent, die Bereitschaft zum Konsumverzicht bei 71 Prozent. Eine der Autorinnen der Studie sagt: »Es ist nicht bloß der Event-Charakter – es ist den Teilnehmern ernst. Sie sind bereit, ihren Lebensstil weitreichend zu ändern, und wollen ihre Zukunft ins Hier und Jetzt tragen.« Fridays for Future steht damit prototypisch für eine Generation, die weltweit begonnen hat, sich stärker zu politisieren und aus den gewonnenen Überzeugungen auch konkretes Handeln abzuleiten.

Davon zeugt das Beispiel des Automobils. Millennials und die ihnen nachfolgende Generation Z sind zum Leidwesen der Industrie überraschend wenig daran interessiert. Im April 2019 veröffentlicht das Wall Street Journal eine Analyse mit der Überschrift: »Autofahren? Die Kids haben die Nase voll davon«. Die Zahl derjenigen, die zum frühestmöglichen Zeitpunkt den Führerschein machen, hat sich in den USA seit den 1980er-Jahren halbiert. In Deutschland ist der Anteil junger Männer, die sich für Autos interessieren, in gut fünfzehn Jahren von 44 Prozent (2000) auf rund 30 Prozent (2016) gefallen. Es ist nicht eindeutig bestimmbar, ob der Grund dafür der Sinkflug eines Statussymbols ist, das Erstarken eines Postmaterialismus oder die Sorge um die Umwelt. Das Wahrscheinlichste ist eine Mischung.

Wo die Gründe besser erkennbar sind, sticht die absichtsvolle Änderung des eigenen Verhaltens deutlich hervor. Die Jugend ist überraschend willig, einen der intimsten Lebensbereiche umzugestalten, nämlich die Ernährung. Wenn auch die konkreten Zahlen noch nicht überall auf eine ganz große Massenbewegung hindeuten, so gehören doch Veganismus und Fleischverzicht zu den meistbesprochenen Gesundheitsthemen. Der Ministerrat der Skandinavischen Länder veröffentlicht Anfang 2018 Studiendaten, nach denen sich in Schweden dreißig Prozent der Jugendlichen häufiger oder ständig vegan ernähren, aus Gesundheits- und aus Umweltgründen. Auch eine Untersuchung des Forschungsunternehmens GlobalData ergibt 2018 in den USA eine eindeutig treibende Gruppe der sich fleischlos Ernährenden: »Die Verschiebung hin zu pflanzenbasierten Nahrungsmitteln geschieht durch die Millennials, die am ehesten die Herkunft, das Tierwohl und die Folgen für die Umwelt bei ihren Kaufentscheidungen beachten.« Das ist das Rezept der Jugend gegen den Klimawandel, und es ist nach Meinung der meisten Klimaexperten das Einzige, das uns noch helfen könnte: ein radikaler Haltungswandel, der bis tief ins eigene Leben hineinwirkt.

WELTVERBESSERUNG MIT GRETA, EMMA UND ALAA

Für diese progressive Radikalität steht niemand besser als die Leitfigur der Klimajugend, Greta Thunberg (*2003 in Schweden). Ihre Bewegung Fridays for Future ist weder zufällig entstanden noch das Produkt einer von Erwachsenen gesteuerten Kampagne, auch wenn sie inzwischen von Verbänden unterstützt wird. Vielmehr ist der Protest von Schweden über Südafrika bis Neuseeland die Folge zweier schon länger beobachtbarer Entwicklungen der Jugend: der wütenden Politisierung einerseits und der traumwandlerischen Beherrschung der sozialen Vernetzung andererseits. Das gilt sowohl für Millennials (auch Generation Y, nach 1980 geboren) wie auch für die Generation Z (nach 1999 geboren). Eben diejenigen, die in Erwachsenenmedien in Mitteleuropa als »junge Leute« durchgehen.

In ihrem Buch »Die heimlichen Revolutionäre – Wie die Generation Y unsere Welt verändert« skizzieren Klaus Hurrelmann und Erik Albrecht 2014 die soziologischen Grundlagen. Die jungen Menschen seien aufgewachsen mit weltumspannenden Krisen und Katastrophen wie Nine-Eleven oder der Finanzkrise und könnten daher mit Unsicherheiten besser umgehen. Sie seien entgegen häufiger Annahmen ausgesprochen politisch, weniger im Sinn klassischer Parteien, dafür eher in Fragen der Ethik, des Konsums und des Lebensstils. Soziale Netzwerke würden sie als ihre Domäne der Persönlichkeitsbildung begreifen, ihre Freizeitbeschäftigungen dienten als »Trainingslager« für die restliche Welt.

Und jetzt ist mit dem Klimawandel der Ernstfall eingetreten. Man kann das durchaus so sehen: Mit Games, Netzkultur und Musik-Sharing hat die Jugend die Kommunikationsstrukturen ausgebildet und trainiert. Die digital-soziale Massenkommunikation funktioniert nicht nur für den Lippenstift von Kylie Jenner, sondern auch für die Organisation des Massenprotestes in der Generation Klimawandel. Manchmal geht sogar Lifestyle *und* Engagement gleichzeitig, wie Evelina Utterdahl (*1992 in Schweden) beweist. Sie arbeitete als Reisebloggerin und hatte dementsprechend durch ihre Flüge einen enormen CO_2-Fußabdruck. Inzwischen ist sie als »earth wanderess« (etwa: Erdenwanderin) bekannt, weil sie zwar weiterhin als Reisebloggerin, aber nur noch per Zug, Schiff oder zu Fuß unterwegs ist. Sie ist von Schweden aus sogar in den Iran mit der Bahn gereist. Dass sie Veganerin ist und weitgehend plastikfrei lebt, hätte man wohl ohne Erwähnung erraten. Sie gehört zu denjenigen Influencern, die ihre Social-Media-Gefolgschaft nicht nur vermarkten, sondern als Überzeugungstäter auch Öffentlichkeit für ihre gesellschaftlichen Ziele herstellen. Solche Multiplikatoren und Vorbilder dienen als Knotenpunkte in den jungen Netzwerken, die die Welt verändern. Soziale Medien auf Smartphones dienen ihnen zur Unterhaltung, Organisation und sozialen Vernetzung. Die Popularität der digitalen Instrumente ist die Basis für die Wirksamkeit ihrer Aktionen und Gruppen. In Europa war der Protest gegen das Handelsabkommen ACTA im Jahr 2012 ein erstes Aufflammen solcher Protestnetzwerke, ausgelöst vor allem durch YouTuber, die zu den Demonstrationen aufriefen. Ganz ähnlich im März 2019, wo in Deutschland mehrere Hunderttausend Menschen, vor allem Jugendliche, gegen die Urheberrechtsreform der EU protestierten, weil sie einen zu destruktiven Eingriff in die Freiheit des Internets befürchteten.

Die Bewegung Fridays for Future wird hauptsächlich über WhatsApp-Gruppen organisiert, sie debattiert auf allen Plattformen öffentlichkeitswirksam anhand von Hashtags, ihre Anhänger produzieren erklärende und aktivierende YouTube-Clips und Instagram-Stories, mit ihren Aktionen und Demonstrationen entstehen ausgesprochen medienfähige Bilder. Die noch etwas resolutere Bewegung #ExtinctionRebellion macht es ebenso. Ein Schwarm Kinder und Jugendlicher benutzt quasiprofessionell Instrumente der digitalen Massenkommunikation und kalkuliert clever die Wirkung in redaktionellen Medien mit.

IM FEEDBACK-FEUER GESCHMIEDET

Dass im Vergleich etwa zu den 1990er-Jahren so viele junge, vor allem weibliche Führungsfiguren in die Öffentlichkeit treten, halte ich keineswegs für Zufall. Überall auf der Welt beginnen die Jüngeren, sich zu vernetzen und zu organisieren, um die Welt zu verändern, auf der sie noch am längsten von allen gezwungen sind zu leben. Eine Besonderheit verleiht der heutigen Jugend ungeahnte Kraft. Diese jüngere Generation unterscheidet sich von allen davor dadurch, dass sie früh lernt, mit Feedback durch das Publikum umzugehen. Mädchen benutzen soziale Medien dabei fast immer intensiver als Jungs. Wer heute aufwächst, wächst durch soziale Medien mit und in der Öffentlichkeit auf. Eine durchschnittliche Sechzehnjährige hat bereits Hunderte Stunden in eine Kamera gesprochen und ihre Kommunikation immer wieder mit den öffentlichen Reaktionen abgeglichen.

Es gibt Indizien dafür, dass das Feedback der Netzwerke eine neue Art zu denken hervorbringt. Soziale Medien können im richtigen Umfeld wie ein eingebautes Korrektiv wirken, viele Stimmen reichern umgehend die Informationen an, ergänzen Links und Fakten. Klarheit und Verständlichkeit für das Publikum sind Kriterien, für die man bei der eigenen Kommunikation viel Übung braucht. Und wer schon Hunderte Male eine Instagram-Story veröffentlicht und die Reaktionen gesehen hat, der hat ein Gespür dafür bekommen, was medial funktioniert und was nicht.

Und vielleicht auch, wie leicht Missverständnisse auftreten oder wie unterschiedlich dieselben Worte von verschiedenen Menschen aufgefasst werden können. Aufwachsen im 21. Jahrhundert ist ein einziges Medientraining mit den Fächern Inszenierung, Wirksamkeit und Mobilisierung – eine Generation von Medienprofis.

In den USA haben die Überlebenden der Schießerei an der Parkland-Schule die Bewegung »Never Again MSD« gegründet und den »March for Our Lives« veranstaltet. Mit der 1999 geborenen Emma González als Vorkämpferin engagieren sie sich für strengere Waffengesetze. Sie hat sich diese Rolle wahrlich nicht ausgesucht, und doch hielt sie im März 2018 eine so eindrückliche wie ergreifende Rede mit größter Wirksamkeit in sozialen wie redaktionellen Medien. Mit Malala Yousafzai (*1997 in Pakistan) und Nadia Murad (*1993 im jesidischen Teil des Irak) gewinnen zwei ausgesprochen politische Vertreterinnen dieser Generation sogar Friedensnobelpreise, und beide kämpfen für die Rechte der Mädchen und Frauen in aller Welt und gegen die islamistische Aggression.

Im Sudan wird durch Massendemonstrationen im April 2019 der fast dreißig Jahre regierende Diktator Umar Al-Bashir gestürzt. Die Proteste gingen Monate zuvor von den Gewerkschaften aus, aber ausschlaggebend für die internationale Wirkung ist vor allem ein Video, in dem die Studentin Alaa Salah (*1997) auf einer Autoladefläche stehend gemeinsam mit der Menge ein Protestlied anstimmt. Das Video wurde millionenfach auf WhatsApp und Twitter geteilt, von dem Moment existiert auch ein berühmtes Foto. Salah trägt einen weißen Thawb, eine traditionelle sudanesische Tracht, um sie herum Hunderte Frauen, die mit ihren Smartphones Videos und Fotos aufnehmen und quer durch den Sudan und die Welt versenden. Bis zu 70 Prozent der Protestierenden sind weiblich, die meisten davon jung und sehr wütend. Sie haben unter der islamistischen Gewaltherrschaft Al-Bashirs am meisten gelitten, obwohl es unter sudanesischen Frauen eine uralte in den Köpfen verankerte Tradition der Auflehnung und Selbstbestimmung gibt. Die Demonstrantinnen nennen sich Kandaka, nach den Königinnen, die für die Freiheit Nubiens kämpften, wie zu römischen Zeiten ein Teil des Sudan hieß. Sie organisieren und motivieren sich über soziale Medien, wo sie Parolen verschicken wie »Der Platz einer Frau ist in der Revolution« oder Videoclips ihrer Freiheitsgesänge. Sie sind die Hoffnung für den Sudan, wo auf den Sturz des Diktators eine blutige Militärherrschaft zu folgen droht. Seit Sommer 2019 kommt es im Rahmen der Proteste immer wieder zu Übergriffen der Sicherheitskräfte mit über hundert Toten aus der Zivilbevölkerung.

Bei allen genannten Beispielen geht die Jugend der Welt klüger, mutiger und nachhaltiger vor als die lebenserfahrenen, gut ausgebildeten Erwachsenen. Die Demonstrationen für Freiheit und Gerechtigkeit im Sudan oder gegen den Klimawandel sind typische Reaktionen auf Realitätsschocks. Auch wenn es sich für die betreffenden Akteurinnen gar nicht so anfühlen mag. Es lohnt sich, solchen vernetzten Aktivitäten junger Menschen nachzuspüren. Ihre Erfolge sind das Licht am Horizont in einer Welt, die erschüttert ist von den Realitätsschocks, die in diesem Buch beschrieben sind.

Wer angesichts der Wirren der Welt jede Hoffnung hat fahren lassen oder gar Gefahr läuft, in den Zynismus zu stürzen, dem empfehle ich eine umso intensivere Beschäftigung mit den Methoden, Inhalten und Zielen dieser und ähnlicher Jugendbewegungen. Es gibt sie in allen Ländern und für die meisten gesellschaftlichen Belange von Relevanz. Für jedes Kapitel in diesem Buch findet sich eine junge Gruppierung, die mit unerschütterlichem Engagement und großer Energie für ihre und auch unsere Sache kämpft. Und wenn sie einmal versagt hat oder niedergeschlagen wird, wird sie wieder aufstehen und weiterkämpfen und wieder und wieder. Sie verfügt über Zähigkeit, Hartnäckigkeit und den naturgemäß längsten Atem aller lebenden Generationen. Auf dieser Basis können wir Hoffnung schöpfen.

Nicht, dass die Jugend immer recht hätte oder die Welt ihr blindlings folgen sollte, aber man kann nicht nur, sondern man muss sie ernst nehmen. Alles andere ist egoistische Besitzstandswahrung, gewissermaßen die falsche Aufrechterhaltung des Jahrhunderts, in dem die Alten sich besser auskennen als in der Gegenwart. Die Realitätsschocks sowie die Reaktionen und Nichtreaktionen darauf summieren sich zur Existenzbedrohung auf. Erst recht durch den Klimawandel. Barack Obama sagt bei seinem Abschied vom Amt des US-Präsidenten, die größte Gefahr für die Demokratie sei, dass wir sie für selbstverständlich hielten. Man kann die gleiche Warnung auch für den westlichen Wohlstand, die Zivilisation und sogar den Planeten aussprechen. Aber ich habe das sanft optimistische Gefühl, dass die Jugend genau das verstanden und verinnerlicht hat. In London sagt Greta Thunberg im April 2019: »Wir werden niemals aufhören, für diesen Planeten und für uns selbst, unsere Zukunft und die Zukunft unserer Kinder und Enkel zu kämpfen.« Es ist keine Beschreibung davon, was ist. Es ist eine Kampfansage dafür, was sein soll. Ich kann mir kein besseres Schlusswort vorstellen.

CORONA

DIE DIGITALE REVOLUTION

Wie die Pandemie einen Digitalisierungsschub auslöst

Freitag, den 13. März 2020, macht Nunzia Vallini einen verzweifelten Anruf, der viele Leben retten wird. Vallini ist Herausgeberin einer kleinen Tageszeitung namens Giornale di Brescia in der italienischen Lombardei, der am schlimmsten betroffenen Region der Covid-19-Pandemie. Sie muss erleben, wie Hunderte und Aberhunderte Menschen sterben, oft an Lungenversagen. Zum Beispiel im Krankenhaus des Städtchens Chiari, kaum mehr als 20 Kilometer entfernt von der seit Kurzem berüchtigten Stadt Bergamo. In einzelnen Gegenden der Lombardei sterben so viele Menschen, dass Militärlastwagen nachts die Leichen abtransportieren. Ein Blick auf die sogenannte Übersterblichkeit hilft, die Dimension zu verdeutlichen. Dieser Maßstab ermöglicht es, Katastrophen mit hohen Todeszahlen zu vergleichen. Der Terroranschlag des 11. September 2001 etwa hat in New York eine Übersterblichkeit von 1,61 zur Folge. Das bedeutet, dass durch das Attentat 1,61 mal mehr Menschen sterben als gewöhnlich. Die Spanische Grippe im Jahr 1918 trifft die Stadt noch härter: Zu der Zeit steigt die Sterblichkeit auf 3,97. Im März 2020 liegt die Übersterblichkeit in Teilen der Lombardei bei einem Faktor von

6,67. Ein solcher Wert wird außerhalb von Kriegen und enormen Naturkatastrophen praktisch nie erreicht.

Nunzia Vallini weckt Massimo Temporelli mit ihrem Anruf, die beiden kennen sich. Temporelli ist Physiker, Unternehmer und Experte für 3-D-Druck. Er hat das FabLab (etwa Fabrik-Labor) in Mailand mitgegründet, wo Projekte und Experimente mit neuen Fertigungs- und Produktionsmethoden durchgeführt werden können. Vallini schildert Temporelli die Not, die in Chiari herrscht. Wenn Covid-19 schwer verläuft, dann ist ein Beatmungsgerät die einzige Überlebenschance für die Erkrankten. Um die Maschine einsetzen zu können, benötigt man ein bestimmtes Ventil, das nicht wiederverwendet werden sollte. Als die Ventile im Krankenhaus von Chiari zur Neige gehen, senden die Ärzte eine Anfrage an den Hersteller. Durch die explosive Verbreitung der Corona-Pandemie im März 2020 aber kann der Produzent keine Ventile liefern. Sie sind ausverkauft, und die Produktion kann nicht ausreichend schnell beschleunigt werden, um die gigantische Nachfrage nach dem daumengroßen Plastikteil zu befriedigen. Deshalb sterben in Chiari Menschen, obwohl Beatmungsgeräte vorhanden sind. Vallini fragt den Experten, ob er sich eine Lösung vorstellen könne. Er kann.

Allerdings sitzt Temporelli in Mailand, und längst ist die Region um Brescia streng abgeriegelt. Also beginnt er sogleich, sein Netzwerk abzutelefonieren. Wie er auf Facebook schreibt, spürt er »nach tausend Anrufen« endlich Cristian Fracassi auf. Der hat nicht nur in Materialwissenschaften promoviert, sondern auch Isinnova gegründet, ein Start-up, das aus den vagen Ideen von Firmen konkrete

Produkte macht. Fracassi verfügt über mehrere 3-D-Drucker, und sein Büro liegt kaum zwanzig Autominuten vom Krankenhaus in Chiari entfernt – innerhalb der abgeriegelten Zone. Noch im Laufe des Freitags koordinieren Temporelli und Fracassi eine lebensrettende Digitalmission: Sie möchten die fehlenden Ventile mit dem 3-D-Drucker herstellen. Zunächst kontaktieren sie den Hersteller der Beatmungsgeräte und bitten um die Blaupausen der Ventile. Trotz der buchstäblich drohenden Lebensgefahr reagiert der Produzent abwehrend. Vorsichtig gesagt. Es sei illegal, die geschützten Bauteile einfach zu kopieren. Einige Medien berichten sogar, es habe eine Klagedrohung gegeben, was später von allen Beteiligten als eine Art Missverständnis zurückgewiesen werden wird.

Faktisch aber hat die Nachfrage keinen Erfolg. Fracassi sitzt zwar inzwischen vor Ort im Krankenhaus in Chiari, bekommt aber vom Hersteller keine Daten, mit denen er seinen 3-D-Drucker füttern könnte. Im Verlauf des Tages aber hat sich ein ganzes Netzwerk von 3-D-Druck-Experten zusammengeschlossen, die quer durch Italien kommunizieren und versuchen, das Problem zu lösen. Fracassi und sein Team wenden eine Verfahrensweise an, die man als »Reverse Engineering« bezeichnet. Dabei versucht man, von einem fertigen Produkt oder vorhandener Software aus auf die Herstellung zurückzuschließen. Das ist notwendig, weil 3-D-Druck im Detail deutlich komplexer ist, als es für Laien zunächst wirken mag. Das Ventil besteht aus mehreren, ineinandergreifenden Kunststoffteilen, die naheliegenderweise dicht schließen müssen, um ihre Ventilfunktion erfüllen zu können.

Am frühen Abend des 13. März 2020 hat Fracassi es geschafft: Mit der Hilfe seines Teams und der italienischen 3-D-Druck-Community hat er ein druckfähiges Datenmodell des Plastikventils zeichnen können, »in Lichtgeschwindigkeit«, wie Temporelli begeistert sagt. Noch am Freitagabend spuckt der Drucker das erste funktionsfähige Ventil aus, das umgehend am Beatmungsgerät getestet wird. Es arbeitet spürbar schlechter als die Originalteile – aber es arbeitet. Jubel und Tränen, aber keine Zeit, inmitten der mörderischen Pandemie durchzuatmen. Am Samstag, den 14. März 2020 um 19.30 Uhr, nur 36 Stunden nach dem ersten Anruf von Nunzia Vallini, sind zehn schwere Fälle von Covid-19 im Krankenhaus in Chiari an Beatmungsgeräte angeschlossen. Jedes einzelne verfügt über ein frisch ausgedrucktes Ventil, ohne das die meisten Kranken wohl den Erstickungstod gefunden hätten.

Die Corona-Pandemie hat Hunderttausenden den Tod gebracht und viele Millionen mehr schwer geschädigt. Sie hat die Weltwirtschaft zeitweise lahmgelegt, in vielen Ländern zur Rezession geführt und eine kaum überschaubare Zahl von Menschen beinahe oder vollständig ruiniert. Die Spätfolgen sind bisher nicht abzusehen. Nicht nur, weil die Pandemie immer wieder aufflackert, und es auch mit Impfstoff nicht abzusehen ist, ob oder wann sie beendet sein wird. Sondern auch, weil weder die körperlichen noch die psychischen Konsequenzen vollständig sichtbar geworden sind. Es ist nicht vermessen anzunehmen, dass sich diese globale, epochale Verwerfung ähnlich tief ins Generationengedächtnis einprägt wie der Fall der Mauer 1989.

Eine konkrete Folge ist aber jetzt schon erkennbar: ein Digitalisierungsschub riesigen Ausmaßes. Die Covid-19-Pandemie hat mehr für die Akzeptanz, die Durchsetzung und sogar für die Begeisterung der digitalen Vernetzung getan als alle Internetministerien, Kommunikationskampagnen und Digitalberatungen zusammengenommen. Was das iPhone fürs mobile Internet war, ist Corona für die Arbeit von zu Hause aus: der Durchbruch zur Selbstverständlichkeit. Und das hat Corona nicht nur für die Telearbeit bewirkt, sondern auch für die digitale Bildung, für die digitale Transformation kleiner und mittlerer Unternehmen und ganzer Branchen, für die Verbindung von Kultur und Internet – vor allem aber für die Netzaffinität zuvor eher skeptischer Bevölkerungsschichten. Corona hat aus Europa einen digitalen Kontinent gemacht. Die in der Politik und bei vielen älteren Entscheidungstragenden noch 2019 verbreitete Haltung, das Internet sei am Ende doch irgendwie optional, ist implodiert.

ARBEIT

Aus schierer Not müssen sich Vallini, Temporelli und Fracassi dezentral organisieren. Sie bespielen ihre Netzwerke schnell und fachkundig, ohne am selben Ort zu arbeiten. Sie stehen damit nicht nur für den Erfindungsreichtum und das flexible Leistungsvermögen digitaler Communities. Sie stehen auch für ein, wenn nicht *das* Arbeitsprinzip des 21. Jahrhunderts: dezentrale, digitale, kollaborative Arbeit. Spätestens seit Corona in der Bevölkerung allgemein bekannt als *Home Office* – ein Begriff mit überraschend weitreichenden Folgen für Städte, Volkswirtschaften, Gesellschaften und das Leben der Menschen.

Home Office ist nur eine besondere Ausprägung der radikalen Flexibilisierung der Arbeit, die die digitale Vernetzung mit sich gebracht hat. Das Konzept wird in den 1990ern mit Aufkommen der ersten leistungsfähigen und erschwinglichen Laptops ausformuliert. »Arbeit ist etwas, was man tut, nicht ein Ort, zu dem man fährt«, lautet das Motto in der Frühzeit mobiler, digitaler Technologien. Trotz der rapiden Verbreitung des Internet ändert sich im Berufsalltag der meisten Menschen wenig. Vor Corona hat Heimarbeit in vielen westlichen Industrieländern einen merkwürdigen Beiklang; ein ständiger, leiser Zweifel, ob außerhalb des Büros überhaupt jemand ernsthaft arbeitet. In den USA, dem Mutterland vieler Internetkonzerne, arbeiten 2019 nur drei Prozent der Arbeitnehmer weitgehend oder ausschließlich von zu Hause aus. Home Office war noch 2019 nur in wenigen Bereichen sinnvoll möglich, und auch das nicht dauerhaft – wenn man Verantwortliche fragte.

Im Frühjahr 2020 ist durch Corona plötzlich alles anders. Als ausschlaggebend kann die breite Akzeptanz der Videokonferenz gelten. Selten hat eine einzelne Technologie die Arbeitswelt so schnell und umfassend verändert. Und zwar nicht nur bei der dafür prädestinierten, klassischen Büroarbeit, sondern quer durch eine Vielzahl von Berufen. Darunter auch solche, die bis dahin eher mit Skepsis auf die digitale Vernetzung schauen. Ärzte gelten zum Beispiel als mäßig digitalaffine Berufsgruppe: Noch Anfang 2019 muss Google ihretwegen das medizinische Angebot »Health Cloud« um eine Schnittstelle erweitern: das Fax (jüngere Lesende googeln bitte diese museale Technologie). Aber eine deutsche Studie zum Thema »Ärztliche Arbeit und Nutzung von Videosprechstunden während der Covid-19-Pandemie« bringt ein überraschendes Ergebnis. Ende 2017 bieten 1,8 Prozent der 2240 befragten Ärzte Videosprechstunden an. Im Mai 2020 sind es 62,4 Prozent. Der Vergleich der beiden Jahre ist kein Zufall, in Deutschland ist es für das Gros der Ärzte erst seit 2017 möglich, Videosprechstunden sinnvoll abzurechnen. Die Wirkmacht der Pandemie für die Telearbeit ergibt sich aus einem eindrucksvollen Wert der Studie: 19 von 20 Ärzten, die Videosprechstunden anbieten, haben sich dazu im Corona-Jahr 2020 entschlossen. Die konkreten Zahlen zur digitalen Bekehrung sind auch für andere Branchen interessant. Sie deuten nämlich darauf hin, dass die bloße Möglichkeit der Telearbeit, die greifbaren Vorteile, die vielen Vereinfachungen und Einsparungen für den tatsächlichen Wandel nicht ausreichend sind. Erst, wenn unausweichlicher Druck hinzukommt, entscheidet sich eine Mehrheit dafür, die gewohnten Arbeitsabläufe umzustellen. Ein sogenannter Backlash, eine Rolle rückwärts nach Corona, ist unwahrscheinlich. Fast drei Viertel aller Ärzte möchten die Videosprechstunde langfristig beibehalten.

Eine der größten Video-Plattformen, »Zoom«, war vor Corona ein kaum bekannter Anbieter, dessen Kunden vor allem Unternehmen waren. Inzwischen ist Zoom nicht nur in den USA ein allgemein bekannter Begriff. Zoomen ist auf dem Weg, wie googeln zur feststehenden Wendung zu werden. Im Frühsommer 2020 ist die Firma mit rund 50 Milliarden Dollar Marktkapitalisierung an der Börse mehr wert als die sieben nach Jahresumsatz größten Fluggesellschaften der Welt – zusammengenommen. Dieser Vergleich wird in der Presse häufiger gezogen, weil ein simples und einigermaßen gut funktionierendes System von Videokonferenzen den Luftverkehr deutlich reduziert. Der Charme der geschäftlichen Nichtreise erschließt sich allen, die schon mal die 6.25-Uhr-Maschine zu nehmen gezwungen waren und deshalb ihre Wecker auf eindeutig sittenwidrige Zeiten stellen mussten.

Der Chef des E-Commerce-Dienstleisters Shopify, eine der wichtigsten Plattformen für Netzhändler (vgl. Kapitel »Emotional Economy«), erklärt im Frühling 2020: »Die Bürofixierung ist tot«. Im Mai verkündet Twitter offiziell, nie wieder zur verpflichtenden Büropräsenz der Mitarbeitenden zurückzukehren: Home Office forever. Facebook, Google und Amazon haben auf ähnliche Weise das gesamte Jahr 2020 zur weitgehend bürofreien Zeit erklärt. Bei Digitalkonzernen liegt dieser Wandel nahe, aber auch in vielen anderen Branchen führt das Coronavirus Scharen von Bürogängern ins Home Office.

Allerdings funktioniert das alles nicht von allein. Was Selbstständige längst wissen, müssen Home-Office-Neulinge im Schnelldurchlauf erkennen: Telearbeit, erst recht gemeinschaftliche, muss man lernen. Sowohl die richtige Dosierung und Intensität der Arbeit wie auch die Kommunikations- und Abstimmungsprozesse, die der informellen Teeküchenabsprache beraubt sind. Mit den alten Bürogewohnheiten das Home Office zu organisieren, entspricht ungefähr dem Versuch, das Gemälde einer Pfeife zu rauchen. Ceci n'est pas un bureau.

Den meisten gelingt es nach einiger Zeit, die eigene Organisation den geänderten Bedingungen anzupassen. Wenn man den Ballast der Büropräsenz gelernt hat abzulegen – und sei es nur die anstrengende Beinkleid- oder Hosenpflicht –, ergibt sich oft genug ein wahrer Effizienzschub durch die Erkenntnis, dass ein Teil des Arbeitstages durch überkommene Routinen geprägt ist. Im Büro sind Pausenzeiten meist von Traditionen, Vorgaben oder kollegialen Verabredungen bestimmt. Im Home Office macht man Pausen, wenn man sie braucht. Vielleicht eine Idee häufiger. Zu Beginn einer Home-Office-Karriere kann die fehlende soziale Kontrolle aber auch ins Gegenteil umschlagen. Dann überkompensiert man durch übertriebene Disziplin und Leistungsshow, zu erkennen an der maximal zwölfminütigen Mittagspause. Oder an einer Vollzeitbeschlipsung ab acht Uhr morgens, obwohl man erst am Nachmittag an einer zehnminütigen Videokonferenz teilnimmt.

Home Office setzt ganz andere, gut funktionierende Infrastrukturen voraus als Büropräsenz. Ohne schnelles Internet kann man an Videokonferenzen kaum sinnvoll teilnehmen. Wer am Arbeitsplatz keine internetbasierte Software verwendet, hat es schwerer, zu Hause produktiv zu sein. Wenn das Intranet des Arbeitgebers zwar für den Job notwendig, aber nicht oder nicht ausreichend sicher von außerhalb erreicht werden kann, ist Home Office schwer möglich. Ein Beispiel: Mitte März 2020 gibt die Berliner Stadtverwaltung zerknirscht zu, dass kaum zehn Prozent der Angestellten über die passende Ausrüstung für die Arbeit von zu Hause verfügen. Nur 15 Prozent können mobil auf ihre dienstlichen Mails zugreifen. Die Nutzung privater Ersatztechnologien sei aus Sicherheitsgründen nicht erlaubt. Der Tagesspiegel berichtet, dass deshalb ein Großteil der nach Hause Geschickten zur Untätigkeit verdammt sei.

Dabei ist Home Office sicher nicht die einzige, aber doch eine der wichtigsten Lösungen für das vieldiskutierte, gesellschaftliche Problem der Vereinbarkeit von Familie und Beruf. Außerhalb von Pandemien erleichtert die Arbeit von zu Hause das Familienleben oft deutlich. Wenn beide Elternteile Home Office eher als Regel denn als Ausnahme betreiben, sind auch neue Erziehungs- und sogar Lebensmodelle denkbar, etwa was den Wohnort angeht oder die Verteilung von familiären Pflege- und Betreuungsaufgaben.

Heim- oder Telearbeit ist zwar mit einigen Veränderungen und Lernprozessen verbunden, bevor es eine für den Einzelnen eine positive Kraft entfalten kann. Dann aber sind die Vorteile rasch spürbar. Das zeigt eine Untersuchung des Bayerischen Forschungsinstituts für Digitale Transformation im April 2020. Drei Viertel der Befragten, für die Home Office neu war, finden die Erfahrung positiv. Über zwei Drittel wünschen sich nach der Coronakrise mehr Home Office als zuvor. Auch die Arbeitgeber sind zufrieden: In einer Studie des Fraunhofer-Instituts für Arbeitswissenschaft und Organisation sagen 90 Prozent der Unternehmen, sie könnten Home Office umsetzen, ohne dass daraus Nachteile entstünden.

Der von Corona herbeigezwungene Überraschungserfolg des Home Office birgt aus gesellschaftlicher Sicht aber eine bisher kaum verstandene Explosivkraft. Denn das 20. Jahrhundert wurde nach dem zweiten Weltkrieg zum

9-to-5-Jahrhundert der klassisch organisierten Festanstellung. Art und Ausprägung der Lohnarbeit verpasste allen marktwirtschaftlich organisierten Gesellschaften ein ähnliches Korsett. Dieses »stahlharte Gehäuse der Hörigkeit« (Max Weber) hat buchstäblich die Oberfläche des bewohnten Teils der Erde definiert. Büroimmobilien in städtischen Zentren wurden deshalb gebaut, die Pendler-Vorstädte mit ihren Simulationen der Dörflichkeit ebenso. Wenn sich Home Office jedoch flächendeckend durchsetzt, werden ganz andere Wohnungen und Wohnhäuser gebraucht, als sie im Moment verfügbar sind und noch immer gebaut werden. Zugleich sinkt der Bedarf an Büroflächen stark. Dafür reicht in einem größeren Unternehmen bereits ein Tag in der Woche als Home Office Day aus, wenn unter der Woche abgewechselt wird und die Schreibtische im Rotationsverfahren genutzt werden.

Im Fall des wichtigsten Finanzdistrikts der Welt in Manhattan lässt sich im Sommer 2020 sehr gut beobachten, was es bedeutet, wenn die tägliche Büroarbeit nicht mehr stattfindet. Auf der New Yorker Halbinsel stehen einige der teuersten Bürogebäude der Welt, und zu den wichtigsten Mietern gehören Großbanken wie Barclays, JP Morgan Chase und Morgan Stanley. Sie beschäftigen weit über 20.000 Menschen auf rund einer Million Quadratmeter. »Die Idee, 7.000 Leute in ein Gebäude zu pferchen, dürfte eine Sache der Vergangenheit sein«, sagt Jes Staley, Vorstandsvorsitzender von Barclays. Sein Äquivalent bei Morgan Stanley, James Gorman, erklärt einer Nachrichtenagentur, seine Bank habe bewiesen, »ganz ohne klimatischen Fußabdruck arbeiten zu können«. Gemeint waren sowohl das Pendeln wie auch der Betrieb des Bürogebäudes. Dann kündigt er in einem Satz die unausgesprochene, weltweite Vereinbarung zwischen Banken und Städten auf, Massenbüros in den besten und teuersten Lagen zu betreiben: »Das sagt sehr viel darüber aus, wo Menschen physisch sein müssen.«

Wenn über 20.000 hervorragend verdienende Menschen nicht mehr jeden Tag nach Manhattan fahren, hat das massive Auswirkungen auf das gesamte wirtschaftliche Ökosystem der Innenstadt. Von diesen Angestellten leben vor Corona eine Vielzahl von Restaurants, Cafés und Dienstleistungsbetrieben: Blumenläden und Fitnessclubs und -trainer genauso wie Reinigungen. Shopping in der Mittagspause gehört für eine bestimmte Klientel ebenso dazu wie Amüsement direkt nach Feierabend. Bis in überraschende Details hinein wirkt sich ein flächendeckendes Zuhausebleiben aus: Wer maximal einen Tag in der Woche ins Büro geht und den Rest der Kommunikation digital erledigt, braucht nicht mehr so viele teure Anzüge und Kostüme. Weil diese Kleidung in der Finanzwirtschaft ein Statussymbol darstellt, spürt die Textilbranche ausbleibende Käufe von mehreren Zehntausend Anzügen mit vier- bis fünfstelligen Dollarpreisen durchaus.

Und doch scheint all das verkraftbar gegen eine Zahl, die die New York Times recherchiert hat. Ihr Artikel zum Thema trägt die Überschrift: »Wenn arbeiten von zu Hause zur Norm wird, steht Manhattan vor der Abrechnung«. Das ist wörtlich gemeint, denn ein unglaubliches Drittel der Einnahmen der Stadt New York besteht aus Immobiliensteuern. Deshalb wirken sich Rückgänge hier massiv aus, und zwar direkt auf die Infrastruktur und die Verwaltung der Stadt. Die Steuern sind vergleichsweise hoch und richten sich unter anderem nach dem Marktwert von Gebäuden. Deshalb könnte eine Kettenreaktion in Gang geraten, wenn mit den Banken entscheidende Hochpreis-Mieter gigantischer Büroflächen wegfallen. Und das sind nur die naheliegenden Folgen. Büroimmobilien und die Hoffnung auf ihren steigenden Wert sind ein essenzieller Teil der weltweiten Investitionslandschaft. Deshalb hängen davon nicht nur die Einnahmen vieler Städte ab, sondern zum Beispiel auch Pensionsfonds und private Altersvorsorgen rund um den Globus. Geschäftlich genutzte Immobilien in Städten gehörten allen Krisen zum Trotz zu den sichersten Geldanlagen seit der zweiten Hälfte des 20. Jahrhunderts. Der Coronaschock hat eine Home-Office-Wende eingeläutet, die sich zu einer Veränderungskaskade mit ungeahnten Folgen auswachsen kann.

Der Durchbuch des Home Office ermöglicht, dass viel mehr Menschen als bisher ihre Arbeit um ihr Leben herum organisieren können – und nicht ihr Leben um ihre Arbeit (vgl. Kapitel »Wir nannten es Arbeit«). Und dass die vielen Zwänge, die sich aus der bisherigen Praxis direkt und indirekt daraus ergeben, den Alltag regelrecht vergiften können. Das zeigt eine Untersuchung der Psychologin Daisy Fancourt, die 74.000 Briten kurz vor und einige Zeit nach Beginn des Lockdowns befragt. Ihre Ergebnisse sind eindeutig, die veränderten Arbeitsbedingungen der Pandemie lassen das Wohlbefinden signifikant ansteigen. Der Grund: weniger Stress.

STRESS UND LEBENSQUALITÄT

Seit 2010 sind Ying Ying und Le Le ein Paar. Sie sind zusammengezogen, verbringen viel Zeit miteinander. Aber der körperliche Teil der Liebe fehlt. Sie leben physisch nah, aber sexlos in Hongkong nebeneinander. Das ändert sich Ende März 2020 plötzlich. Beide zeigen unverkennbare Anzeichen für ein gewisses Interesse. Am 2. April 2020 gegen neun Uhr morgens schließlich gibt sich das Paar nach über zehn Jahren Abstinenz der Lust hin. Nicht ohne weithin hörbare Geräusche, die anmuten wie ein Benzinmotor mit winterlichen Startschwierigkeiten. Beobachter sind begeistert.

Über Jahre hat der Hongkonger Zoo »Ocean Park« mit allen denkbaren Mitteln versucht, die beiden Pandabären Ying Ying und Le Le zur natürlichen Paarung zu bewegen. Kein seltenes Problem, selbst Panda-Pornos werden eingesetzt, um die Tiere in Zoos in Stimmung zu bringen. Meist vergebens. Weniger als 2000 Große Pandas leben noch in freier Wildbahn. Sie gelten ohnehin als Sexmuffel, aber in Gefangenschaft nimmt die Pandalibido noch einmal erheblich ab. Nur noch eines von zehn Männchen ist im eingesperrten Alltag überhaupt bereit, sich fortzupflanzen, egal wie attraktiv die Pandaweibchen in seiner Umgebung sind. Bisher war nicht im Detail klar weshalb, aber durch die Corona-Pandemic ergibt sich ein wichtiger Hinweis. Denn der Ocean Park ist seit Ende Januar für das Publikum geschlossen. Die Großen Pandas haben also nach zwei Monaten, in denen sie nicht mehr täglich von Tausenden begafft werden, ihre Intimität entdeckt. Fast hätte man darauf kommen können, die meisten menschlichen Paare wären wohl durch über fünf Millionen vorbeiflanierende Besucher im Jahr in ähnlicher Weise gehemmt.

Das überraschende Liebesspiel der Großen Pandas zeugt von einer Wahrheit, die im Offensichtlichen verborgen war und erst durch die Coronakrise unübersehbar wird: Das bloße Dasein im 21. Jahrhundert bedeutet für die Menschen in den Industrieländern Stress. Und zwar oft mehr Stress als in der zweiten Hälfte des 20. Jahrhunderts.

Die Geschwindigkeit des Lebens und Schaffens hat durch die Vernetzung zugenommen, die Nischen sind im digital geprägten Effizienzkapitalismus weniger und kleiner geworden. Der globalisierte Kapitalismus hat die Welt wirtschaftlich produktiver gemacht, die Digitalisierung hat sie erheblich beschleunigt. Auch deshalb fühlen sich Ende der Zehnerjahre viele Menschen überlastet, der Burn-out ist spätestens seit der Jahrtausendwende die Krankheit der Zeit. Zum Anfang des 21. Jahrhunderts sind für die große Mehrzahl der Menschen in den Industrieländern viele früher bedrohliche Probleme gelöst oder auf ein Minimum reduziert. Hunger, Armut und Obdach etwa. Aber ein großer Teil des Fortschritts wurde um den Preis des dauerhaften Drucks erkauft: Der Alltag macht müde und krank.

Im Frühjahr 2020 wird die Welt auf einen Schlag entschleunigt. Corona zeigt, wie ein weniger stressiges Leben aussehen könnte. Die vielleicht wichtigste, gesellschaftliche Erkenntnis der Pandemie ist, dass und wie man das Netz zur Verbesserung des Lebens verwenden kann. Und zwar auch bei denjenigen, die weniger digital aufgewachsen sind als etwa die Millennials oder gar die Generation Z. Der wahre Digitalschub durch Corona ist bei denen entstanden, die vorher eigentlich keinen Grund hatten, ihren Alltag allzusehr zu digitalisieren. Die Reduktion des Stresses durch Home Office ist zwar ein zentraler, aber doch nur ein Aspekt. Der ganz persönliche Alltag ist mit Corona bei vielen Menschen digitaler, vernetzter geworden und hat dadurch oft an Qualität gewonnen.

Ein häufig zitiertes Beispiel sind die Millionen Großeltern, die mangels ungefährlicher Besuchsmöglichkeit den Videochat mit ihren Enkeln für sich entdeckt haben. Ein anderes die via WhatsApp organisierte Nachbarschaftshilfe für Risikogruppen. Ein drittes die unzählbar vielen Unterhaltungsangebote vom livegestreamten Konzert bis zum netzbasierten Theaterstück. Corona hat digitale Alternativen auch dort für große Teile der Bevölkerung greifbar gemacht, wo man sie sich zuvor selbst als Netzoptimist kaum vorstellen konnte. Wer etwa hätte vor Corona per Videotelefonie ein Musikinstrument lernen wollen und wie?

Cornelia Vertenstein ist 92 Jahre alt, als die Pandemie den amerikanischen Kontinent endgültig erreicht. Die Holocaustüberlebende aus Rumänien ist promovierte Musikerin und in den 1960er Jahren in die USA übersiedelt. Sie bringt seit über 50 Jahren Kindern in Denver, Colorado, mit freundlicher Strenge das Klavierspiel bei. Spätestens im April 2020 aber beginnt sie zu zweifeln und mit ihr die Eltern der Kinder. Auf der einen Seite ist sie aufgrund ihres Alters eindeutig gefährdet. Auf der anderen Seite sagt sie der New York Times: »Ich glaube stark an Kontinuität.

Meine Schüler lernen, beständig und verlässlich in ihrem Tun zu sein. Ich versuche ihnen nicht nur beizubringen, wie man lernt, sondern auch, wie man arbeitet.« Sie nimmt ihre Arbeit ernst, um der Kinder willen. Cornelia Vertenstein hat die Nazis und osteuropäische Kommunisten überwunden und lässt sich nicht von einer Pandemie aus der Bahn werfen. Sie verlegt ihre Klavierstunden kurzerhand ins Netz. Mit ihrem iPad bewaffnet, erwartet sie, pünktlich zum Stundenbeginn von ihren Schülern in den Videochat eingeladen zu werden. Dort hört sie sich kritisch den Stand der Übungen an, bringt unermüdlich Verbesserungen an und tut alles, was strenge, aber gute Klavierlehrerinnen tun. Die zum Unterricht gehörenden Vorspiel-Abende organisiert sie auf Zoom.

Die Lockdown-Not macht nicht nur erfinderisch. Die Pandemie und ihre Folgen setzen Maßstäbe bei der Digitalisierung der Normalität. Sie macht aus einer Handvoll Spleens einiger Nerds gesellschaftlich breit akzeptierte und angewendete Verfahrensweisen.

Zum Beispiel Ausschlafen. Das mutet wie ein Scherz an, aber Corona hat über den digitalen Umweg des Home Office in vielen westlichen Industrieländern für eine messbare Verbesserung des Schlafs gesorgt. An Werktagen lässt sich an den Daten der Wasserwerke in Europa jeden Morgen die sogenannte Duschspitze erkennen, wenn so viele Menschen gleichzeitig duschen, dass der Wasserverbrauch steil ansteigt. In Hamburg gipfelt die Duschspitze vor Corona gegen sieben Uhr morgens. Während der Ausgangsbeschränkungen beobachten die Mitarbeiter des Hamburger Wasserwerks, dass sich die Duschspitze verschiebt. Auf neun Uhr, um volle zwei Stunden nach hinten. Ähnliche Veränderungen lassen sich in vielen anderen Städten nachvollziehen. Das ist auch bitter notwendig, längst sprechen Mediziner von der »übermüdeten Gesellschaft«. Im Jahr 1942 schlief die Menschheit im Schnitt noch acht Stunden pro Nacht. Dieser Durchschnittswert ist 2018 auf rund sechsdreiviertel Stunden gefallen. Folgt man den Daten eines schwedischen Unternehmens namens Sleep Cycle, das sich auf Schlafanalyse per App spezialisiert hat, schläft Japan mit 5:59 Stunden Schlaf pro Kopf und Nacht am wenigsten. In Europa liegt Schweden bei nur 6:10. Am längsten schläft Neuseeland mit siebeneinhalb Stunden. Auf die empfohlenen acht Stunden kommt weltweit kein einziges Land mehr.

Wie Sleep Cycle versucht eine ganze Reihe von Start-ups, nächtliche Ruhe dadurch zu verbessern, dass sie bis ins Detail vermessen wird. Der Bereich gilt als kommender Milliardenmarkt, weil Probleme rund ums Schlafen eine Vielzahl gravierender gesundheitlicher Konsequenzen nach sich ziehen kann. Eine Reihe chronischer Beschwerden und sogar häufige Todesursachen korrelieren mit Schlafmangel, darunter Herzkrankheiten, Depressionen und Übergewicht.

Mit den Daten des US-amerikanischen Unternehmens FitBit lässt sich ein präzises Bild des Schlafs in den Zeiten der Ausgangsbeschränkungen gewinnen. FitBit bietet vor allem Armbänder voller Sensoren an, mit denen man seine sportlichen Aktivitäten ebenso wie seinen Schlaf vermessen kann. Schon zu Beginn der Pandemie fällt den Analysten des Unternehmens auf, wie sehr sich der Schlaf der Welt verändert. Als Mitte März 2020 in den meisten europäischen Ländern Kontaktbeschränkungen oder Ausgangssperren eingeführt werden, steigen in allen untersuchten Metropolregionen die Schlafzeiten steil an. Ende März schläft Paris jeden Tag 25 Minuten länger, Mailand liegt bei knapp 23 Minuten mehr, Madrid und Barcelona bei 18 und 16 Minuten. Selbst die wirtschaftlich gesehen produktivsten Städte des Kontinents, London und Zürich, schlafen mit 15 und 13 Minuten messbar länger. Für die Vereinigten Staaten veröffentlicht das US-Unternehmen FitBit präzisere Daten, die nach Alter und Geschlecht aufgeschlüsselt sind. Junge Amerikanerinnen erreichen im April 2020 das Maximum eines Schlafzuwachses von 28 Minuten je Nacht.

Die Forscher bei FitBit sehen als Hauptgrund für die Verlängerung des Schlafes, dass im Fall von Home Office der Arbeitsweg wegfällt. Wo auch Schulen geschlossen werden, müssen Kinder nicht mehr so früh geweckt, versorgt und losgeschickt werden. FitBit befragt einen Teil der Nutzerschaft jeden Morgen nach der empfundenen Schlafqualität, auch diese ist signifikant angestiegen.

Gerade der Bereich, der neben Erholung und Schlaf der für die meisten Menschen in Sachen Lebensqualität essenziell ist, verändert sich durch die Pandemie: Kochen und Essen. Eine Studie der Universität Antwerpen in elf Ländern auf vier Kontinenten zeigt, dass sich die Menschen während der Lockdowns deutlich gesünder ernähren. Corona lässt vor allem während der ersten Lockdown-Phasen sehr viele Menschen darüber nachdenken, welche Teile ihrer Lebensgewohnheiten sich digitalisieren lassen, nicht als Selbstzweck, sondern um ihren Alltag besser organisieren zu können. Sie kommen dabei offensichtlich zu interessanten Ergebnissen. Mit am eindrucksvollsten passiert das bei der Bestellung von Waren im Netz, insbesondere Lebensmittel. Es ist nicht so, dass vor Corona E-Commerce eine Nischenangelegenheit gewesen wäre. Aber die Größenordnungen, die das Forschungsinstitut eMarketer berechnet hat, sind für manche erstaunlich, denn das Netz war vor Corona in manchen Bereichen viel kleiner, als man glauben könnte. Noch 2019 wurden von den rund dreieinhalb Billionen Dollar des weltweiten Handelsvolumens nur 14,1 Prozent online ausgegeben. Da ist selbst aus Sicht der gigantischen Marktplattformen noch viel Steigerung möglich. Der langfristige Effekt der Pandemie auf den Online-Handel lässt sich im Herbst 2020 noch nicht ganz einfach abschätzen, weil unklar ist, wie nachhaltig der Wandel ist. Aber eine Reihe von Anhaltspunkten deuten auf eine dauerhafte Steigerung hin. Der deutsche Technologieverband BitKom findet heraus, dass sich die Zahl der Deutschen, die bei Internet-Supermärkten bestellen, fast verdreifacht hat. Bei Plattformen wie Ebay oder Amazon bestellen sogar fünf Mal mehr Menschen Lebensmittel. Die Corona-Effekte sind weltweit sichtbar, wenn sie auch in Ländern wie Spanien und Frankreich durch die weitgehende Stilllegung der Post kleiner ausfallen. Der umsatzstärkste Handelskonzern der Welt, Walmart, verzeichnet 2020 von Februar bis Mai 74 Prozent mehr Umsatz über das Netz. Und das ist im Vergleich sogar wenig. Die amerikanischen Online-Händler haben in den drei Monaten März, April und Mai ihren Umsatz im Schnitt um 126 Prozent gegenüber dem Vorjahr gesteigert, wie die US-Zensusbehörde mitteilt. In Skandinavien liegt dieser Wert sogar bei 166 Prozent, im restlichen Europa bei rund 110 Prozent. In Großbritannien wird im Mai 2020 ein Drittel des gesamten Gelds im Einzelhandel über das Internet ausgegeben, im Jahr davor war es kaum halb so viel. Nach Ende des ersten Lockdowns im Vereinigten Königreich fallen die Zahlen zwar, aber auf ein Niveau, das weit über der vorpandemischen Normalität liegt. Bei manchen Produktgruppen hat Corona überraschend aber für weniger Umsätze gesorgt, etwa bei Kleidung, wo in einigen europäischen Ländern fast über Nacht ein Drittel weniger verkauft worden sind. Nachvollziehbar, denn wer zu Hause bleibt, braucht weniger anzuziehen.

Der Digitalisierungsschub durch Corona verändert das Prinzip Einkaufen dauerhaft. Die deutsche Handelsforscherin Eva Stüber sagt: »Vor allem ältere Menschen werden jetzt auf den Onlinehandel aufmerksam, auch bei Lebensmitteln. Das wird bleiben. Die Leute gewöhnen sich daran und merken: Das funktioniert.« Einzelne Online-Lebensmittelhändler berichten von Steigerungsraten von 50 Prozent – pro Woche. Umgekehrt ist die Zahl der Geschäfte, die sich wegen Corona einem eigenen Online-Shop nicht mehr verweigern konnten, stark gestiegen. Der wirtschaftliche Wandel aber, den Corona angestoßen hat, ist wesentlich umfassender als der Run auf die Lieferdienste.

GLOBALISIERUNG UND DIGITALISIERUNG

Corona hat erneut offenbart, dass die Globalisierungskonzepte des 20. Jahrhunderts im 21. Jahrhundert an ihre Grenzen gestoßen sind. Globalisierung als weltweit aufgespannte wirtschaftliche Verflechtung war für die Industrieländer über Jahrzehnte ein Erfolgsrezept. Aber ausgerechnet das wichtigste Symbol der Pandemie, die OP-Maske, offenbart lange bekannte Probleme der Globalisierung auf schmerzhafte, nämlich Leben kostende Weise. Im Jahr 2019 werden über 50 Prozent aller OP-Masken in China hergestellt, weitere 20 Prozent entstehen in Taiwan. Die erstaunlichen Zahlen werden Anfang 2020 noch eindrucksvoller, als die chinesische Produktion hochgefahren wird auf zeitweise bis zu 85 Prozent aller OP-Masken weltweit. Gleichzeitig aber führt das Land (wie viele andere, etwa Deutschland) ein Exportverbot ein. In der Folge explodiert der am freien Markt bezahlte Preis für OP-Masken in einigen westlichen Ländern um mehr als eintausend Prozent. Ausgerechnet die Herkunftsstadt des Virus, Wuhan, ist eines der wichtigsten Zentren für die Maskenherstellung. Diese Zentralisierung ist eine Folge der alten, vordigitalen Globalisierung, und die Pandemie entlarvt die Anfälligkeit dieses Konzepts in Krisenzeiten. Eine Unwucht wird sichtbar, wenn überlebensrelevante Produkte zum ungünstigsten und gefährlichsten Zeitpunkt knapp werden. Eine der wenigen in Europa verbliebenen Fabriken im französischen Angers kann wöchentlich rund drei Millionen Masken herstellen. Schon in der ersten Februarwoche 2020 wird das Unternehmen mit einer halben Milliarde bestellter OP-Masken geflutet, vor allem aus Asien. Die Nachfrage lässt sich einfach nicht mehr bewältigen.

Meltblowing heißt das Verfahren, mit dem Mikrofasern zu einem sehr engmaschigen Gewebe verarbeitet werden. Mit kleinsten Düsen wird verflüssigtes Polymer versprüht, das auf eine heiße Luftwirbelung trifft. So entsteht der Vliesstoff, der für OP-Masken gebraucht wird. Es handelt sich um eine Form der Fertigung, die typischerweise in den vergangenen Jahrzehnten nach Asien verlagert wurde. Während die Herstellung selbst weitgehend automatisiert werden kann, spielt bei der Qualitätskontrolle und zur Maschinenüberwachung menschliche Arbeit nach wie vor eine zentrale Rolle. Dadurch ist bei der OP-Masken-Herstellung der Preis der Arbeitskraft ein relevanter Faktor, und das wiederum hat die Verlagerung der Produktion und damit auch von Arbeitsplätzen für Unternehmen attraktiv gemacht. Zwischenzeitlich ist der Export von Jobs nach China beinahe ein Synonym für Globalisierung geworden.

Es lässt sich kaum ein besser passendes Zeichen für die Schwächen der Globalisierung des 20. Jahrhunderts finden als die Probleme der OP-Masken-Produktion zur Pandemie. In mehreren europäischen Ländern scheuen sich Regierungen, eine Maskenpflicht auszurufen – aus Furcht, dann würden keine dringend benötigten OP-Masken mehr für Krankenhäuser und Arztpraxen übrig bleiben. Die Coronakrise offenbart, dass die Globalisierung ihre Ursprünge im analogen 20. Jahrhundert hat. Überraschend vieles, was in den 1980ern noch ausschließlich gegenständlich machbar war, funktioniert vierzig Jahre später weitgehend oder vollständig datenbasiert. Bei Fotografien, Filmen, Liedern, Nachrichten und sogar Büchern ist das leicht nachvollziehbar. Aber inzwischen hat auch in der industriellen Fertigung eine Verschiebung vom Gegenstand zum Datensatz stattgefunden (vgl. Kapitel »Emotional Economy – Die virtualisierte Wirtschaft«).

Die Globalisierung wird zu einer Zeit geplant und vorangetrieben, als man noch glaubt, dass zentralisierte Großfabriken die einzige oder zumindest billigste Möglichkeit zur Massenproduktion seien. Inzwischen existieren Fertigungstechnologien wie der 3-D-Druck, die die Dezentralität der digitalen Vernetzung auf dingliche Güter übertragen können. Ein industriell gefertigtes Bauteil braucht Wochen oder Monate von der zentralchinesischen Fertigungsstraße bis zum Verwendungsort in einer Fabrik in Europa. Mit dem entsprechenden Drucker lässt es sich in Stunden oder gar Minuten herstellen. Da immer mehr Materialien entwickelt werden, die auf diese Weise verarbeitet werden können, vergrößert sich das Potenzial stetig. Bis in ungeahnte Bereiche hinein. Ende März 2020 bietet der Automobilkonzern Daimler an, eigene Kapazitäten für 3-D-Druck zu nutzen, um eine Alternative zu OP-Masken herzustellen: Gesichtsschilde aus durchsichtigem Kunststoff. Die Umstellung sei aufgrund der digitalen Flexibilität kein Problem, sie könne innerhalb von Tagen umgesetzt werden. Knapp vier Wochen später übergibt Daimler im Werk in Sindelfingen 2.500 dieser Spezialmasken, die anders als OP-Masken gereinigt und wiederverwendet werden können. Corona führt dazu, dass eine neue, digitalere und dezentralere Form der Globalisierung enormen Schub bekommt.

DIBALISIERUNG – DIE POSTPANDEMISCHE WELT

Es handelt sich um eine digitale, dezentrale Weiterentwicklung der Globalisierung, die man Dibalisierung nennen könnte, eine Zusammenziehung von Digitalisierung und Globalisierung. Dabei hilft die digitale Vernetzung im Verein mit neuen Technologien wie dem 3-D-Druck, die bisherigen Probleme der global aufgestellten Wirtschaft zu lösen. Und das wiederum mit großem Erfindungsreichtum. Die Geschichte der italienischen 3-D-Drucker bekommt Mitte März 2020 noch eine Fortsetzung. Denn während landesweit Ventile in großer Zahl gedruckt werden – werden die dazugehörigen Beatmungsmasken knapp. Die weltweit gefeierte Operation 3-D-Ventil scheint an ihre Grenzen zu stoßen, doch wieder eingeholt von der Abhängigkeit der langsamen, alten, analog geprägten Wirtschaft. Eine Beatmungsmaske ist eine komplexe Konstruktion aus mehreren unterschiedlichen Materialien, die sich kaum mal eben ausdrucken lässt. Da an bestimmte Beatmungsgeräte mehrere Patienten angeschlossen werden können, werden weniger die Maschinen als vielmehr die Beatmungsmasken zum Engpass.

Bis Renato Favero, früherer Chefarzt einer Klinik in der Lombardei, bei Cristian Fracassi anruft, der auch schon zentral an der Herstellung des fehlenden Ventils beteiligt war. Seine Idee hört sich so aberwitzig wie genial an. Favero möchte Fracassi überreden, ein paar Bauteile auszudrucken, mit denen eine herkömmliche Schnorchelmaske zu einer Beatmungsmaske umfunktioniert werden kann. Der Plan gelingt. Ein großer, französischer Hersteller und Händler für Sportausrüstungen aller Art stellt umgehend seine Produkte zur Verfügung, eine Schnorchelmaske über das ganze Gesicht, ästhetisch etwa einzuordnen zwischen übergestülptem Goldfischglas und Hannibal Lector. Wiederum in wenigen Stunden schaffen die 3-D-Drucker das Unglaubliche. Sie stellen mit macgyverhaftem Improvisationstalent aus der Schnorchelmaske mit ein paar ausgedruckten Kunststoffergänzungen einen funktionierenden Prototypen her, der nach einigen Tests schon kurze Zeit später in größerer Zahl angewendet werden kann. Die Umgestaltung ist so wirkungsvoll, dass der Sportartikelhersteller die Idee und die Technologie an Krankenhäuser in Paris weitergibt. Auf die Rechte an der Umgestaltung, Ehrensache für Unternehmer Fracassi, verzichtet sein Start-up und stellt stattdessen alle Baupläne und Anleitungen kostenlos ins Netz.

Das Netz nicht als Schwierigkeit, sondern als Lösung, das gilt nicht nur für die Wirtschaft. Corona hat den Menschen in den Industrieländern gezeigt, dass sie eigentlich anders leben wollen, und das Internet hilft ihnen dabei. Sie möchten länger schlafen, sich die Zeit freier einteilen. Selbst dort, wo vieles schief- oder gar katastrophal läuft, gibt es Grund zur Hoffnung. Corona hat die Aufmerksamkeit unter anderem gerichtet auf schlechte Bezahlung von Pflegekräften, auf den schwierigen Zustand der Gesundheitssysteme mancher Volkswirtschaften und auf den digitalen

Bildungsnotstand an vielen Schulen. Die Pandemie ist eine Katastrophe: Sie bedeutet Leid und Tod und Armut. Aber sie bedeutet auch, dass viele Menschen ihre Bedürfnisse besser erkennen können und neue Möglichkeiten sehen, sie zu befriedigen.

Mit diesem Link und Download-Code
können Sie ein

KOSTENLOSES E-BOOK

von »Realitätsschock« herunterladen
und digital weiterlesen.

*Das Angebot für den kostenlosen Download
des E-Books ist gültig bis 31.10.2023*

Link zur Webseite
www.kiwi-verlag.de/realitaetsschock-download

Download-Code
DE35TUKH28!

Niemand stellt so gute Fragen wie Frau Berg. Und niemand bekommt bessere Antworten.

Was tun gegen den aufkommenden Faschismus? Gegen schmelzende Gletscher? Gegen Überwachung und Verknappung des Wohnraums? Wie sich verhalten gegenüber einer Politik des Spaltens und des Herrschens, wie sich wehren gegen Parolen, die den Verstand beleidigen? Sibylle Berg versucht es herauszufinden – im Gespräch mit 16 Ausnahme-Wissenschaftler*innen.

Leseproben und mehr unter www.kiwi-verlag.de

Sophie Passmann ist Feministin und sie fragt sich, ob der alte weiße Mann wirklich an allem schuld ist. Um das herauszufinden, trifft sie bekannte deutsche Männer, um mit ihnen über Sexismus, Feminismus, Chancengleichheit und die Frauenquote zu sprechen und pocht bei all den Treffen darauf, Lösungen zu finden auf die Frage: Wie können wir den Geschlechterkampf beenden?

»Beweis erbracht: Unbestechlichen Feminismus gibt es auch in lustig. Sogar in sehr lustig! Großartig!« *Anne Will*

Leseproben und mehr unter www.kiwi-verlag.de

»Wer den Autokraten Erdoğan verstehen will, muss dieses Buch lesen.«

Stern

»Gefängnis ist für mich weniger ein Ort, aus dem ich nicht raus kann, wann ich will, als ein Ort, an dem die Macht zu mir rein kann, wann sie will. Aber müsste ich die Frage, wie ich die Zeit im Gefängnis verbracht habe, mit einem einzigen Wort beantworten, es würde ›kämpfen‹ lauten.«

Deniz Yücel, Journalist, von 2017 bis 2018 im Hochsicherheitsgefängnis Silivri Nr. 9 bei Istanbul in Haft

Leseproben und mehr unter www.kiwi-verlag.de

Erleben wir einen Epochenbruch?

Michel Friedman und Harald Welzer, die zu den streitbarsten und profiliertesten Intellektuellen des Landes zählen, suchen im intensiven Gespräch u.a. nach Strategien für eine verantwortungsvolle, historisch aufgeklärte und proaktive Politik. Dabei greifen sie nicht nur auf ihr profundes historisches und gesellschaftspolitisches Wissen zurück, sondern schauen auch in ihre eigenen Biographien, um den Widersprüchen einer schwierigen Zeit nachzuspüren. Eine Lerngeschichte des Politischen in Echtzeit.

Kiepenheuer & Witsch

Leseproben und mehr unter www.kiwi-verlag.de